# 人生を変える
# 「奇跡のコース」の教え

マリアン・ウィリアムソン 著
鈴木 純子 訳

太陽出版

# 人生を変える「奇跡のコース」の教え

**THE GIFT OF CHANGE**

by Marianne Williamson

# はじめに
# 成長へのチャレンジ

私たちは、多くの人びとがすすんで認めようとする以上により困難な時代に生きています。理解はできても必ずしも言葉にするのが容易ではない、集合意識レベルでの不安という永続的な感覚にとらわれているのです。

個人生活において物事がうまく運んでいないとき、たぶんあなたは友人や家族の誰かに電話をかけたり、セラピストに会いにいったり、サポートグループに出席したりするでしょう。でも、あなたの混乱した感覚がより広い社会的現実に根ざしているとき、いったい誰に、どのように話をしたらいいのか分からなくなってしまうはずです。たとえば次のお給料が入ってくるあてがなくて不安に感じているとき、その気持ちを表現することは簡単です。対して人類が次世紀に生き残れるかどうかをあなたが心配しているとき、そのことをランチの席でもちだすのは場違いだと感じてしまうのです。

それゆえ私は、私たちの中に集合レベルでの抑圧――公正にとり扱われず、むしろ適当に言いくるめられて鎮静化された――が存在していると考えています。私たち一人ひとりが人類という、個人を超えたより広いドラマにおける個々の役者として、個人を超えたより広い意味での絶望の影を抱えもっているのです。私たちは個人と集合レベルの両面において膨大な量の「混沌」と「恐怖」に立ち向かっています。私たちは皆、何らかの形で自分の人生を新たに創造するという挑戦をいどまれた存在なのです。

日常生活の会話において、私たちはお互いに共謀し、物事が基本的にうまく進んでいるというふりをしています。というのも、それが事実だと考えるからではなく、前述の個人を超えたより深い認識の層について語り合うすべをもっていないからです。もしも私が自分の生活において今日起こったことを話すならば、それについてどう感じるかも述べるでしょう。そしてそれは適切な話題と見なされます。ところが集団での体験を話題にしたとき、それが個人的にも同じくらい重要な出来事であっても、公共の場における議論の余地はほとんどありません。「今日、私たち間違って学校を爆発させてしまったの。それで五〇人の子どもたちが死んだわ」。それについてあなたはどのように「感じる」でしょうか？　「まあ、でも、うちはそこには行かないから……」と言って、軽く聞き流そうとするかもしれません。

こうして私たちは、その日のニュースが世界の歴史上の出来事と同じくらい危機的なときでさえも、おもに他の話題についての会話を続けます。私たちの内なる深みに向き合うのではなく表面的な外傷を重要視するのです。戦争の恐怖を報じるニュースは、大ヒットが予想される最新映画の観客動員数や、ハリウッド女優がもつ年代物のヴァレンチノなどのニュースの合間に断続的に流されます。また同じようなふるまいを自分自身の中にも見ることができます。深い自己探求が必要とされる話題について書いているとき、私は突然明るく楽しい話題を求めてとりつかれたようにEメールをチェックする行為に夢中になったりします。それはセラピーにおける回避行動のようなもので、ゴシップは共有したいけれど、現実のより苦痛となる事柄には向き合いたくないのです。もちろん、私たちは痛みを回避することはできます。しかし、そうすることで、必然的にさらなる苦痛を生じさせているのです。

それこそが私たちが今日いる世界です。自らの苦痛の深みに向き合わないがゆえに、私たちは怒りや怖れを行動として表わしているのです。そして軽い会話を続けることが苦痛を寄せつけないための必要条件のように感じています。個人を超えたより深い話題に関わる人びとは、意図的に主流、すなわち新聞や雑誌、テレビ、そしてとりわけ政治から締め出されます。

ある晩、私はオサマ・ビン・ラディンからアラブのテレビ局へ送られたとされるビデオテープに関するニュース番組を見ていました。アメリカのニュースの話題は、ビン・ラディン氏のメッセージではなく、むしろアメリカ人がテープの記録を実証した科学技術のほうに焦点が当てられていました。彼のメッセージは身震いするほど恐ろしいものだったのに……。それはまるで美人のニュースレポーターにビデオの内容ではなく科学技術について論じさせることで、そこから感情的に距離をとろうとしているかのようでした。

先日、戦争を体験した「偉大なる世代」の一員でもある私のかかりつけの医者のオフィスを訪れた際に、先生に最近調子はどうかとたずねました。

「上々ですよ」と彼は答え、「君は?」とたずねてきました。

「まあまあですわ」と私は答え、「でも、最近だれもが内面で混乱状態に陥っているのにその話題を避けようとしているように感じるのです。私たちが認めている以上に、世界の状態は崖っぷちに来ているように思うのです」と続けました。

「その通りだと思う」と彼はため息をつきました。「物事が以前よりも悪い方に向かっているようだね。でも、いつも最後はだいじょうぶという感覚を君はもっていたよね。今の私は必ずしもそんなふうに感じてはいないけれど……」。消え入るように途切れた声からは、彼が悲しんでいることが明らかでした。彼は世界の状態に対して悲観していると同時に、私がその話題をもちだしたことに感謝しているように見えました。この世界が危機に瀕していないかのように私たちが人生を送っているという事実が彼の口を重くしたわけではありません。むしろ、この社会が自らの深奥の痛みについてすすんで会話をもとうとする準備がまだできていないということの表われなのです。

私たちは、より成熟した意識を発達させるために世界の出来事や歴史の潮流によって挑戦状を叩きつけられた存在です。しかし苦痛に目を向けることなくそれを成し遂げることはできません。人生とは架空の悲劇作品——幕が下りると、役者はみな生き返って飲みにでかけるという——ではありません。私たちはみな偉大なるドラマの役者ですが、自分の中の奥深くに到達しない限り、偉大なるパフォーマンスはありえないのです。私たちのそれぞれがどのように自分の役割を演じるかによって、お芝居のラストシーンに影響が及ぼされるでしょう。

あなたがどんな人間になることを目指し、どのように成長して変化し、自らの人生の試練にどう向き合うかということが、今後、世界の変化に密接な因果関係となって結びついていきます。世界とは地球というスクリーン上に集められた個人の精神の投影であるからこそ、私たちが生み出すありとあらゆる想念によって傷ついたり、癒されたりします。たとえば自分自身を束縛するより深刻な問題に向き合うことを拒むならば、拒んだその分だけこの世界も後退するのです。また自分自身の人生に変容をもたらす奇跡の鍵を見つけるならば、世界の変化の手助けをすることができるでしょう。そして、それがこの本のテーマなのです。すなわち自分が変化することで世界が変わるのです。

ところで人生や世界を眺めるとき、私たちは感情面での大きな抵抗を抱えているように思われます。さらに私たちは「苦痛」以上のものを回避していると私は考えています。つまり私たちを妨害する巨大な力に対抗したときに感じるであろう「絶望感」をも回避しているのです。ところが事実は、私たちが自分自身や世界の暗闇にまっすぐなまなざしで向き合うときが光を見出すはじまりのときで、それこそが個人の変容という錬金術なのです。人生でいちばん深く、暗い夜の真ん中で失意のどん底にあるときこそ、私たちの翼のかすかな影が現われはじめます。自分にできることの限界に直面したとき、神の力が無限であることが私たちに解き明かされはじめるのです。私たちの世界にいま立ちはだかっている深い暗闇は、私たちが本当は誰かを解き明かす手助けとなってくれるでしょう。私たちはスピリットであり、ゆえに私たちはこの世界を超える存在なのです。そのことを思い出すとき、この世界そのものが私たちの大いなる記憶に敬意を表して兜をぬぐでしょう。

## 愛への帰還

一九七八年、私は『奇跡のコース』（*A Course in Miracles*, Foundation for Inner Peace）と呼ばれるスピリチ

ュアルな心理療法の自習プログラムを学びはじめ、一九九二年にはその法則を反映させた『愛への帰還』（大内博＝訳／太陽出版刊）という本を著しました。これだけがスピリチュアルな啓示の書だと主張するつもりはまったくありませんが、『奇跡のコース』とは宇宙の霊的な摂理に基づいた心理学的な思考訓練の書です。それは怖れに基づいた思考体系をとり除き、代わりに愛に基づいた思考体系を育む方法を教えています。その目的とは、「許し」を実践することで内なる平和を獲得することです。あなたは『奇跡のコース』のいたるところでそれが言及されていることに気づくでしょうし、その教えの多くが私の書いたものにも反映されています。本書において『奇跡のコース』からの引用またはその概念を紹介しているという説明が特になされない場合は、その法則の直後に「＊」マークを加えています。

『奇跡のコース』は伝統的なキリスト教の専門用語を用いていますが、キリスト教の経典ではありません。その用語は心理学的背景の中で、読者のキリスト教への関心の有無に関わりなく、万人に向けた普遍的な意味合いをもつ霊的法則として用いられています。

霊的な法則は変化しませんが、私たちは変わっていきます。私たちが年々成長するにつれて、以前は抽象的にしか理解できなかった情報とより深くつながることが可能になるのです。二〇年前の私は『奇跡のコース』のガイダンスを個人の人生を変える鍵と見ていましたが、現在の私は世界を変える鍵としてそれを見なしています。そして何よりも、それら両方の見方が密接につながっていることが分かるのです。

それこそがこの本を書いた理由です。本書は『奇跡のコース』から私が受けとったものをさらに深い方法で再び反映させた本です。

『愛への帰還』を書いた数年後にそれをふり返った私は、誰かを許そうと努力することがいかに困難かについて自分が用いた例を見てショックを受けました。ロサンゼルス・オリンピックのときにある男性からデートをすっぽかされ、自分の中の怒りや恨みの感情に働きかけるために努力した話を書いたのですが、デートの約束を破った相手について書くことがエゴの残酷さを表わす適切な実例だと、かつて私が考えていたということが今の私には信じられない思いです。ボブ・セガールの言葉を借りるなら、まさに「あのとき知らなかったことを今も知らないでいられたらよかったのに」でしょう。誰もあなたを本当の意味で深く傷つけていないときに、「許し」を吹聴するのはとてもたやすいことだからです。

さほど遠くない昔、人生は私たちすべてにとってより無垢なるものでした。今日、世界は悲嘆や危険に満ちているように思われます。形而上学的な原理を自慢げにまくしたてるだけで、翌朝にはすべてがよくなると期待するのはもはや難しくなっています。闇のパワーが「じゃあ君が信じている愛ってやつはどこにあるのさ?」と嘲《あざけ》りながら答えを要求し、私たちのスピリチュアルな思想への試練が課せられた時代なのです。

その答えとは、「愛は私たちの内側に存在して束縛が解かれるのを待っている」なのです。暗闇は光への招待状であり、私たちみんなの中のスピリットに目覚めを呼びかけています。あらゆる問題が「君が信じるというものを実際に行動で示す準備はできているかな? 自分の内に入り、この問題を好転させるほどの十分な明晰性と精神力を培い、許容や平穏、愛、忍耐、信頼の境地に達することができるかい?」という質問をほのめかしています。あらゆる状況にはスピリチュアルな意味があります。要は私たちに何が起こったかではなく、起こったことに対して何をして、起こったことゆえにどんな人物になろうと決めるかが大切なのです。唯一の本当の失敗とは、私たちが体験することを通して学んだり成長したりするのをあきらめることなのです。

## 成長へのチャレンジ

好むと好まざるとにかかわらず、現代生活は私たちが思いもよらない方向に変化しています。今日の変化のスピードは人類の精神が手綱をとることができる速さをはるかに超え、二四時間のニュースサイクルのめまぐるしさと個人生活のリズムを調和させるのが非常に困難になってきているのです。

ドラマチックな結末やはじまりが今まで以上にもてはやされ、この世界自体がとり返しのつかないほど変化したという事実は改めて言うまでもありません。誕生、死、離婚、移転、老化、転職など、ありとあらゆる出来事がある種の著しい変貌を、もろ手をあげて歓迎しているように思われます。私たちが確かで安全だと思っていたことが不確かになり、実現がほど遠いと思われたものが奇妙に身近に感じられるようになってきています。また、多くの人びとが身体を突き破るほどの強い感情を感じています。私たちは虚構を生きているのかもしれないという感覚につきまとわれ、さらに居心地の悪さを通り越して居ても立ってもいられなくなっているのです。

私たちの人間関係が高潔さに欠けているとか、私たちの職業が深い魂の奥底からの使命と真に情熱的なダンスを踊っていないというわけではありません。もっと深いところで、本当に神秘的な存在から私たちを切り離すセロファンの薄紙のように現実をとらえているのです。私たちは病気につきまとわれるように、生きる意味の損失感を感じています。また長い間ずっと小さな箱の中に縮こまっていたときのように、突然大声で叫びたくなったりします。腕や脚や背中を大きく伸ばして、頭を後ろに思いっきりのけぞらせながら、降りそそぐ太陽の光の暖かさに喜びを感じ、突然笑いだしたくなったりもします。最後にそうしたのはいつのことか私たちは思い出せなくなっています。あるいは思い出したとしても休暇中に観光名所を訪れたときのように非日常的な出来事に感じられるのです。人生に関する最もすばらしい事柄が日常生活というタペストリーを織りあげることはもうないように私たちは感じています。あるいは一度もそうした事実はなかったのかもしれません。私たちにはそれすらも確信できないのです。

私たちの大部分が別の世界への無意識下の深い憧れを抱きながら生活し、それを歌にしたり詩に書いたり映画で見たりして神話を創りあげています。決して現実には見つけることができないように思われても、その世界を想い描くことをやめません。私たちのひそかな願いとは、私たちが住んでいる世界ともうひとつのより生き生きとしたリアルな世界とを隔てるベールに風穴を開けることです。そしてひとつだけ確かなのは、この世界は私たちが求めている世界ではないということです。

私たちの多くは、そのベールの向こうにより良い世界を見つけ、自らを悲観的に受け止める苦痛に満ちた不条理な世界にはもはや巻き込まれないで自由な世界へブレークスルーするための準備が整っています。残る問題とは、どうやってそれを実現するかです。私たちの住む世界はみんなが言うほど生き生きとしたものでなく、私たちの求める世界がベールを隔てた向こう側にあるとしたら、私たちはどうしたらいいのでしょうか？

私たちの故郷と見なされながらも、心の中の愛とはまったくそぐわないこの世界において、私たちの誰もがときおり、故国を追われた流民のように感じています。それでは自分自身をこの世界に合わせようと格闘する代わりに、どうすれば本当の私たちに合うようにこの世界を変えることができるでしょうか？

おそらく私たちは夜と昼の境目のような不思議な時間を過ごしています。変化を起こすために必要な、ある一定数の人類が怖れに基づいた思考体系からの離脱を試みている今、私たちはふたつの歴史的な時代に向き合っていると私は考えています。私たちは新しい別の世界へわたることを望んでいるのです。

子どもたちが愛し、学ぶ姿の純真さを見るとき、なぜ人びとが子どものように無垢なままではいられないのだろうかと思います。どうして赤ちゃんは成長して怖れや危険に直面するのでしょうか？　なぜ私たちは彼らの純真さや愛を守るために必要な何かをすることができないのでしょうか？　そんなふうに憂慮しているのはあなた一人だけではありません。この世界は自己破壊への軌跡をたどりつつあり、人類の子どもたちやそのまた子どもたちは、私たちに変化を起こすことを求めているのです。

私たちがいま生きている時代は、段階的な変化ではなく根源的な変化を呼びかけています。何百万もの人びとが世界の変容という任務への魂の呼びかけを感じ、怖れの世界から愛の世界へという歴史的意義をもつシフトの中での仲介者になることを望んでいます。それが今であり、それを実現させるのは私たちだということは分かっています。唯一の問題とは、私たちがそのやり方を正確に知らないということなのです。

それほど遠大で理想主義的な任務をどうやって私たちは最善の形で遂行することができるでしょうか？

あらゆるところでの新しいエネルギーの台頭とともに、今まで以上に愛に照らされた見方、生き方、考え方、あり方が求められていることを私たちは感じています。書店に並んだいくつもの書物が、愛や導きや生きるためのより良い方法を明らかにしています。またスピリチュアルな鍛錬や宗教的な儀式を積むなど、自分自身を成長させるとり組みを続けるセミナーやサポートグループもあります。しかし訴訟や政治、手紙を書くことや送金などの日常の雑事に巻き込まれている私たちは、いまだに世界をひっくり返すための奇跡の鍵となる急所を見つけてはいないようなのです。

ニュースや戦争、テロの警戒警報、恐怖を私たちは避けて通ることはできません。私たちは自分なりの小さな方法で世界を変えるために可能なことをしているかもしれませんが、新しいアイデアや慈愛に満ちた力がその反対勢力に圧倒されているように思われます。良い方向に向かっているものも少しはありますが、多くの事態がますます悪化しているように見えるのです。愛が最新の話題と見なされたとたんに、憎悪がその戦闘のラッパを吹き鳴らすようなものです。そして世界中がそのラッパのけたたましい響きを耳にせざるをえない状態なのです。

## 永遠不滅の羅針盤

偉大なる変化の時代に忘れてはならない最も大切なことは、変わらないものにもう一度、目を向けることです。

急激な移行期においては、永遠に変わらないものが羅針盤となって私たちの心を確固としたゆるぎない軌跡にゆわえつけてくれます。それらは私たちが神の子どもとして、今なお世界の聖なる使命の中心にいることを思い出させてくれます。それらは前向きな変化を起こす強さと否定的な変化を減少させる叡智、そして、その存在が世界に癒しをもたらすような人びとになる可能性を私たちに与えてくれるのです。私たちは急速に移り変わる世の中に生きていますが、おそらく「中心となるべきものがその中心にきていない」状態なのです。私自身の例をあげると、机の上に置いたファイルが見つからないとか、友人の家に出かける前にするように私が言いつけたことを娘がしそびれたりしたときや、何かささいなことがうまくいかないとき、いとも簡単に混乱状態に陥る自分に気がつきます。ところが誰かが事故にあったとか、ある子どもが事件に巻き込まれたなどという深刻な問題を知らせる電話がかかってきたとたん、そのことに集中するうちに私の意識は深い静寂に包まれるのです。

前者の場合、気違いじみた状態になりたいという私の衝動は解決策を引き寄せるどころか、それを邪魔する方向に働いています。私のエネルギーの中には人からの助けを呼び寄せるようなものはまったくなく、次に何をすべきかを考える明晰さもありません。ところが後者の場合、私のエネルギーのすべてが問題解決という高いレベルに向かって働きだします。私の心は他者への奉仕に捧げられ、私の思考が集中されてクリアになります。つまり私が問題の影響を受けているときはその問題の一部になり、自分自身の中心にいるときは解決策の一部になるのです。そして後者がいくつも累積された現象が世界を救う力になります。

世界で物事がうまく機能していないとき、私たちに必要なのはその混乱に加わるのではなく、自分の内なる平和に向かって進んでいくことなのです。

急速に移り変わる世界で力を獲得する唯一の方法とは、スローダウンすることを学ぶことであり、個人の影響力を広く普及させるたったひとつの方法とは自分の内側に深く入っていくよう学ぶことなのです。自分自身や子どもたちのために私たちが望む世界は、電子的な超速から生まれるのではなく、むしろ私たちの魂に根ざした霊的な静寂さから生まれてくるでしょう。そのときこそ私たちは心をかき乱されることがなくなり、内なる願いを反映させた世界を創造することができるのです。

外的な状況をあれこれ改変する時代は過ぎ去りました。表面的な変化は決して物事を回復させません。私たちに必要なのは行動や心境の変化を超えるものであり、心に浸透して私たちを完全なる状態に癒してくれるような世俗を超越した光以外の何ものでもないのです。世界を救うための答えは、未来や他の別な空間に横たわっているわけではありません。時間や空間の変化ではなく、むしろ私たちの認識の変化こそが世界を一新する鍵なのです。新しい世界は、私たちが考えている以上に身近にあります。人生が望み通りになることを許容し、そうなるべく意図された本来の姿に私たちを戻してくれる、つねに愛に溢れた隠された次元に深く分け入っていくとき、その世界を見つけることができます。『奇跡のコース』が呼ぶところの「聖なる瞬間」に、私たちは愛によって、世界を支配する恐怖から解放されるのです。

私たちそれぞれが宇宙のへその緒とつながっていて、あらゆる瞬間に神からのスピリチュアルなエネルギーを受けとっています。しかし私たちは怖れに基づいたエゴに隷属し、その指令に従って聖なる愛という特効薬に抵抗し、好んでこの世界の毒を飲んでいるのです。私たちがすすんでそうした行為をとり、日常生活のあらゆる場面で並々ならぬ苦痛に耐え忍んでいることはまさに驚きに値します。支配的な思考体系によって生み出された内的混乱がはなはだしい状態にある私たちは、怖れの命じるままに行動するようこの世界から厳しい訓練を受けています。そのために救済の光はせいぜい一瞬のひらめきのような形でやってくるだけなのです。ところで幸運なことに、今日ではふだん以上にそうした光が出現しています。深い暗闇に覆いつくされているように見えるときこそ、より深い世界の叡智が道を照らすために現われるのです。

不滅のベツレヘムの星の現代版とも言えるその光が、新しい世界の予兆となって夢のような世界が誕生するまで、その光につき従うようにと私たちをさし招いています。外の世界での不思議な出来事は、私たちの内側で起きていることに比べたらとるに足らないものです。これは世界の終焉ではなく、新しいはじまりのときなのです。現代に生まれてきた私たちは新しいタイプの人類であり、それぞれの人生の中でドラマチックな役割を担っています。私たちはエゴという限界から解き放たれ、人生でずっと追い求めてきた奇跡的な力を自在に体験することでやっと本来の自分になれるのです。

文学界の巨匠、ジョージ・ベルナルド・ショーは彼の人生の晩年に、歴史上のどんな人物に一番なりたかったかという質問を受けたことがあります。彼の答えは、「自分がなれたかもしれないけれども実際にはなることがなかったもう一人のジョージ・ベルナルド・ショーになってみたかった」というものでした。

# 新しいはじまり

信仰とは、神はつねに計画をもっていると信じることです。人類がどんな狂気に陥ったとしても、神はいつも最後には、狂気を超えた平和の世界へと私たちを解放してきてくれたからです。

今日、世界の大いなる幻想のただ中に立ち上がることで、私たちの存在そのものが幻想を追い払うことができます。より愛に満ちた方向へ向かう橋を渡り、スピリチュアルな変容というレッスンを学び、それを私たちの人生に適用させるとき、私たちは途方もなく大規模な変化の立会人となるでしょう。内側と外側における変化というレッスンを学ぶことによって、私たちの一人ひとりが偉大なる集合意識のプロセス——世界中の人びとが神の啓示を受けた叡智の波に乗るという——に参加することができます。そして人類が破滅のコースを歩むのを目撃し、時間内に方向転換させることができるのです。

今を偉大なる終焉の時代、あるいはハルマゲドンの時代のように感じる人がいるかもしれませんが、本当は偉大なるはじまりの時代です。それは以前の私たちが死に絶え、代わりに私たちの可能性が指し示す新しい自分になるという時代なのです。それこそが私たちを待ち受けている贈り物であり、本当の自分になるためのチャンスなのです。

そしてそれが奇跡、すなわち「変化という贈り物」です。

よく聞きなさい。あなたがたに奥義を告げましょう。
私たちはみな眠りから目覚め、変化を迎えます。
それは最後のラッパとともに一瞬にして起こるでしょう。
ラッパが鳴ると死者が不滅のものによみがえり、
そして私たちは変えられるのです。

――コリント人への手紙　第一　一五章より

# 目次

## 第3章　否定的な思考から肯定的な愛へ……63



## 第4章　不安から贖罪へ……95

# 第1章
# 橋を渡る

私たちの知っている生き方は時代遅れになり、代わりに何か新しい生き方が生まれようとしています。私たちすべてが個人を超えた大きな変容のプロセスの役割を担い、愛を抑制しようとする行動や考えのすべてに一人ひとりが向き合うよう強いられています。というのも、個人の人生を変える愛のパワーをブロックすることは、世界を変えるパワーそのものをブロックすることだからです。

ある意味で私たちは抵抗して大騒ぎしていますが、それでも人類の愛の心は確実に向上しています。宇宙はこう言っているように思われます。「さあ時間よ。もう遊びまわるのはやめて、あなたがそうなるべく意図された人になりなさい」

私たちだってそう望んでいます。でも思うようにならないのです。現代社会にはこれまで以上に問題が蔓延し、誰もが冷笑的な考え方や怖れ、不安、絶望に屈して自暴自棄に陥りやすくなっています。私たちが本当の自分を思い出すまでそれは続くでしょう。

本当の私たちは、個人レベルでも集合意識レベルでも私たちの問題すべてを解決しても、なお有り余るほどのパワーをもっています。真の自己を思い出したとき、私たちのさまざまな問題――まさしく私たちの忘却を示すもの以外の何ものでもない――は消滅します。

それをあなたは「奇跡」と呼ぶかもしれませんが、それこそがまさに今、求められていることなのです。


本書は私たちが本当の自分自身を知り、私たちが奇跡的な変化を起こすための媒体になりうることを学ぶためのものです。私たちが不安や脅威に満ちたこの世界から教わった「怖れに基づいた思考」を解放するにつれて、神の真理が明らかになります。そして私たちの真の本質が愛そのものだということを知るでしょう。

「奇跡とは、愛の自然な表われとして生じるのです*」

「アルコール中毒者自主治療協会」（断酒会）でも言われるように、すべての問題がその解決策を内包しています。つまり私たちが直面する試練によって提供される贈り物とは、自らの潜在能力を花開かせるための大きな飛躍となるチャンスなのです。この世界が怖れと葛藤の世界から愛と平和の世界へと画期的な変化を遂げる唯一の方法とは、同じ画期的な変化を私たちの内側に起こすことなのです。そのとき初めて私たちは、自分を苦しめる問題を自ら解決することができる人になれるでしょう。真の自己の領域に達するにつれて、私たちは無限の可能性という世界に分け入っていくのです。

私たちを通して神がなすことができないことを、神が私たちの代わりに行うことは不可能なので、私たちはその領域に達するまでブロックされます。ところで神に問題の解決策があるということは、その人を通して神が問題の解決策を生み出すことができるような人びとに私たちを変えるために、各自が体験すべき変化の計画を神がもっているということです。そしてあなたが自分の内側で起こるよう決めたことが、この世界で起こることを決定づける最も重要な要因となります。あらゆる状況が——それがどんなに苦痛であったとしても——私たちがなりうる可能性のある人間になるための宇宙からの挑戦状なのです。私たちの任務は、自分自身のためにも世界のためにもそれを実行することなのです。

ところで、私たちがそうなりたいと最も深く望むような人間になるためには、今の自分自身を見つめなければなりません。たとえ私たちの目に映る自分の姿が決して喜ばしくないものだとしても。そのとき私たちは、これまで避けてきたあらゆる問題に向き合うことを余儀なくされ、そこに見えるものが好きかどうかはさておき、いちばん奥底にある自分自身の本質的な真実にたどり着くように強いられます。

私たちが自分自身の中にブレークスルーを起こすまでは、あなたをとり巻く世界にも根本的なブレークスルーは起こりえないでしょう。私たちが目にする世界は私たち自身の人間性を映しだす鏡でもあります。もしこの世界であなたが目にするものが好ましくないとしたら、あなたは自分自身の内側の好ましくないものに対面しなければなりません。それを実行することで、個人的な暗闇を通ってその先に広がる光へと向かうのです。私たちは光を受け入れ、その輝きを広げるのです。

私たちが変わるとき、世界も私たちとともに変わっていきます。

## 怖れから愛へ

私たちは究極の意味をもたないささいな事柄にたくさんの時間を費やしていますが、十分な認識不足という理由から、そうしたとるに足らないものが私たちの世界の中心を占めています。私たちの魂と何のつながりももたない事柄が、私たちの物理次元の活動にじかに結びついているのです。それらは霊的な寄生体のように私たちの生命力を奪い、私たちの喜びを否定します。それらの破滅的な影響から逃れる唯一の方法とは立ち去ることです。とはいっても、なすべき事柄から逃げるのではなく、必要のない否定的思考の呪縛から自由になるという意味です。

より良い世界への橋を渡ること、それは私たちの心の中の「怖れと分離」という嗜癖的情緒パターンから「統合と愛」という光に満ちた認識への橋を渡ることから始まります。私たちは怖れをもとに思考する習慣にとらわれており、怖れよりも愛の方が疑問視されているこの世界でその習慣を覆すためには霊的鍛錬が必要です。

人生で奇跡的な体験を成し遂げるためには、霊的視野で物事を見ることを受け入れなければなりません。そうしなければ私たちは本当の生の喜びを知らないままに、ある日、この世を去っていくのです。その喜びは私たちが真の自己を体験したとき、つまり他の人びとのあなたへの投影から自由になったときや、最も偉大なる夢を描くことを自分に許してあげたとき、自分自身や人を心から許せるとき、また私たちが愛し愛されるために生まれたという目的を思い出したときに湧き上がってきます。

誰もが今日の世界において、種としての人類という見方や、人間関係や地球そのものと自分たちの関係性において何か新しい見方が求められていることに気づいています。しかし、この機能不全の世界をしっかりと支配している負の心理的法則は、生贄《いけにえ》の牛のように神聖視されています。何か悪いことが起こるという恐怖感ゆえに私たちはそれに触れることを怖れているのです。ところが事実は、それに触れなければ何か悪いことが起こるのです。今こそ変化のときです。私たちが胸の奥で知っている自らの使命を実行するときなのです。

私たちは世界を支配する怖れに基づいた思考体系の滅亡というドラマに参加するために、今ここにいるのです。

ふたつの核となる感情だけが存在します。すなわち愛と怖れです。光と闇が対極をなすように、愛と怖れも対極をなしています。つまり一方の存在によって、もう片方が消滅するのです。私たちが怖れから愛へと認識をシフトさせるにつれて――ときにさほど難しくない場合もあれば、最終的にそれを成し遂げるには霊的な熟達が必要となる場合もありますが――真の意味でのミラクルワーカーすなわち奇跡を起こす人になります。心が愛に開け放たれるとは、より高次のパワーに対して開け放たれるということです。そして、すべての奇跡はそこから始まるのです。

## 奇跡

奇跡とは怖れから愛への認識のシフトです。「それは私たち自身を超えた思考体系からの聖なる仲介であり、私たちの認識が変化することによってまわりの世界に変化がもたらされます*」

奇跡とは人間の思考による理解をはるかに超えたものです。神のガイダンスとは合理的な思考の範囲内での青写真としてではなく、むしろ私たち人間の意識では決して達成できない精神レベルでのブレークスルーを伴いながら霊的なひらめきとしてやってきます。私たち一人ひとりがより高次の自己に進化するにつれて、かつて思ってもみなかったような創造的な方法でのエネルギーの統合が起こり、より高次のレベルへと到達しはじめます。必要とされるものはすべて、私たちの内なる愛が与えてくれるのです。

私たちは「聖霊の贈り物」を受けとり、その人に授けられた才能や神の重要な属性でもある「無限の心」という高次元の世界に目覚めるのです。私たちはお互いに不思議な出会いを体験しはじめます。修復不可能と思われていた問題や過ちが修復されます。私たちはそれらのことを神の奇跡を通して行うのです。

ワールドトレードセンターが崩壊した瞬間、私たちに突きつけられた問題への完全なる解決策が神の意志の中に形づくられました。その解決策とは、神の手足となるように私たち自身を成長させるという人類すべてを巻き込んだ壮大な計画です。

私たちが出会う人びとや陥る状況のすべては自己実現へと至る次なるステップのレッスンです。起こることはすべて神秘の教育プロセスの一部であり、その中で私たちは無意識のうちに自分の次の課題を構成するような人物や状況を引き寄せるのです。自分の内により深く入るよう求められるレッスンのたびに、私たちはより賢く、愛情に溢れた存在になっていきます。そしてひとつのレッスンが終わると、次のレッスンが私たちを待ちかまえています。

神の仕事とは私たちをより偉大なる存在へ進化させることであり、それを成し遂げるために私たちはどこか他の場所に行ったり、何か変わったことをする必要はありません。より良い世界への旅は、地平線上の平面方向ではなく垂直方向にあります。それはどこかよその場所への旅ではなく、自分自身の心の中に深く分け入っていく旅なのです。まさにあなたの目の前に、この瞬間、今のあなたが体現する以上により高次の「ありうるあなた」を表わすような行為や考えが示されています。あらゆる瞬間に私たちはもっと多くの愛を体験し、もっと多くの愛を表現することができるのです。

私たちがそうするにつれて世界も癒されていくでしょう。

## 自分の役割を果たす

私たちが認識を変えると神も私たちを変えてくれます。私たちがそうあるべき自己になったとき、私たちは自分がなすべきことを知ります。そして自分とともに歩いている神の存在を思い出すことで、それを成し遂げる勇気を得るでしょう。

本書は、この世界を怖れの視点から愛の視点で眺めることで根本的な変化をもたらすための誰にでも実践できる11章に分けられた解説書です。怖れに基づいた思考の優位性は、私たちの意識内に毒が流れだす状況をつくりだして霊魂に害を及ぼします。私たちは健全なやり方と不健全なやり方の両方を通して、より深い真実という聖域への逃げ道を探しています。しかし真実を求めるだけでは、また、たとえ真実を知ったとしてもそれだけでは十分ではありません。私たちは今、自分が理解する真実を生きる許しを自分に与えなければならないのです。また、それによって将来起こる可能性のあるさまざまな結果を受け入れなければなりません。

「ミラクルワーカーの使命とは、ある状況に関して他にも起こりうる可能性について熟慮することです*」。そして実際、可能性は他にも存在します。神はそれを私たちに見せてくれるでしょう。

誰かに対して批判的な思いを抱えているときは、深呼吸をしてあなたが彼らを許せるよう神に助けを求めることもできます。自分に欠けていると気づいたものについて考えてしまうときは、代わりにあなたがもっているものに意識を合わせて考えなおすという選択をすることもできます。仕事を達成できるか不安なときには、あなたの内に神が宿っていて神に不可能はないことを思い出しましょう。どんな状況においても、より良い人生をあなたは送ることができるのです。

よりすばらしい人生を歩みはじめるとき、すなわち「求める」のではなく、よりすばらしい人生に「参加することを選択する」だけで、私たちは自分のまわりにすべてがあることに気づきます。神は私たちの心の中にいます。私たちがどこへ行こうとも神は内なる世界に存在しているのです。


私たちが引出しの奥深くにしまい込んだ問題もあります。それらの問題が自分に属していて、いつかとり組まなければならないことを私たちは知っています。でも先延ばしし続けて、とうとう問題のひとつが表面化するような事件が起こるのです。宇宙は「今ここでこの問題にとり組みなさい」と私たちに非常に明快に分からせてくれます。今こそ、自分自身の人格の癒されていない部分をすべて癒すときなのです。それは人間関係や嗜癖《しへき》、金銭問題、あるいは子どもとの問題かもしれません。あなたの弱い部分がどんな形をとっているのかは問題ではありません、重要なことは私たちがその問題に向き合うまで、私たちは神の計画における自分の役割の有用性を制限しているということなのです。

今こそ地球での全員出動体制が求められる時期なのです。偉大なる行為が求められているときに自己へのナルシシズムという矮小さにしがみつくのは適切ではありません。私たちの一人ひとりが過度の不安や痛みという呪縛のすべてと向き合い、神のために、そしてより良い自己のために立ち上がり、世界を救うための神の計画におけるしかるべき位置につくときなのです。

これは重大でエキサイティングな時代です。現在は単独のパトロール隊員として働くときではありません。私たちの苦しみや悲しみがどんなものであっても、自分自身の中に深く分け入って人びとと謙虚に向き合うときなのです。というのも、そこで私たちは神を見つけ、神の中に自分が探し求めるすべての答えや心から切望していた解決策や、すでになくしてしまったとか永遠に失われたと思いはじめていたすべての喜びがあるからです。今がそのときで、私たちがそれを実現するのです。

ところで私たちが高次のスピリチュアル・マスターとしてまだ活動していないのはなぜでしょうか？　多くの人びとの成長を妨げているのは霊的な無知ではなく、むしろ霊的な怠慢です。私たちは高次意識の原理をたくさん知っていますが、それらの原理をあらゆる状況下において利用するための意識的、感情的な訓練がなされていないのです。私たちは安易に許せるところで「許し」を用い、道理に叶っていると思われるときに「信頼」を用い、都合のいいところで「愛」を利用します。私たちは深刻そうなふりをしていますが、実はそれほど真剣ではないのです。

ここで憎悪の擁護者たちとの対比を行ってみましょう。

テロリストが私たちを憎むのはある特定の時間だけでしょうか？　彼らは自分たちの主義にうわべだけで傾倒していますか？　彼らは自分たちが理想とする世界の実現という目標を真剣とは言えない態度で受け止めているでしょうか？　憎悪に勝利する唯一の方法とは、一部の人びとが憎悪にのめり込んでいるのと同じくらいあなたが深く愛にのめり込むことです。彼らが憎しみの表現に没頭するのと同じくらい、深く愛を表現することに没頭することなのです。そして憎しみが自分たちの使命だと思い込んでいる彼らと同じくらい固く、愛こそが自分たちの使命だという強い信念をもつことなのです。

私たちの多くは、すでにスピリチュアルな世界で学びはじめている生徒です。残る問題は、私たちの成績がCレベルだということです。そして、それを変える必要があるのです。

## 光の中に生きる

最善の自己から逸脱した瞬間とは愛から逸れた瞬間であり、それによって自分自身や他の人びとに苦痛がもたらされます。私たちが公正な立場にとどまる方法を知らずに、なお自分の欲求を満たそうとする場面でそれは起こります。私たちは「エゴと怖れ」という太古のパターンに陥ります。というのも、私たちが潜在意識下でそうするよう、まさにプログラムされているからです。そしてあらゆる試みが失敗に終わったとき、あなたは胸の中の秘密の小部屋で、やっと「どうか助けてください」と神に助けを求めるのです。神は求めに応じて、私たちをいちばん深いレベルでプログラムしなおします。そして聖なるカリキュラムという錬金術を通して、私たちは会うべき人びとと出会い体験すべき状況を体験することで、怖れから愛の存在へと変わるためのレッスンを学ぶのです。私たちには喜びを通して学ぶさまざまな機会が与えられますが、それを拒否すると苦痛を通して学ぶことになります。いずれにせよ私たちはいつか学ばなければならないのです。

スピリチュアルな可能性に生を与えることは容易ではありません。私たちが自らをゆだねて柔軟になり、正義を振りかざすことをやめて焦りを手放し、世間の意見や称賛に惑わされずに神の腕の中でやすらぐこと、すなわち「聖なる瞬間」というスピリチュアルな出産は、非常に険しい道のりになることもあります。しかし最後には必ず人生に愛がもたらされます。私たちはよりやすらぎを感じるようになり、私たちが生きている現代の絶え間ない恐怖によって苦しめられることも減少するでしょう。過去の苦悩から自由になり、怖れのない状態で再び愛することができるようになります。以前の人格には欠けていた賢明さや強さを私たちは発揮しはじめます。私たちという存在から新しいエネルギーが発せられて、他の人びともそれを見たり感じたりすることができるでしょう。

それらすべてはいたってシンプルですが、「たやすい」と表現されるべきものではありません。スピリチュアルな道のりとは、抽象的概念をさらに複雑に発展させていく類の道のりではありません。それは私たちのすべての体験にさまざまな基本原理を利用することを通して、よりシンプルによりシンプルにと成長していくプロセスなのです。「私たちは愛を学ぶわけではありません。それはすでに私たちのハートに刻み込まれているからです。一方で、私たちは怖れから学んだことを捨てはじめます*」。「非難すること」から「祝福すること」へ私たちが自分を変えていくことで、私たちの求めている世界と私たち自身を隔てる幻想の世界のベールが切り裂かれるのです。

すべてのレッスンが楽しく感じられるわけではなく、ときに私たちは成長を激しく拒んだりもするでしょう。けれども奇跡に対して心を開いている限り、私たちは新たなる存在の次元へと着実に前進します。そこでは愛が、過去に私たちの邪魔をした怖れのパターンを払拭して想像もつかない高みへと私たちを引き上げてくれます。すべての状況が贈り物——私たちが本当になりたい自分になり、本当に生きたい人生を生きるためのチャンスという——を携えてやってくるのです。

私たちは自分が見ることを選んだ世界にいます。だからこそ愛の視点を決して失わないことがとても大切なのです。戦争に関する記事を読むときは、夕陽の美しさを思い出してください。世界の現状について考えるとき、今日いったい何人の人びとが恋に落ちたかに想いをめぐらせてみましょう。神は決して人生への情熱を失わないのですから、私たちも失うべきではありません。世界で起きていることの表層下には、心からの笑顔を向け合い、赤ちゃんをつくり、癒し、芸術を生み出し、許し合い、より目覚め、笑い、賢く成長し、愛することを続けている人びとがいます。怖れと愛の間でふたつに引き裂かれたように見えるこの世界で、私たちの偉大なるパワーは自分自身の意識の焦点をとぎすますことによって見出されます。現代社会のある部分は深い暗闇で覆われています。そして今、世界が必要としているのは光のために働くより多くの人びとなのです。

光を見て、光の中で生きることで、光が付与するパワーによって私たちは最終的にマスターとなるのです。

## 新しい方法を選ぶ

ジョン・レノンの歌の中に「君は僕を夢見る人と言うかもしれないけど、僕だけがそうじゃない」という言葉があります。今日、夢を追い求める人びとはお互いに励まし合わなければなりません。というのも夢を見ることをやめさせる方法のひとつが、自分だけが夢を想い描いているたった一人の人物だとその人に思わせることだからです。

「愛こそが本当の答えかもしれない」という結論にほんの一歩手前までたどり着きながらも、私たちは現代の思考警察によってハエのようにやすやすと叩きつぶされてしまいます。そんなことを考える自分がバカ正直で愚かな存在であり、世界情勢の分析さえも実にお粗末だと教えられるのです。「彼女は変わり者、彼女はニューエイジャー、彼は正気じゃない」というふうに。「たしかにそう」とあなたは納得します。ところで年間に数千億ドル単位の莫大な額を必要とする戦闘用兵器や装備をつくり、その根本的問題を顧みない人びとは果たして正気なのでしょうか？　地球上の対立の解決策として新型の高性能の核爆弾をつくることを提案する人びとははたして健全なのでしょうか？　幼い男の子が新しいレゴのプラスチック製のおもちゃの積木セットで遊ぶのと同じように戦争を起こしている人びとは良識があると言えるでしょうか？　この世界はまるで「不思議の国のアリス」から生まれた世界のようになっていて、健全な人びとが不健全に思われ、正気でない人びとに分別があると見なされています。世界全体が完全にひっくり返ってしまったのです。けれども、それを知っている人びとがいるという良いニュースもあります。私たちは発言することを怖れているだけなのです。なぜなら自分がそう考えているたった一人だと思い込んでいるからです。

私たちは一人ではありません。愛に身も心も捧げようとする思いが私たちの深いところから湧き上がり、そのパワーが私たちを根本的に変えていくでしょう。私たちの心はとらわれのない真理に見開かれるのです。その真理は、私たちの細胞を浄化して思考の変容をもたらしてくれる秘薬のように感じられます。私たちの変化を科学が必ずしも立証できるわけではありませんが、私たち自身がもう同じではないと感じることができるはずです。そして愛はすべての怖れを駆逐するということを心から信じて、人生を愛に捧げるでしょう。

外見的には私たちはそれほど変化しません。世界がその本質を明らかにしても、私たちは前と同じような洋服を着て、ゲームに興じ、以前とまったく変わりがないように見えるはずです。でも私たちが物事をとらえる見方にシフトが起こります。私たちはベールの向う側のもうひとつの現実を知覚しはじめるのです。「私たちが見ている世界は私たちを支えられほど十分に深くはありません。そのことを今の私たちは知っていて、この世界が私たちを支えるために十分に適しているというふりをするのをやめるでしょう」*。私たちはベールの向こう側を見る目を発達させていて、そのビジョンを胸に新しい世界を招き入れることができるのです。

毎朝、目覚めとともに私たちは世界を称えることができます。何か神聖で真実なるものに今日、奉仕することができるよう祈ることもできます。大きく深呼吸をして神の計画に自分の人生をゆだねることもできます。そうすることで私たちは奇跡を体験します。

最も大切なのは、そうしなければ私たちが絶望感にとらわれるということです。奇跡へのとり組みは、私たちの魂が求めてやまないものだからです。私たちは霊的な進化の次のステージに生まれ変わるために、まさに死に瀕しています。世界の「恐怖」は年老いて衰え、それゆえ怒っています。「愛」は地上に生み落とされた最初の瞬間からひかえめな息づかいとともにあり、だからこそやさしいのです。「〈柔和なる者は地を継がん〉という聖書の言葉は次のたったひとつの理由からです。つまり、彼らの愛の力がこの世界を超越するからです」*。かつての自分がどんな人間だったかは、私たちが考えるほど重要ではありません。私たちが今、どんな人間になろうとしているかこそがこの世界を超えるのです。

# 第2章
# 自己の忘却から本当の自分を思い出すことへ

人生をすばらしいものに変えるために最初にすべきことは、エゴに基づいた代理的自己をあらゆる場面で投影するのをやめることです。意気消沈した自己や怒っている自己、おびえている自己とともに人に攻撃をしかけることは、心理学的見地から見ても「最善の努力」とははるかにかけ離れたものだからです。けれども、こうしたいわば「サイキックな棘」たちは、それらが真の自己の壮大さに組み込まれるまでは私たちを攻撃に走らせ続けます。憂鬱《ゆううつ》や不安、怒り、怖れの感情は、私たちが高価な衣服を身につけ、十分なお金を所有し、立派な資格をもっているという理由だけでは根絶されません。それらの感情をカモフラージュすることも可能ですが、ほんの一時的なものです。人びとはほとんどテレパシー的なすばやさで私たちのより深い本当の感情を拾いあげ、潜在意識下でそれらの感情を私たちに返してくるのです。私たちはあらゆる瞬間、この休みない相互作用のプロセスと関わり合っています。

生をまるごと享受するためには、「真の自己」という全体性の中に私たちがとどまるしか方法はありません。そして私たちは神とひとつになって初めて全体性を獲得します。「神聖な《ホォウリィ》」という言葉は「全体《ホォウル》」という言葉に関与し、神と人類との結びつきを表わしています。そのつながりの外では、私たちは自分の本質と切り離されてしまうのです。エリザベス女王の子どもの一人なのにそのことを知らないのは不自然なように、私たちは自分自身のアイデンティティの極めて重要な側面を見逃すことがあってはならないのです。さらに心理的視野を広げてみましょう。私たちが天国の父なる存在を忘れてしまったという事実がどんなに奇怪なことかに気づくはずです。

『奇跡のコース』によると、私たちが抱えているのは「根源」という問題です。私たちは自らの聖なる根源を認識できずに、自分自身をスピリットの創造物ではなく世界の創造物として表現しています。私たちの霊魂に分裂と苦痛を刻みつけたのはこの世界です。私たちが自己の根源という霊的遺産に関するすり替えられた感覚を癒さない限り、いくら苦痛をとり除こうとしても徒労に終わるでしょう。私たちはこの世界の子どもではありません。私たちは神の子どもなのです。私たちは疲れきったこの世界の間違った刷り込みによる影響が今のように自分に及ぶことを許す必要などないのです。

私たちの聖なる遺産に関する混乱は、自分自身に関する混乱にすり替えられています。自分が誰でどこから来たのかを認識できないことによって、今の自分自身や自分の居場所を理解するのが難しくなっているのです。それゆえにスピリチュアルな意味での「安定性」も欠落しています。聖なる創造者という感覚の不在によって、私たちが自分自身の創造者であり、それゆえ自分自身の神であると当然のことのように思考します。「神がボスでなければ自分がボスに違いない！」と考えるのです。自分こそ最も偉大だという意識は、単なるナルシシズムではありません。それは人類に蔓延した重度の精神障害なのです。

私たちが本当はどこから来たのかを思い出すことによって、私たちは自分が誰かという真実に目を見開かされることでしょう。

## 偉大なる目覚め

「聖書の中ではアダムは眠りについたと言われますが、彼が再び目覚めたとはどこにも記されていません」*。それはまるで人類が比喩的な意味だけでなく、ある意味において文字通り長い眠りについたことを象徴しているかのようです。眠りの中で私たちは夢を見はじめます。そして夢のいくつかは悪夢に変わります。

苦しみは悪夢です。中毒は悪夢です。暴力は悪夢です。飢餓は悪夢です。戦争は悪夢です。これらのことが起こる場所から起こらない場所へと世界を変える方法とは、旧来の感覚で私たちがすることを通してではなく、それらが起こる、生きながらの悪夢から私たちが目覚めることを通してなのです。私たちはそう気づかないままずっと眠り続け、自分が誰で、どんなパワーをもっていて、どこから来て、本当に必要なのは何かについての大いなる忘却に陥っているのです。

しかし偉大なる目覚めは目の前に迫りつつあり、私たちの一人ひとりの中の新しい夜明けのようにみんなを鼓舞してくれます。悟りを得たマスターたちが「目覚めた者」と呼ばれるのは決して偶然ではありません。そして今、あまりにも長い眠りをむさぼってきた人類という種が、まさにいっせいに目覚めようとしているのです。

この目覚めに対する抵抗や眠りへの誘惑、無感覚という偽りの快感はすべてリアルに私たちが体験するものです。しかしそれらは見かけほどパワフルではありません。「私たちは私たちを創造した大いなる意識とひとつであり、そこから離れて私たちがつくりあげたものは何も意味をもちません」*。私たちが根源の神とひとつだということを思い出したとき、私たちは自らのパワーに目覚め、悪夢も消え去るでしょう。

## 「聖なる本質」対「エゴ」

『奇跡のコース』のエクササイズに「私を創造した愛こそ私です」という言葉があります。ところでそれが私たちの本質への過激な信じられない評価につながることもあります。「私たちがそれほど偉大だとしたら、間違いばかり起こして自分をめちゃくちゃにしながら悪癖を繰り返す自分はいったい誰？」ということになりかねないからです。

その自分こそが私たちの怖れに基づいたエゴです。ここでのエゴは古代ギリシャ人たちが意図したものと同じ「小さく分離した自己」という意味で用いられています。エゴの目で見るとは、指先のささくれを見ながらこう考えるようなものです。「これこそ私だ」と。エゴはペテン師の自己であり本当の姿を偽っていますが、実際のところは自己嫌悪が形をとったものです。それは自分自身の意識の力が自分に牙をむいたもので、英雄のようなふりをしていますが実際は希望や夢を害する存在なのです。エゴは幻想の棘のようなもので、私たち自身のより広い霊的な実在から自分自身を切り離すものです。エゴは自分を人とは違った特別な存在と見なすようなパラレルな意識世界をつくりあげて、つねにそれ以外の世界を寄せつけまいとしています。自分自身を切り離された存在と見ることで、私たちは無意識のうちにその信念を実証してくれるような現実を引き寄せています。その幻の王国が地上の世界という地獄なのです。

私たちが本当の自分を思い出し、自分自身の真の実在という光の中に神の子どもとして固い信念をもって加わったとき、エゴは少しずつ消滅していきます。私たちが意識的に光を育み自らを光にゆだねて真の意味で光を受け入れたとき、エゴは力を失うからです。だからこそ自分は誰か、すなわち私たちが愛そのもので、神の創造物だということを認識することが、あらゆる瞬間に私たちにできるいちばん大切なことなのです。愛こそが地上の世界の出来事によって汚されることのない私たちの霊的な実体です。

そのことを忘れると、潜在レベルでの攻撃性や防衛性を帯びた思考が私たちの存在全体の精神的な基盤になります。「エゴは良いときでも疑い深い存在で、最悪の場合には兇暴かつ残忍です。エゴの復讐心を見くびってはいけません」[*]。私たちの心が真に癒されるのを望むならば表面をとり繕ったり、スピリットの壊れた大動脈を包帯で巻くだけではなく、エゴの最も根本的な大前提に対して疑問を投げかけなければなりません。というのも自分自身に対するエゴの意見を拒むことで、初めて私たちは本当の自分を発見することができるからです。

そして本当の私たちとは神聖なる存在です。

私たちの聖なる本質とはエゴと正反対のものでもあり、エゴに対する解毒剤でもあります。それは私たちが根源と再びつながり、自分たちが実は一度もそこから離れていなかったことを思い出した状態なのです。私たちは聖なるものとして神に創造され、聖なるものとして地上に生を受け、聖なるものとして死とともに還ってきます。しかしながら私たちはみな幼少期から死に至るまで本質を忘れて眠りにつき、自分自身がつくりだした神からの分離という地獄を体験します。根源とのつながりを思い出すことが私たちを目覚めさせ、悪夢から私たちを解放します。聖なる時の中でエゴは無意味になり効力を失うのです。

聖なる本質とは聖人や覚醒したマスターに用いられる神学的な概念であり、あなたや私のためのものではないというわけではありません。そのような概念を高い祭壇に祭りあげて実用的な利用を避けるのは、それを寄せつけまいとするエゴの策略です。私たちが神聖だというのは象徴的な意味においてではありません。私たちは神の意識の延長であり、ゆえに私たちの本質は神聖なのです。私たちがこの世界の子どもではなく神の子どもだと考えて立ち止まるとき、なんとすばらしい霊的遺産を自分たちが受け継いでいるかに気づくことでしょう。そしてその遺産とは、私たち自身や私たちをとり巻く世界から暗闇を追い払うために使うべきものなのです。

祈りを通して私たちは人生に奇跡をもたらします。ふだん用いている以上の偉大なるパワーを秘めた私たちは、病気を癒し、人間関係を修復し、国家を和解させ、自分たちの街を守り、世界を変えることもできます。私たちが自分ではなく「自分以外の人びと」を神聖だと考え続ける限り、「自分以外の人びと」だけが奇跡を行う権限をもっているように見えるでしょう。しかしそれは真実ではありません。事実、私たちはみな神によってつくられたのですから、私たちの誰もが神聖なのです。神や周囲の人びとに心を開くにつれ、私たちの意識は奇跡をもたらす媒体になります。私たちは奇跡を求めて祈ることができます。そうすることで私たちの声は神に届くのです。

私たちがエゴ意識の迷路にとらわれた内なる愛という源泉を解放するとき、奇跡の炸裂が起こります。そして私たち自身やこの世界に完全なる変容がもたらされるでしょう。私たちのスピリットは生まれ変わり、内に眠る創造性や慈愛を今までしたこともないような方法で自由に表現することができます。

私たちの誰もが所有し、いつか気づくであろう潜在能力の表面に触れた人さえもほんのわずかです。ブッダやモーゼ、イエスなど偉大なる悟りを開いたマスターたちは自分のまわりの世界が大きく一変するようなスピリットとのつながりを獲得しました。彼らは私たちの可能性を見せてくれた同胞たちです。彼らはいつの日か私たち一人ひとりがなれるだろう姿を示してくれたのです。

私たちの内に眠る偉大なるパワーを認識することで意識が満たされ、より高次の目覚めの法則を受け入れることを自分に許すにつれて、エゴは後退して聖なる真理にその席を譲ります。本当の現実に目覚めはじめた意識に対して、エゴは抗うことはできません。あなたが霊的知識を積むにつれて、最終的により広がりのある人生が目の前に現われはじめるのです。

## 無限の可能性

若かったころ、私は腕時計をもつ必要がありませんでした。なぜなら日中であろうと夜であろうと、聞かれたらいつでも時間を正確に答えることができたからです。けれども二〇代の初めに何かが私に起こり、そんなことができるのは気味の悪いことで、もうするべきではないという思いが生まれました。そしてそう考えたとたんに、もう言い当てることができなくなっていました。

私に起こったことが私たちすべてに起こったことです。私たち本来のパワーなど存在しない、といつの間にか巧妙に言いくるめられてしまったのです。人間のパワーが科学やテクノロジーやその他の外的世界の偽りの神の驚異的なパワーに対してとるに足りないものと見なされる世界観の奴隷になり、私たちは本来のパワーを失ったのです。

近代のさまざまな発達は私たちの魂を封じてちっぽけな宇宙に閉じ込めたように思われます。ここには本当の神は存在せず、限りない欲望という神だけがいます。

この世界において私たちはエゴの定義づけに従って自分自身をとらえるよう訓練されました。エゴの決定通り、私たちは限りなく巨大でパワフルな宇宙にとり巻かれたちっぽけで無力な存在です。私たちは老いて苦しみ、死んでいくためだけにここに生まれてきました。私たちは自分自身の無邪気さや潔白さよりも罪悪感に目を向けるよう教え込まれました。そして自分が犯した「過ち」と感じるものによって苦しめられ、残りの人生を支配されるのです。人を許すよりも批難するよう教えられ、その結果、被害者意識の中で立ち往生します。私たちは他者と切り離された存在だと教えられ、ゆえに精神疾患や不感症の餌食となるのです。階級や資格、過ぎ去った威信、過ち、結婚、離婚、学位、履歴書、お金、両親、子ども、家などといった誰かによって貼り付けられたラベルや自己認識こそが私たちの本質なのだと教え込まれました。その結果、私たちは本当の自分が誰かを忘れてしまったのです。

この忘却がすべての悪の源であり、私たちを孤独な暗闇の中に置き去りにしたまま霊的遺産やパワー、使命に関する混乱を招いています。意識は二人の主人《あるじ》に仕えることは不可能であり、誰が本物かを忘れてしまうと偽物の前で恭しく頭を下げることになります。私たちの意識を肉体の次元に合わせると、欠乏や死が見えてきます。スピリットの次元に意識を合わせると、限りない愛、無限の可能性、すべてのものがひとつだということが見えてきます。

車輪の輻《や》を見てください。外輪部ではそれぞれの輻はその他の輻と分離していますが、その中央部ではそれぞれの輻が他のすべての輻と一体になっています。その輻と同じように私たち一人ひとりも霊的な中心部ではすべての他者とつながっています。スピリットとしての自己を認識することは、他の一人ひとりと一体になった自己を知ることです。それは聖書の中の深遠な意味をもつ一行「たった一人の息子だけがもうけられた」にもあてはめられます。だからこそ「キリスト意識」――他にもさまざまな名前でそれを呼ぶ人がいるでしょう――が私たちの救いなのです。それが聖なる覚醒の核心であり、自分たちが他者とひとつだということを忘れて起こした過ちから私たちを救ってくれます。霊的な再生こそが世界に救済をもたらします。というのも、他者への行為が自分自身に返ってくることに気づいたとき、私たちの思考やふるまいがひとりでに変わるからです。そして最後には人を害することも、愛を拒絶することも考えられなくなるのです。

## 自己尊重という霊的基盤

私生活が最も苦痛に満ちていたころに私が学んだのは、傷を負っている私は本当の私ではないということでした。私の中の女性、専門家、作家、指導者などの肩書きは何を意味するのでしょうか？　人生を本当は区切ることなどできないのに、霊的な檻の中で自分の人生をとり囲んで区切ろうとするレンガにすぎないのではないでしょうか？　私の本当の自己やスピリットが裏切られることなどありえないときに、誰かが私を裏切ったとしたらそこにどんな意味があるのでしょうか？　私が自分自身の嘲笑の対象となる一部分を見て「ふん、あなたなんか本当の私じゃないんだから」というのは侮辱的言動ではなくチャンスではないのでしょうか？　本当の自己が病気を超越しているのなら、今、病気になっている人は誰なのでしょうか？　本当の自己が無限だとしたら、ここで束縛されているのはいったい誰なのでしょうか？　本当の自己が永遠の存在だとしたら、死んでいくのは誰なのでしょう？

それこそ自分が本当は誰かという問いかけなのです。自分たちをちっぽけな、孤立した、死すべき運命にある存在と考えるなら、私たちがつくる世界はその信念を反映するものとなり、孤独と苦悩と死の世界に住むことになるでしょう。けれども私たちが本当の自己への見方を変えて、私たちがすべての生命と結ばれた無限の存在だと認識するとき、その人の体験は変容します。『奇跡のコース』の中で繰り返されるエクササイズに次のような言葉があります。「私は神がつくり賜うたままの私です」。つまり、ある本質的な見方において、私たちはいまだに創造の瞬間のままの私たちなのです。そしてすべての問題はそれを私たちが忘れてしまったことから生じています。

「あなたが神によってつくられたままのあなたならば、これまでに犯したどんな過ちも、あなたに対するまわりの批判や否定的な意見も、本当のあなたを決定づけたり、あなたの価値を変えることはできません」*。

聖なる瞬間に、私たちは自らの聖なる本質を思い出し、それを表現することを選ぶことができます。そして私たちが表現することはすべて自分自身にはね返ってくるでしょう。宇宙では私たちの汚れなき本質を反映する新しいはじまりの準備がすでに整っていますが、私たちのほうがそれを受けとる準備ができていないのです。たとえ夜明けが訪れたとしても、カーテンが下りたままならば私たちは夜明けを見ることができません。どんなに私たちが神に愛されているとしても、それを信じなければ愛を感じることもできないのです。神の完璧な創造物よりも自分を劣っているととらえる限り、私たちが引き寄せる体験も神の完璧なる創造物以下のものになるでしょう。私たちの信じるままに世界は変わるのです。

「あなたは神の子どもであるがゆえに、その価値ははかり知れないほどです*」。一度でも自分のことを「私は敗北者だ。何度繰り返しても、いつも失敗するんだから」と考えることがあったとしたら、今すぐ立ち止まってください。自分に向かって力強く、心の中で、または声に出して言いましょう。「私は世界で最も輝いている存在です。なぜなら神は完全なものしかつくらないからです。私が許しを求めた過ちとは無関係に、私は自分自身のはかり知れないほどの価値を知っています。私は神の創造物であり、この瞬間、私の内にある神の偉大さを私に映しだして見せてくれる世界を求めます」。（これを笑いたい人には笑わせておきましょう。どんな世界を彼らはつくっているのでしょうか？）

「神の子どもたちはみな特別であり、神の子どもたちは誰ひとりとして特別ではありません*」。あなたは他の誰よりも優れているわけでなく、他の誰よりも劣っているわけでもありません。私たちはみな特別な才能という贈り物を授けられ、さまざまな方法で光り輝くよう生まれてきました。神の目の中で私たちはみな汚れのない無垢なる存在です。幼稚園の子どもたちを見てください。彼らはとびっきり優雅に光り輝いていますが、私たちもまた同じなのです。

神の恵みを通して、あなたは限りない創造性と特別な才能と完全なる可能性に開かれていると信じることは決して不遜ではありません。「事実、神の創造したものが不完全なことなどありえないので、そう考えないことのほうが不遜なのです*」。その事実は、あなたにも他のみんなにもあてはめられます。神の贈り物を受けとり、あなたを通してそれらが表現されるのを自分に許すことは不遜ではなく、慎み深いことなのです。しかしエゴにとってその考えは慎み深いどころか傲慢そのものであり、自分自身を信じることは身のほどを知らない重罪に値するのです。

## それぞれの偉大さをサポートする

さまざまな判断が迅速に楽々となされる世界に私たちは住んでいます。人びとについて虚偽が語られ、無責任な報道による嘘が印刷されて出回ります。誰でもウェブサイトで好きなことを言うことができて、それがいかにも本当らしく思われます。人びとは誰かの評判をずたずたにして、人の名声をスポーツ感覚で傷つけては面白がっています。

私の本が最初に出版されてから、私にもたくさんの批判が投げかけられました。私の女性性、私の信念、私の生来の性急さなど、一部の人びとはありとあらゆる理由をつけては、私の一日を台無しにするのが自分の義務だと感じているようなのです。けれども私が学んだことは、その批判を受けとって恥ずかしそうにうつむきながら「ええ、あなたが正しくて、私が間違っているに違いないわ」と言ったとしても世界に奉仕することはできないということです。自分自身の災難の責任をきちんと負うことは大切です。しかし癒されていない人びとから浴びせられたあらゆる罪悪感の投影を受けとる必要はあるでしょうか？　答えは「いいえ」です。というのも、どんな理由から人びとが自分の怒りや罪の意識をあなたに投影させる必要があったとしても、それがあなたのものでなければ受けとる必要などないからです。

あるときは「その調子だ！　飛ぶんだ！」と励ましを受けとり、他のときには「飛ぼうとしているなんて、まったく自分を何さまだと思っているんだ？　ここに降りてこないと引きずり下ろすぞ！」といった罵声を浴びることもあります。エゴがどれほど生命や愛のスピリットを憎んでいるかということや、エゴの報復に気づくことができるならば、私たちは悪意の攻撃を個人に向けさせるのをはるかに簡単に避けることができるでしょう。ところで私たちが体験するすべてに学びがあります。他人の厳しい非難によってもたらされる試練と成長の可能性とは、それによってあなたが自分の自己価値が何に基づいているか――つまり、他の人びとの意見なのか、神の意見なのか――を自分自身で決めなければならないということです。

「神について考えることとこの世界について考えることは、一八〇度ほどもかけ離れています*」。「そして私たちが意味を正反対に受け止めている言葉のひとつに〈傲慢〉と〈謙虚〉があります*」。私たちすべての中に宿る神の偉大さを自ら体現しようとすることを恥じるべきではありません。他の人びとの夢の実現のサポートを拒む人びとは、相手からのサポートを自分自身で阻んでいる人たちです。あなたが称賛するのを拒んだものすべてを、あなたは自分の人生にも引き寄せることはできません。人に関するあなたの思いは、あなたに関するあなた自身の思いと分けることはできません。人が輝くことにあなたが許可を与えなければ、あなた自身の輝きにも許可を与えることはできないのです。

今日、私たちの偉大さを探求して生き抜くことこそが個人の夢を叶えること以上に差し迫った事柄です。私たちの偉大さを引きだすことが人類という種の存続に欠くことのできないものだからです。もしもあなたが自分の可能性だけを求めて生活し、私も自分の可能性だけを求めるならば、この世界もこの世界の可能性の中でしか生きることができないでしょう。制限のある思考は制限のある結果を生み出します。人を信じて人をサポートすることが、この世界の成長を助けてくれるのです。そして他者の私たちへの意見が何であろうとも、自らの才能を開花させた存在になることが自分自身と神の両方に対する責任の一部なのです。

私たちが自分のまわりの人びとの偉大さを引きだすサポートをしなければ、私たちはこの世界を癒すための手伝いの全役割を果たしていることにはなりません。励ましの笑顔やEメール、ささいなしぐさなどが相手からの信頼を促す手助けになってくれます。「物理次元の視点から見ると私たちが与えたものは手もとから離れていきますが、スピリチュアルな視点から見ると私たちが手放したものだけが自分のものとして手に入るのです*」。私たちが他の人びとをサポートすることにより寛大になったとき、宇宙自身も私たちへのサポートをより寛大に示してくれるでしょう。

## 自分自身の輝いた本質にゆだねる

私たちは自分の才能を伸ばすことに失敗しがちですが、それは単に私たちのために手本となってくれる人物がいないからです。もしも親の一人が「成功」や「優雅さ」の手本を示してくれたならば、私たちもそうした事柄を現実化する方向へ進むことができたかもしれません。しかし家族の中にも文化の中にもそうした手本がなかったとしたら、あなたが歩んでいく道のりの心理的な軌跡を組み立てることはできないのです。ところで神は自らの歩む軌跡をつくりあげた手本となる存在です。

人間の精神は無限のファイルを抱えた巨大なコンピューターのようなものです。「神の意志」と呼ばれるフォルダーを思い浮かべてみましょう。その中にはさまざまなファイルがあります。たとえば「強さ」「自己信頼」「慈愛」「許し」などのファイルすべてには神の愛が存在し、あなたはそのファイルを自由にダウンロードすることができます。そして神のファイルはどれひとつとして削除することはできません。

けれども私たちのほとんどは削除されるべきファイルを創造してしまいました。「傲慢」「皮肉屋」「批判者」「冷笑家」などがその例で、それらはすべて「エゴ」と呼ばれるフォルダーに属しています。ではイエスがあなたのコンピューターの前に腰かけながら、そのフォルダーを呼びだして「削除」キーを押す光景をイメージしてみましょう。

「怒り」や「傲慢」のファイルは成長とは無縁のものです。それはこの世界の幻想の一部なのです。しかし、私たちがそのようにふるまったならば、自分自身にも他の人びとにも「それが私たちだ」と納得させることは簡単です。またそうした行動をとらなかったとしても、否定的なファイルが存在する限り、それは徐々ににじみだす心の中の毒のように私たちの成長を妨げる可能性があります。

童話の中には、私たちの「永遠に変わることのない本質」という真理を照らしだすもう一組のイメージが潜んでいます。邪悪な義理の母親が私たちのエゴであり、彼女は私たちの中の愛という無垢なスピリットでもある白雪姫を殺したいと思っています。けれども彼女にはそれができません。なぜなら神が創造したものを壊すことなど不可能だからです。彼女にできるのは白雪姫を深い眠りに落とすことで、王子さまのキスだけが――無条件の愛という――彼女を目覚めさせることができるのです。

もしも王子さまが白雪姫にキスをしなかったならば、そして代わりに「くそっ！ いまいましい、これでもまだ寝ているのか!?」と彼女を罵《ののし》ったとしたら、白雪姫は目覚めることはなかったでしょう。私たちをより低い本質から目覚めさせ、よりすぐれた自己へと還してくれるのは私たちを判断して非難する人びとではなく、私たちを誉め称えて許してくれる人びとなのです。

娘が幼かったころに私がある人から教わったことは、できるだけ「それをしちゃダメ」ではなく「そうしてごらん」というふうに話しかけるのがベストだということです。それは私がそれまで受けとった中でも、子育てに関する一番のアドバイスだったと思います。私たちは、つねに否定的に反応してしまう人びとに与えられたダメージの深刻さを知っています。『マジカルペアレント／マジカルチャイルド』（*Magical Parent / Magical Child*, Michael Mendozza and Joseph Chilton）という本の中では、親子間の感情的な絆の性質のほうが人から教えられた特定の情報よりもはるかに重要だと解説されています。私たちのコミュニケーションの性質は私たちが話す言葉と同じくらいに重要なのです。「私たちの使命は、たとえ誰かが間違いを犯したとしてもその人の中の本質的な善なる資質を支持することです」*

私に関しても同様で、誰かにしょっちゅう「あなたは十分じゃないわ」と言われ続けたならば成長することなど不可能です。人びとの善なる資質とつながりをもつことで魔法の力が生まれます。有名な仏教哲学者のロバート・サーマンの娘である女優のユマ・サーマンが「私は自分の中のより輝いた資質に自身をゆだねていると思うわ」とインタビューで答えているのを読んだことがあります。彼女は人間の中にそのような性質があるということを十分に教わったのだと思います。親の役割とは、子どもの中の良い性質を見つけてそれを子どもに教えてあげることです。善の心は私たちみんなの中に存在しています。

それは通常の西洋的思考から連想するやり方とはかなり異なった心理学的なアプローチです。たいてい私たちは、「とり除かなければならない」ものとして自分の否定的な性質をとらえています。そしてそこから子育てや教育、司法システムなどのあらゆる機能不全がもたらされています。他の人びとを見て「きっとすばらしい何かがあるに違いないわ」と思うことによって、この世界がどんなに変わるかを想像してみてください。

実際、私たちに必要なのは、自己の人格の中ですでに開発されているものも含めて、さらなる霊的な可能性を求めて切り開くことです。その究極の可能性とは、私たちの中にある「ブッダ的本質」や「キリスト意識」に目覚めることです。「キリストを受け入れる」とは、神の愛がみんなの中にあることを受け入れることです。永遠の光は私たちの内側にあります。なぜなら神がそこに光を宿したからです。私たちが好きなものを求めて光に祈ることのほうが、嫌いなものを壊そうする暗い試みよりもはるかにパワフルなのです。私たちの中に光がともるとき暗闇は消滅します。

役者たちは自分の中に演じる役柄の生命エネルギーを見出すことによって、その役になりきります。それは別の人間ではなく、偉大な役者たちに精通する彼ら自身の人格のもうひとつの側面なのです。そして私たちのほとんども――役者であろうとなかろうと――私たちが単に探究を選択しないという理由だけで、まだ探究されていない人格のさまざまな側面をもっています。

歌手になる人は私たちの中でほんのわずかですが、私たちはみな歌うことができます。画家になる人は少数ですが、私たちはみな絵を描くことができます。そして誰もがそうじゃないふりをしていますが、実を言うと私たちはみな役者なのです。

「断酒会」では、新しい行動の仕方をあれこれ考えるよりも新しい行動を起こすことのほうがはるかに簡単だと言われています。子どもが遊びから学ぶように、大人も自分に許しさえすれば同様のことができるのです。私たちは変化の創造を促してくれる自分の中の潜在意識のパワーをあまりにも過小評価しています。「それが現実になるまでそのようにふるまいなさい」というのは、しばし的《まと》を得たアドバイスなのです。幼い女の子がおままごとをし、男の子がスパイダーマンの遊びをするとき、子どもたちは想像力を使って新たな存在になるための用意を整え、人格の発達という潜在レベルのプログラムを履修しています。そして自分からやめることを選択しない限り、私たちはそれをやめる必要などまったくないのです。

「親切」を実践すれば、あなたは親切な人になります。「秩序」を実践すれば、自制心のある人間になり、「許し」を実践すれば、あなたは寛容へと向かいはじめます。「慈愛」を実践すれば情け深くなり、「穏やかさ」を実践すれば、穏やかな人に近づくのです。

あなたが今日バスの運転手にお愛想良くふるまいたい気分かどうかは問題ではありません。とにかくそれを実行して、それがあなたの気分にどんな影響を与えるかを観察してみましょう。あなたが理想とする自分自身のボタンを押すだけで、そのファイルが現われます。つまり、それはすでにそこに存在し、あなたによってダウンロードされるのを待っているのです。私たちは礼儀正しくあろうと決めたときに礼儀正しくなります。私たちは感情に反応するだけでなく、感情をつくりだして、人生という旅の中で人格に磨きをかけるパワーをもっているのです。ジョージ・エリオットの言葉に「あなたがなれたかもしれない人物になるには遅すぎることはない」というものがあります。本当になりたい自分になるためには「手遅れ」など決してありえないのです。

第3章

# 否定的な思考から肯定的な愛へ

私は以前、ある友人から「受難者」と呼ばれたことがあります。彼の言う意味が分からなかった私は、同時に心のどこかでその言葉の真意を正確に理解していました。というのも、私は物事が順調に進みそうなときほど愚かなことを気にかけて動揺することが多く、つい否定的なことを考えてしまうという情緒的な癖があったのです。私たちはみな自分自身の幸福に対して責任を負っていることを私は学ばなければなりませんでした。『奇跡のコース』によると、「幸福とは私たちが自分でくだすべき決断です」。そして私たちの中には自分を苦しめるような決断をしたことのない人など一人もいません。

どんな場合でも、あなたが体験する感情を決めるのはあなた自身です。あなたの人生においてあなたが見たり考えたりするものすべてがあなたの目にこの上なく完璧に映る機会などめったにありません。けれども「完璧」とはひとつの見方にすぎません。つまり何かを完璧と見なすことは、ある状況を眺める際に最も有益で愛に満ちた前向きな方法でそこに意識を向けるという私たちのもつ能力なのです。

日常生活には、幸せに感じられることもあれば悲しむべきこともあります。より幸福な人生へのかけ橋とは、まわりの状況が変化することではありません。自分の中で見方を選択することなのです。人生とは濡れた粘土の一片のようなもので、私たちの思考すべてがそれに形を与えています。幸せな人生にも悲しい日々があるかもしれません。けれども幸福に基づいた世界観を身につけたとき、あなたの見方が正しいことを証明するような出来事が次々と引き寄せられるでしょう。

「愛こそが真実であり、それ以外のものは存在しない、という考え方以上に幸福な世界観など果たしてあるでしょうか？*」

もちろん、愛のない世界で愛情を保ち続けるのは容易ではありません。けれども神とともにならば、それが可能なのです。まず私たちが人生を愛に満ちた目で眺めようとする努力にもっと時間をさき、自分が不幸なことの理由を見つけだす時間を減らそうとするならば、人生は急速に変わります。エゴは「私たちが苦難の前に無力だ」という妄想を育てることが大好きです。一部の人びとにはそれは明白な真実になっています。しかし大部分の私たちは、そうした姿勢をとることで「いつかそのうち」と永遠に幸福と距離をおくような自己破壊のゲームをしているのです。

「自分の意識を変えるという能力は、神が私たちに与えてくれた最も偉大で最もパワフルな贈り物です*」。どんなときでも神は私たちの内に存在し、私たちの意識が愛に還るのを助けてくれます。

ある状況を眺めるとき、私たちは善なるものの一部だと認識することで神の恵みや感謝を感じる瞬間を選ぶことができます。自分の信念を守り、聖なる高みへと意識を向上させ、エゴの支配から解放され、神が意図するような自分に変わるために、いつでも神のスピリットを招き入れることができるのです。どんなときも私たちは神に自分の意識に入って浄化してくれるようお願いすることができます。そしてそれが叶えられたとき奇跡を体験しはじめます。最初はちっぽけな変化に思われるかもしれませんが、やがてそれは私たちの人生の質を変えるような大きな変化に変わるでしょう。

幸福になるための鍵は、自分を忘れることにあるように私には思われます。私の人生で最も幸せだった時間とは、私が自分自身のためではなく、他の人びとのために何かをしていたときでした。私たち個人の欲求だけに焦点をあてた意識は最終的に怖れを育てあげますが、他者との一体感に焦点をあてた意識は平和を育んでくれます。自分の本当の「自己」を認識できないがために、自分の内に平和を見出す無駄な努力をしては挫折する人びとが大勢います。だからこそエゴがとても危険なのです。エゴは、実はそうでないときに私たちが孤独であると信じ込ませようとします。私たちが自分自身に満足できない限り、内なる平和はなく、他者とのつながりをもたないままで充足感を得ることはできません。

また自分自身を見るだけでは自分を発見することはできません。なぜなら本当のあなたはそこにいないからです。本当のあなたとは拡大した自己であり、文字通り世界全体とひとつなのです。だからこそ私たちは全体との関係の中でこそ自分自身を発見できるのです。誰もが等しく幸せになれるよう祈る気持ちになれない限り、私たちは幸せになることはできません。

あるとき、私はこんなことやあんなことが起こらなければよかったのにと私生活のエゴ的な悩みに気持ちを奪われていました。とりわけ私は自分が仕事において十分に達成できなかったことをくよくよ思い悩んでいました。私の頭の中の会話はすべて自分のことだけでいっぱいで（間違いその一）、私に欠けているものにばかり意識が向けられていました（間違いその二）。やがて自分の思考が奇跡志向でないことに気づいた私は、自分にもっと落ちつくように言い聞かせました。

ちょうどホテルの部屋を出るための荷造りの最中だったので、まもなくベルボーイが荷物を回収しにやってきました。私は彼の人生について彼に質問をはじめました。自分自身のことを考える代わりに、他の人にその人の人生についてたずねることは、エゴから意識を反らせるための確実な方法だからです。私は彼に毎朝何時に仕事に来るのかをたずね、そのほか今までの人生で彼がしてきたことなどを質問しました。

すると「失礼ですが、マリアン・ウィリアムソンさんですか？」と彼が話しかけてきたのです。彼は私に歩み寄り、彼と彼の奥さんが以前、ロサンゼルスで私の講演会によく出席したことや、今でも彼の奥さんが私のテープを毎日聞いていること、そして私の仕事が彼らにとっていかに重要かについて話をしてくれました。彼と話しているうちに一時間もの間とらわれていた私の悩みは完全に消えてなくなりました。彼の意見が私の思考をシフトさせ、それによって私の感情も変わったのです。ところで私が他の誰かに意識の焦点を切り替えずに自分だけの思考のラインにとどまっていたならば、私がその奇跡を受けとることは絶対になかったはずです。つまり、その人物が私に癒しをもたらすよう用意されていたにもかかわらず、それを受けとることが叶わなかったかもしれないのです。ベルボーイとの友好関係において私が愛を出し惜しみしたその分だけ、私は自分自身からもひかえめな癒しを受けとっただろうからです。

「そうした意味において、寛容であることは自分自身にも益となる行為です」*。私はそれを実証する機会を間違いなく何度も見てきました。私が求める愛とは、自分から他者へとその愛を広げることでしか見つけることができないものであり、そうすることによって内なる平和がいとも簡単にもたらされます。あらゆる地獄の責め苦が襲いかかるのは、私たちがそのことを忘れたときです。愛を広げることが幸福への鍵であり、愛を抑えることが苦しみへの鍵なのです。

## 神とともに歩く

古いゴスペルの中に「神とともに歩く」という意味の歌詞を耳にしたことがあります。神と歩くというイメージは心地良いけれども私は引っかかるものを感じました。神との散歩とは実際はそれ以上のもので、「歩くこと」は形而上学的に神と同じ思考をすることを意味するからです。神とともに歩くことを求めて祈る、それはつまり宗教の教えのためにするのではなく、過去の失敗を繰り返して自分の人生を台無しにしないよう、よりスピリチュアルな見方への援助を求めて祈ることです。私たちは今も、そしていつでも自分の思考や行為が神によって導かれるよう祈ることができるのです。

神と距離をおくことは、私たちの認知能力への聖なる試金石なしにあらゆることを思考することを意味しています。私たちはずっとこの世界の考え方によって洗脳されてきたために、神のガイダンスがなければ判断や批難、許しのない思考へと衝動的に陥りやすい傾向にあります。それゆえに私たちは、神の愛という体験から切り離されたこの地獄のような世界にとどまり続けているのです。

神との散歩とは、私たちの思考と神の思考の間にある溝が狭まることでもあります。今までに私たちは、ハイアーセルフとつながっていなかったばかりに自分が犯してしまった過ちを後悔したことがどれくらいあったでしょうか？　怖れをベースとしたペテン師の自己が私たちになりすまし、一方では私たち本来の愛に溢れた自己が、哀れな満たされない人生という幻想の陰に埋められて打ち捨てられるのを私たちは許しているのです。

この世界の思考とは、私たちの回路に侵入したコンピューターウイルスのようなものです。聖なる思考とは抗ウイルスプログラムのようなもので、私たちを偽りの思考から保護し、私たちの意識に侵入した怖れに基づく思考をバラバラに分解してくれます。

私たちの意識の洗脳を解くには、精神的な鍛錬が必要です。自分の人生を本当に変えたいのならば、そうした鍛錬は回避できないものなのです。霊感によるリーディングや時間をかけた瞑想、許しや施し、愛の行為をしているにもかかわらず、私たちは人生の中で怖れの影響を受けて縮み上がっています。「私たちは人の考えを変えることはできませんし、実際そうする必要もありません。というのも、すべての心がつながっているからです*」。私たちがすべきことは自分自身の思考を変えることです。そうすることで、この世界も私たちとともに変わるのです。

実際は神と切り離されていないのに、私たちはそう思い込んでいます。「ある概念がその起源から決して離れられないのと同様に、神が創造したものはすべて永遠に神とひとつです*」。「神は愛であり、それがすべてなのです*」。「それゆえに愛をもって思考をしていないとき、私たちは本当は少しも思考してなどいないのです*」。「私たちは妄想の中にいるのです*」。事実、それこそがこの世界すなわち人間の心が生んだ巨大な妄想世界なのです。

私たちは自らの実在から幻想というベールで切り離され、その幻想の中で大いなる恐怖を感じています。神があなたの手を握り、次の瞬間、その姿が見えなくなった光景を想い描いてください。あなたには神が消滅してしまったように思われるのです。即座にパニックに陥らないでしょうか？　私たちの絶望は、そのようにしてもたらされました。

すべての宗教は、その幻想のベールをとり外して私たちの絶望を癒すことを目的としています。ある人びとは私たちが死んだあとでそれがとり除かれると言い、また私たちが生きている間にそれが可能だという人びともいます。ところで奇跡的思考の視点から見ると、神の栄光とは、のちに神が私たちに明らかにしてくれるものの中にあるだけでなく、今、神が私たちに見せてくれるものの中にも存在しています。

たとえば神があなたにすばらしい才能を授けたとします。あなたは今、世界を変えるためにその才能を役立てられると感じています。けれども、あなたにその才能を表現することを可能にしてくれる人びとや周囲の状況とのコネクションをあなたはもっていません。神にはありとあらゆる類の采配が可能ですが、あなたがなすべき選択を代わりに決めることはできません。つまり、あなたが自分自身を最高レベルで表現することから遠ざける個人的な問題にとり組むことを選択しない限り、あなたは自分自身の道を妨げることを選んでいるということなのです。そして神は、あなたのその選択に敬意を表します。「自由意思」という贈り物が創造のときに与えられたからです。けれども神はあなたに新たなる選択の機会を授けようとして天国や地上を奔走し、あなたが違う人生を生きるためのチャンスを再び提供してくれるでしょう。

この世界では、あらゆる意識が自己増殖して膨らんでいます。それが愛の意識ならば、より多くの愛が行く先々で私たちのもとに返ってきます。それが怖れの意識ならば、やはり恐怖が待ちかまえていて私たちに戻ってきます。「意識レベルの〈原因〉と三次元レベルの〈結果〉との間に起こることを私たちは変えることができません」*。「人類を守るための掟が定められていて、神自身も〈原因〉と〈結果〉の間に干渉することはないのです」*。しかし私たちはいつでも自由に別の意識を選択することができます。それこそが私たちの奇跡なのです。つまり、エゴが考える「原因」の代わりに神が考える「原因」を選ぶことで、世界に及ぼされる影響も変わってくるのです。

「不安と絶望という外の世界から、平和と喜びという内なる世界へと至る〈意識のかけ橋〉として、神は聖霊を創造しました」*。聖霊は、エゴのむなしい思い込みから私たちを解放する役割を神によって託された存在です。けれども神や聖霊がそこにいることを知り、私たちが選んだそれぞれの名前でその存在を受け入れるだけでは、内なる平和はもたらされません。私たちが神に道を譲り、その導きに心から自らを明け渡すときに奇跡は起こります。ほんの一瞬でもこの世界との接触を断って、あなた本来の使命という場に身を沈めるのです。私たちが空の状態になり、少なくとも自分自身の思考によって表現されないとき、聖霊は私たちを神で満たしてくれるでしょう。

私たちが「手ぶらで神のもとに行く」*とき、真理の光は、一度に全部ではなく、徐々に累積的な効果を伴ってエゴを撃退します。私たちはよりオープンで寛容になり、感受性がとぎすまされ、防衛的でなくなり、すでに知っている人びとと一緒のとき以外でもやすらぎを感じることができます。私たちが親しい人びとの間でだけ本当の自己でいられるとしたら、奇跡の体験もそれらの人びとと一緒のときだけに限られてしまうでしょう。私たちは誰とでも新しいはじまりを創造することができます。もしも私たちが自分にそれを許すならば、聖霊が宇宙のリセットボタンを創造し、その時点から私たちは違う選択肢、つまり無限とも呼べる多様な選択肢とともに前に進み続けることでしょう。神が私たちの魂の配線を新しくすることを自分に許すとき、私たちをとり巻く世界の配線も一新されるのです。

この世界には、三次元を超越した存在の世界があり、そこには人類と霊体のミラクルワーカーたちが同時に存在しています。そして私たちは神という電源からの光を放射する電灯の役目を担っています。「この世界は私たちの故郷ではなく、最終的な目的地でもないので、誰ひとりとして深くやすらぐことはできません」*。この次元は私たちがしばらくの間とどまる場所であり、この世界に関する私たちの認識が神に保護されることを許したときに、初めて美しい祝福された場所に変化します。でも、それでも単なる通過駅にすぎないのです。私たちは使命を負っているからこそ、今ここにいます。その使命とは、愛のない世界において失われかけている愛そのものになることです。そして、その愛の光でこの闇に包まれた世界を蘇生させることなのです。

## 所有すること、存在すること

私たちは人生において望むものすべてを手に入れることができます。というのも根源的意味においては、存在することと所有することは同じだからです。もしも私たちが自分に人生を望みのままに生きる許可を与えるならば、私たちを阻むものはこの世にほとんどありません。『奇跡のコース』の中にもあるように、「私たちは神に願い事をたくさんしすぎるというよりも、むしろ願い事が少なすぎるのです」。神の無限性よりもこの世界の限界のほうをはるかに強く信じている私たち自身の信念の弱さが、私たちの弱点なのです。

神にとってすべての瞬間が新しいはじまりです。神は何ものにもとらわれません。神は「君を助けてあげられるけど、こんなにめちゃくちゃにしたのは君なんだからもう助けるつもりはないよ」とか「君にすばらしい人生を授けることもできたけど、君の両親がアルコール依存症だから叶えてあげられないんだ」とは決して言いません。制限は、制限のない神の前には立ちはだかることができないからです。私たちが奇跡を体験するのを阻むものは私たちをとり巻く状況という制限ではなく、私たちの信念に対する制限なのです。あらゆる状況が、すべてが実現可能だという束縛のない大胆な希望や信念をもって生きるチャンスを私たちに提供してくれます。神は私たちの過去の限られた世界よりもより大きな存在であり、この世界が私たちに今、見せているさまざまな限界よりもはるかに大きな存在です。さまざまな制限とは、神の恩恵を通して自分がそれらの制限よりも偉大なる存在だということを理解し、霊的に成熟するための試金石として存在しているのです。

あなたは金銭的欠乏よりも大きな存在でしょうか？　もちろんです。なぜならあなたは神のもとでは限りなく豊かだからです。病気よりも大きな存在でしょうか？　ええ、なぜなら神のもとであなたは完全に健康だからです。テロリズムよりも大きな存在でしょうか？　はい、なぜなら神のもとでは私たちは限りない愛であり、愛こそが憎悪や怖れが対抗できない唯一の力だからです。「奇跡には困難なことの程度差など存在しないのです」*。毎朝、十分な数の私たちが自らの考えを手放して答えをゆだねながら、自分たちが創造してしまった地球規模の混乱に介在してすべてを正してくれるよう神のスピリットに祈ることで、すべての不正は消滅しはじめるでしょう。現状では、そのような問題を私たちは結果レベルから根源的なものとしてとらえ、原因レベルではまったくとり扱おうとしません。その問題が強力だという思い込みや、人間による解決策を信じる思いのほうが、私たちの奇跡を信じる思いをはるかに上回っているのです。

私がかつて参加したある集会では、開会式でリーダー的立場の人が、目の前の任務は基本的に不可能だけれど自分たちは全力を尽くすつもりだという意味のことを宣言しました。リーダー自らがその仕事を実行不可能だと表明したとたんに、その集団は自信をもって前進することができなくなってしまいます。そこで私は、会場のみんなに深呼吸をするよう呼びかけました。静けさの中でしばしやすらぎながら、その仕事が難なく立派に達成されることを確信するようにみんなに提案したのですが、きっと私は変人と見られたことでしょう。思考の力とは、私たちの中に存在する貴重な黄金の埋蔵物のようなものですが、それを私たちに掘り起こさせまいとするエゴの抵抗は激しく強烈です。

聖書の中でも『奇跡のコース』でも、「山を動かすことなど私たちの可能性に比べたらちっぽけなものだ」と述べられています。神の恩恵を通して私たちは病人を癒し、死人を蘇らせることができます。私たちは個人においても、社会においても、政治においても奇跡を起こすことができるのです。いま現在、私たちがそれをしていないからといって、私たちがそれをすることができないわけではありません。根本的な問題は、私たち自身の頑《かたくな》なまでの抵抗――挑戦することに対してさえ――であり、それをあえてしようとする人びとに対して私たちはときに怒りさえ感じてしまうのです。

なぜ私たちは無力でいることよりも力に満ち溢れていることのほうを怖れるのでしょうか？　神の無限のパワーが私たちを通して顕われるという考えは、それほど不吉なことに感じられるのでしょうか？　また、その考えがエゴの権威に対する侮辱だとでもいうのでしょうか？

結局、エゴは私たちに何を与えてくれたでしょうか？　エゴの物質界の王国は、それほどパワフルなものでしょうか？　地球の現状をもたらしたエゴのやり方は本当にうまく機能しているのでしょうか？　溢れるほどの消費財が私たちに幸せを約束してくれるでしょうか？　セックスが愛をくれるでしょうか？　年間四万億ドルもの軍事費が私たちに平和をもたらすでしょうか？

「私の王国はこの世界ではありません」とイエスは言いました。この世界の問題は、問題の元凶である顕在意識レベルでは解決されることはありません。またイエスは「私がする以上の偉大なる奇跡をやがてあなたも行うでしょう」と告げました。イエスは私たちがそれを今、行うとは言わずに将来するだろうと予言していました。イエスや他の存在たちの導きにより、私たちの霊的な成熟度が次の段階に進化したとき、私たちはそれを成し遂げることができるのです。神への信仰が公言されるこの世界において、私たちはなぜ人類の次の段階への移行方法を神に示してもらうことをためらうのでしょうか？　「神の子どもである私たちもまた偉大である」という大前提に対する私たちの抵抗はいったい何なのでしょうか？　私たちは神のいとおしい子どもたちであり、神はすでに私たちに十分に満足しています。もし神が私たちを完璧なままに創造し、天国の私たちのために輝かしい計画を用意しているとしたら、地上にいる間に、私たちはなぜこんなにちっぽけな役を演じることに夢中になっているのでしょうか？　神は私たちが死なない限り、神の偉大さをもったいぶって見せてくれないのでしょうか？　あるいは私たちが神の偉大さに抵抗しているのでしょうか？　エゴは神を私たちから遠ざけるためには何とでも言うはずです。エゴのお気に入りの言葉が「あなたは神を今ではなく、のちに見るだろう」なのです。

神とは、いつもどんな場所ででも私たちの存在すべてを満たしてくれる祝福です。けれども神の祝福があるだけでは十分ではありません。私たちがその祝福を優雅なやり方で受けとり、それを完全に体験しなければならないのです。どのように受けとるかというのは、何を受けとるかと同じくらい大切です。私たちが贈り物を心からの感謝と喜びをもって受けとり、送り主に称賛と敬意を返すならば、私たちが受けとるものはさらに大きく膨らむでしょう。また当たり前のように贈り物を受けとって感謝を返さなければ、私たちが受けとるものも委縮してしぼんでしまいます。あなたが人生や愛という最高の贈り物に気づかずに、最小限のものを受けとっただけでチャンスを逃してしまったことが今までに何度あったでしょうか？　私たちは物事をよりささやかに受けとることに自分のパワーを浪費するという困難なやり方を学んできたのです。私たちの中に、今まで神の慈愛を無駄にしたことのない人など一人としていないのです。

太陽や月にさえ気づかずに私が過ごしてきた昼と夜は数え切れないほどあります。私たちをとり巻く太陽や月の祝福を、当たり前に思うのはとてもたやすいことなのです。

テキサスで成長した子ども時代に、私はテキサスの空のすばらしい夕陽をよく眺めたものでした。すべての夕日があんなふうにピンクや紫、オレンジやゴールドの色あいを帯びているわけではないことを私は知りませんでした。そのときの私は、無限に広がる空いっぱいにドラマチックな彩色が施された幾層もの雲や、消えゆく太陽の輝かしい光をすべての夕陽が見せてくれるわけではないことに気づかないばかりか、その光景を目にする自分が、どれほど神に祝福されているかを知らなかったのでした。

今の私は、ときおりその夕陽を恋しく感じながら、それがたやすく手に入ると考えていた自分をなんて無邪気だったのだろうと思います。今の私は、私のまわりでいつも起こっているけれども気づかれることもなく、称賛されることもないささいなものとして奇跡をとらえています。そして私たちが――とりわけ私自身が――直面している最大の危機とは、「信頼」に対する危機だと感じています。先ほどの夕陽を空に描いたり、太陽を空に昇らせて、胎児を赤ちゃんへと成長させる神が、私の人生にも同じように働きかけてくれていることを私は忘れてしまうことがあります。私自身の精神的疲労やイマジネーションの失敗という理由から、人生にふりかかるさまざまな問題の接点を見つけて、それらを解決してくれる神の無限のパワーへの信頼をつい忘れてしまうのです。

## 問題はひとつ、答えもひとつ

私たちはみな問題を抱えていて、ときには深刻な問題が浮上してきます。「ところで、私たちがさまざまな問題をたくさん抱えていると思うときでも、実はたったひとつ、すなわち「〈神との分離〉という問題しかありません」[*]。そして私たちが自分自身の存在という真理、すなわち神とつながったとき、真理以外のものはすべて私たちの中に長くとどまることができなくなります。

最近、私はこう娘に言ったことがあります。問題をなくすために人生があるのではなく、問題をどうやって前向きに受け止めるかを知っている人間になるために人生があるのだと。それはつまり、ある問題を引き起こす一因になったかもしれないことに対してしっかりと責任を負い、自分自身や他者を許し、関わった人びとすべてのために祈り、神の奇跡がつねに自分の身近にあるという信念を深めることでもあります。

問題は必ずしも悪いものではありません。それが起こっているのならば、その問題はそれに関わるすべての人びとに学びの機会として用意された聖なるカリキュラムの一部なのです。また問題を体験したあとに、それを解決するための奇跡を受けとることで、奇跡は必ず起こるという信念を私たちは学ぶことができます。「奇跡は固く信じる心から生まれます」[*]。どん底から救出されたときほど、奇跡への確信が強まるのです。

あらゆる試練は、奇跡を起こすためのチャンスなのです。

私たちが神の手に問題をゆだねると、神はその問題の周囲に絡みついた無数の機能不全の糸のもつれを解きほぐしてくれます。何でも自分でコントロールしようとするのをやめましょう。神の奇跡がすべてを癒す可能性を見せてくれるレッスンとしてあなたの問題を受け止め、神への感謝を込めてそれを手放してください。あなたという小さな自己がもうその問題にしがみつくこともなく、無理に解決しようともしていないことを感じましょう。あなたという存在の無限の可能性の中に意識を拡大し、そこから問題と解決策の両方に働きかけてみましょう。この方法によってさらなる次元のパワーが加わり、あらゆる問題に対処する能力が得られます。「私たちは自分が認識する世界のルールを受け継ぐ相続人なのです」*。私たちが自分の魂とつながるとき、慈しみと愛のルール以外の何ものも存在しなくなります。

親愛なる神さまへ
私はこの問題をあなたの祭壇に捧げます。
この状況をどうか私のために読み解いてください。
どうか私が自分自身や他の人びとの中に
愛だけを見ることができますように。
私が見る必要のあるものを示し
すべきことを教えてください。
私が許すことができるよう導いてください。
怖れを超えた存在へと
どうか私を高めてください。
感謝とともに
かくあらせたまえ。

## 思考のパワー

「思考のパワーを軽んじるのは簡単です。しかし、すべての思考は何らかのレベルで形をなします」*。たとえばあなたが「まあ、そう思ったけど、本当はそういうつもりじゃなかったの」と言ったとしても、カルマ的な恩赦は受けとれないのです。潜在意識はすべての思いを聞いて、そのままそれを私たちに返してきます。つまり私たちが本当にそう思ったわけではないとしても、それを見逃してくれる無意識のフィルターはないのです。「誰も自分のことなんか好きではない」とふざけて考えただけで、すぐにそういった現実が現われてきます。「私はパワーそのものだ」と自分に言い聞かせてみましょう。すぐにそのままの現実が引き寄せられてくるはずです。あなたの思考の内容がどのくらい真剣かどうかを潜在意識は見分けることはできないので、その思考を実現するためのスイッチが入ってしまうのです。

『ラブ・アクチュアリー』（*Love, Actually*）という映画の中に、自分がセックスの神さまでアメリカに行ったら女性に崇拝されるはずだと思い込んでいる風変わりな男が登場しましたが、私は彼の役柄がとても気に入っていました。友人は彼を大バカ者と罵《ののし》りましたが彼は聞く耳をもちませんでした。そして映画の最後には彼はアメリカにいて、あるときは数人もの美しい女性たちに誘惑されていたのです！

「私は賢明な人間で、仕事でもすばらしい成果を達成する」と、毎晩就寝前にノートに書くのを三〇日間続けることもすばらしい成果を約束しますが、それをあざ笑う人びともいます。けれども、それらの嘲笑は母親から「本当にバカだね。おまえなんか立派な人物になれないよ」とよく言われたせいで、まっ先に浮かんでくる声としばしば同じものなのです。子どものころのあなたは、毎晩眠りにつく前に人生に深く傷ついていたのです。ではどちらの考えを選んだらいいでしょうか？　何歳の人にとっても、言葉は危険であると同時に癒しの力をもっています。テープの上に別の声を吹き込むことで前の声が消去されるように、私たちはいつでも、自分の癖になった否定的な思考に相反する思考を意識の中に組み込むことができます。その考えが肯定的であれ、否定的であれ、潜在意識はすべてを聞き届けてくれるからです。

日々のすべての思考は、私たち自身や周囲の人びとを「天国」（私たちがみな一体だと気づくこと）か「地獄」（分離というエゴの意識状態）のどちらかへ案内します。この世界を好もしく思うとき、その思いを反映する世界をあなたは目にします。この世界を悪いものと考えるとき、その思い通りの世界をあなたは体験するでしょう。「私たちは意識の修練を積んでいないために、理想を実現することができないでいます*」。否定的な思考や言葉へと道を踏み外すことを私たちはいともたやすく自分に許してしまっています。そしてそこから否定的な経験がもたらされるのです。

すべての意識はつながっています。それゆえ私たちの中の個人的対立が世界規模での戦争に貢献し、個人レベルの和解が世界の平和への近道にもなります。私たち個々の小さな判断が戦争への方向づけとなり、許しの気持ちが平和への方向づけとなるのです。「奇跡は、私たちが思いもよらない形をとって現われます*」。南アフリカの蝶の羽ばたきが北極圏の凪のパターンに影響を及ぼし、アイダホでの平和への祈りがパレスチナの平和への計画に影響します。私たちは今、世界の方向性を決める類まれな機会と責任に向き合っているのです。

## 言葉のパワー

私たちが子どもに与えることのできる贈り物のひとつ、それは言葉の目に見えないパワーを教えることです。「学校なんか大嫌い」「みんな僕を嫌っている」「私はさえない容貌なの」という言葉は、一見無害に思われますが実はかなり強力な主張なのです。私たちは親として、自分が言葉にするものが実際に形となってもたらされることを教える義務があります。ときおり私は幸せの敵である一種の否定的欲望に屈してしまい、自分が本心から望んではいないようなひどい言葉を吐いてしまうことがあります。実際、思考のトレーニングは肉体のトレーニングと同じくらい重要であり、私たちの健康にとっても同様に大切なものなのです。

仕事がら私は、世界中の人びとからたくさんの手紙を受けとります。ささいなことに悩んで不平をこぼす日々が続いたあとに、子どもを失った親や兵隊になった息子のために祈る父親や、癌《がん》と闘っている患者からの手紙を受けとったことがあります。それらの手紙を読んだとたんに私の見方が根底からくつがえされました。私は自分が恵まれていることを自覚し、それを強く確信しました。そして「感謝」と「称賛」という思考の癖を発達させる努力をすることに決めたのです。たとえば、「まあ、なんて美しい一日かしら！」という生活の中の美を思い起こさせる言葉でさえも人生をより美しくしてくれます。

すべてのものの意味は、私たちによって付与されたものです。子どものころ雨の日に愚痴をこぼしていた私に、「まあ、違うわ。農家の人たちにはこの雨が必要なのよ」と母が言ったものでした。私にとって苦痛の種となる雨は、母にとって安堵をもたらすものだったのです。

瀟洒《しょうしゃ》な外観の家を見て、そこに住むことができたならばどんなにステキだろうとあなたが思ったとします。でも実際にその家を所有すると、それらすべての家の魅力とは相反する「抵当」というプレッシャーが発生することもあるでしょう。それほどお洒落《しゃれ》に思えないハンドバッグも、他の人がもっているのを見たとたんに非常に魅力的に見えたりするのです。私たちが体験するすべてのことは私たち自身の思考というフィルターを通過します。あなたが自分をどうとらえているかが人生にそのまま反映され、あなたが自分の人生をどう見ているかがあなた自身の体験に反映されるのです。

ほんの少しの物しか所有していないにもかかわらず、それを十分に享受している人びとを私は知っています。その後、彼らが財をなしていったのも驚きではありません。また、たくさん所有しているのにその豊かさを十分に享受しなかった人びととも知り合ったことがあります。もちろん、やがて彼らの財産は減少していきました。この世界は、私たちの認識次第で豊かに拡大したり、貧相に委縮したりするのです。

悲惨な離婚を経験しながらも内側から光り輝いている一人の女性を知っていますが、彼女が「苦々しい顔をして落ち込むか、あるいは良くなるかのどちらかよ」と話すのを小耳に挟んだことがあります。私は彼女のようにありたいと思います。私に投げられたけれどももっている必要のないボールのように、否定的な出来事は自分から転がり落ちてなくなるよう願っています。ところで私たちが被害者の場合でも、たいていはじっくり顧みる必要のある過ちを犯していることがあります。そしてそれに気づいたとき、私たちを傷つけた人びとにさえも感謝することができるようになります。というのも彼らによって引き起こされた体験を通して、私たちは同じような状況を回避するすべを学ぶからです。私たちは成長し、彼らもまた成長します。そして人生は続いていきます。なぜなら神は私たちすべてを愛しているのですから。

神の中では良い人間も悪い人間もありません。あるのは、やがて幸せへと導かれる愛に溢れた選択か、苦痛へと向かう愛を欠いた選択のどちらかです。「奇跡にとり組むミラクルワーカーは、愛以外の出来事も愛を求める声として読みとります」*。愛の光の中では、閉ざされた誰かの心が私たちを傷つけることはできません。というのも私たちを苦しめていたのは他の誰かの閉ざされた心ではなく、相手に反応して自分の心を閉ざそうとする私たち自身の本能だからです。あなたに不当な扱いをする人びとのために祈りましょう。そうすれば、あなたが受けた苦しみは至福へと変わります。

変化はすぐには起こらないかもしれない、というのも真実です。たとえば、誰かがあなたのことで嘘をつき、他の人びとがそれを信じ込んでしまうかもしれません。誰かがあなたの財産を盗み、あなたの財政が正常に機能するまでに時間がかかるかもしれません。ところで、それこそがキリストの磔刑《たっけい》と復活との間の象徴的な三日間の意味なのです。太陽の光が再び昇るまでには一定の時間が必要です。けれども太陽はやがて現われます。大きな苦難の最中にいる間も心を開いて、愛や許しや私たちが学んだり償ったりする必要のある事柄に対してオープンでいれば復活は必ずもたらされます。どんな出来事も、やがていつかは通りすぎるのです。

## 根源的な変化

「人は変わらない」という言葉を聞くことがあります。しかし「私たちは神の愛という根源的な錬金術を通して変わることができる」と信じることが「信頼」の法則です。私たち一人ひとりの中には、より良くなって進化したいという欲求のようなものが存在します。魂はつねに成長することを求めているのです。

一九九九年、友人の一人が七歳と五歳の幼い兄弟を里親制度のある国から養子にもらうことに決めました。両親からひどい虐待を受けていたせいで、カールとディランの二人は深刻なトラウマを負った子どもに共通する症状を呈していました。その結果、彼らは里親の家になかなかなじめず、まして養子としてもうまくいきませんでした。彼らはあるカップルと養子縁組をしては最終的に斡旋所に戻ってくるというパターンを繰り返していました。友人が彼らを養子にする直前まで、彼らは最悪とも思われる人生をのろのろと歩んでいたのです。

私を含めて周囲の友人の多くが、彼があまりにも大きな荷物を引き受けてしまったことを心配しました。独身でひとり暮らしの彼に、トラウマを負った幼い子どもたちとつき合い、うまく養育することができるでしょうか？　けれども何週間か過ぎ、何カ月が過ぎ、何年かが過ぎ去って、彼らを知っていた人びとはみな奇跡を目のあたりにしたのです。カールとディランは里子の模範となり、現在の二人に会った人びとは誰も彼らが問題のある環境に育ったことを推測できないはずです。友人の愛情と献身的なケアによって、少年たちが変化し、成長し、望まれる子どもになるためのゆとりが生み出されたのです。彼ら二人の養父である私の友人の忍耐と愛が、驚くべき偉業を成し遂げたのでした。

子どもたちの学びの環境を決定づける要因を調査した政府の研究に関する記事を新聞で読んだことがあります。二五〇〇万ドルも投じた調査の結果、次のことが分かりました。子どもたちの学びの環境をつくりだす最も大きな要因とは、血縁に限らず、彼らのことを気づかってくれる最低一人の大人が存在することだったのです。

個人に変容をもたらす奇跡は必ず起こります。そして私たち一人ひとりの中にも必ず起こすことができるのです。

私たちをとり巻く世界がいきづまったときは、まわりの世界ではなく内側の世界を覗いてみるよう求められています。それは自分の中の古いやり方に固執している部分や、自分の苦悩に対して自分で責任をとらずに人を非難している部分や、まわりの人を祝福する代わりに判断しているところや、受容的でオープンで寛大である代わりに敵意に満ちている部分がどこかを見つけだしなさいという声なのです。それらの問題は、私たちの中の未解決の謎を解き明かすための鍵なのです。外の世界でのブレークスルーを成し遂げるためには、内側の世界でのブレークスルーを達成するのが一番の近道です。というのも意識レベルの世界とは原因レベルの世界であり、問題の原因にとり組むことは、自分自身の内面にとり組むことだからです。外側の世界に現われてくる結果だけを見て問題にとり組むことは、問題と深く向き合うことにはまったくならないのです。

## 愛のパワー

一九八九年に私の姉が乳癌の診断を受けましたが、彼女が担当の癌専門医に「妹が私にスピリチュアルなサポートグループに行くべきだと言っています」と相談すると、「それじゃあ、あなたの妹さんはどこかの医学校へでも通ったんですか?」という返事が返ってきました。

幸いなことに今日の医者の間では、スピリチュアルなトレーニングの効果に対するおうへいで見下すような態度はほとんど見られなくなりました。誰かが生命を脅かされるような病気の宣告を受けたとしたら、彼らの担当医が「スピリチュアルなサポートグループのどれかを訪ねてみては」とすすめる最初の一人かもしれません。なぜでしょうか? その理由はアメリカで最も権威あるアカデミックな研究機関によって、致命的な病の診断を受けた人びとの中でスピリチュアルなサポートグループに参加した人びとのほうが、診断後に平均して二倍の長さを生き延びているという事実が科学的に立証されたからです。

私たちが「愛」を畏敬の念を起させる偉大なるパワーとしてとらえているということは、私たちが夢見がちな空想家だという意味ではありません。以前、テレビのトークショーでインタビューを受けたことがありますが、司会者は私が反戦論者で軍隊がなくなるべきだと考えている、と皮肉たっぷりのコメントつきで私を紹介しました。私はびっくりして彼を見て、いったいどこから彼がそのアイデアを仕入れたのかをたずねました。すると「まあ、私のただの推測です」と彼は答えました。「あなたは愛がすべての答えだと考えているので、きっと軍隊は悪いものと考えるはずだと思ったのです」と。

愛が現状維持体制のサポート以外の何でもすべて叶えることができるにもかかわらず、愛の話題がどれほどの嘲笑を引き寄せるかという点に私はいつも驚かされます。「彼女は愛が答えだと考えている」という見方から「彼女は私たちが軍隊をもつべきでないと考えている」という見方へいきつくことは、これまでに地上で表現されてきた最も深淵なる哲学でもある「スピリチュアルな愛」という真理を実に陳腐なものに変えてしまうからです。

『奇跡のコース』は次のように語っています。「この世界は不幸な夢であり、私たちはそこから目覚める前にそれを幸福な夢に変えなければならない」。つまり、この世界を私たちが超越するためには、私たちがまず変わらなければならないのです。自らの聖なる本質を確信することが私たちの使命です。そして軍隊に関してもそれがスピリチュアルではないとは決して言えないのです。実際に合衆国内の軍隊で今日働いている人びとの中には、一般の人びとが思う以上に私たちの軍事力に対する未来への可能性を考慮する、より目覚めた意識の持ち主がいます。もしかしたら私たちの時代に、我が国の軍隊が「軍事力」という概念の究極の意味を明らかにするかもしれません。そのとき彼らは、今、武器や戦闘用器材で武装するのと同じくらい熱心に、社会的、政治的関係を築くために心理学や霊性や感情レベルでの能力を開発して武装することでしょう。意識が進化するにつれて制度も進化します。世界を変えたければ、そして平和を獲得するためには、現在の戦争のやり方と同じくらい手の込んだやり方を習得しなければならないことに私たちは集合意識レベルで気づきはじめています。人にあざ笑われても愛を讃美することが大切です。愛がもたらす心地良い感覚やすべてを癒してくれる物理的なパワーを誉め称えることが大切なのです。

人間の体験がどんな類のものであったとしても、真の解決策というレベルでは愛こそが答えです。マハトマ・ガンジーによると、愛は個人的関係とともに社会的、政治的関係をも癒すことができます。私たちは愛のパワーのほんの表層を引っかいているにすぎません。さらに愛を深く掘っていくと、そこには原子爆弾以上の威力があることに気づくはずです。世界情勢に関しては、感情的視点や心理学的視点、スピリチュアルな視点がそれぞれに重んじられた統合的なアプローチをする必要があります。イエスはこう言いました。「あなたの敵を愛し、あなたを罵る人のために祈りなさい」。マーティン・ルーサー・キング牧師は、マハトマ・ガンジーこそが愛の倫理を支持し、正義のために愛を社会勢力へと発展させた最初の人物だと指摘しました。それは単なる「善行」としてなされたのではなく、絶対に不可欠な時代の要請だったのです。さらにキング牧師は、私たちが「暴力」か「非暴力」かを選ぶ段階ではないところまで来てしまったと語っています。すなわち残された選択とは、「非暴力」か「非存在」、すなわち人類の滅亡のどちらかだというのです。

数年前、私はアトランタで行われた故キング牧師の公式の誕生祝賀会でのスピーチを夫人から求められました。プログラムの中で最後のほうの演説者だった私は、椅子に座りながら演説者が次から次へと同じようなことを話すのを聞いていました。牧師の功績とは、アメリカという国の塵や埃を洗い流すことがすべてだったかのように。彼が広めた「愛」とはたしかに偉大なものでした。けれども、誰も彼が出合った猛烈な抵抗や彼の心の葛藤の軌跡や、そのために最終的に彼の人生が犠牲になったことには触れようともしませんでした。そこで私の順番になったとき、キング牧師がそのために生きて命を失った「愛」というものが体制に対して決して都合のいいものではなかったことや、いまだにそうではないことに私は言及せざるをえませんでした。キング牧師は、決して感傷的な愛や、流行《はやり》の愛や、都合の良い愛のために立ち上がったのではありません。神の愛はしばしばそうしたものとは無関係です。キング牧師の功績に心から敬意を表すならば、嘲笑や憎しみをものともせずに愛のために立ち上がり、ベストを尽くすよう私たちも努力しなければなりません。

エゴは肉体を蝕みますが、理念を蝕むことはできません。ガンジーやキング牧師の復活は、彼らの人生に意味を与えた「愛」という理念のために立ち上がろうとする私たちの強い意志にかかっています。また、そうした理念は、私たちの人生にも意味を与えてくれるでしょう。『奇跡のコース』では次のように言っています。「神は殉教者を求めているのではなく、指導者を求めています」。完全なる愛、無条件の愛に到達した人は、私たちの中でほんのわずかしかいません。けれども、愛という大きなうねりが人類の救済につながるという認識こそが、その時が来たことを告げているのです。そのうねりの一部になろうとする私たちの決意が、人生に並々ならぬ使命をもたらしてくれます。私たちは悪に対して無頓着でもなく、悪の上にピンク色のペンキを塗りつけてそれが存在しないかのようなふりをしたりもしません。私たちは新聞や雑誌を読み、世界の人びとの苦しみを深く感じています。また私たちの多くは、神にはある計画があり、その名前が「愛」だということを今でも信じています。それは軽薄な愛でも無邪気な愛でもありません。神とむすばれた力強いパワーに満ちた愛、畏敬の念を禁じえない愛こそがすべてを変えるのです。

愛によってまず私たちが変わり、それからすべてが変化します。

キング牧師は、「行動することによって結果が生まれる」というガンジーの考えを強く支持しました。つまり平和を実践するよう努力したときだけ、私たちは本当の意味での平和をもたらす使者になることができるのです。そして宇宙はそのための機会を豊富に提供してくれるでしょう。

その日、スピーチを行う心の準備をしていた私は、演説台の後方に思いがけないゲスト、ブッシュ大統領夫人のローラがいることに気づきました。私はブッシュ大統領の軍事方針についてキング牧師が指摘したであろうことを話す予定でいましたが、彼女を見て突然、自分の用意した見解について自信がもてなくなってしまいました。

私は望ましくない選択を迫られているように感じました。誰も傷つけないことを万全にするために自分の見解を水に流したくはありませんでしたが、私のそばに座っている女性が毎夜ベッドを共にするパートナーを厳しく批判することによって、彼女に恥をかかせたくもなかったのです。彼女に対する女性同士の連帯意識を尊重しなければ、私は平和を遵守することにはならないと感じたからです。

私は少しだけスピーチの内容を変え、大統領のことを話題にするたびに、「この困難な時代のただ中にいるご主人のために私たちは平和を祈っています」というコメントをブッシュ夫人に向けて直接、送りました。個人的に大統領を傷つけない形で彼の方針に賛同はできないことを表現しようと努めたのです。話を終えたとき、私はキング夫人とブッシュ夫人に握手を求めるために後ろをふり返りました。ファーストレディと向き合い、私の発言が大統領に厳しすぎるように聞こえたならば申し訳なかったと言おうとしたときです。私が話しかける前に、ブッシュ夫人は彼女の指を私の唇にあて、「黙って……あなたはすばらしかったわ」と言ったのです。その日、彼女は私にとても寛容な態度で接してくれました。中庸的な立場を見つけようとする私の努力に気づいてくれた彼女に、私は深く感謝しました。

繰り返し何度も何度も、数え切れないほどさまざまなやり方で、人びとは私たち個人の間に存在する隔たりに橋を渡そうとしています。いつの日か、ふとまわりを見渡すと、私たちの内側の境界もこの世界の境界もどちらも消えてなくなっていることでしょう。そのとき私たちは新たなすばらしい世界への橋を渡り終えるのです。

## 本来の意識に還る

私たちは愛の中で自分自身を広げたいという自然な欲求をもって生まれましたが、この世界の概念によって不自然に思考するように訓練されてきました。ときおり私たちを真の現実に引き戻すために、思いもよらない体験が起こることがあります。

一度、私は飛行機の中で頭痛に襲われ、着陸したころには吐き気を感じていました。明らかに食中毒の症状でした。空港のトイレの鏡台で椅子にうなだれている私のまわりに、見ず知らずの女性たちが集まってきて助けてくれました。信じられないことですが、彼女たちは私が横たわれる場所へたどり着けるよう手助けしてくれて、額に濡れた布をあててくれたばかりか、その中の二人はパワフルな手当療法や祈りを行ってくれたのです。私は泣きだしていました。それは私が病気だからではなく、まったく見知らぬ人びとが私の面倒を見て、やさしく介抱してくれたことに対する涙でした。

その日、私は人びとが本当はいかに善良かということを思い出しました。また別なときには、アーモンドをのどに詰まらせて息ができなくなってしまったこともあります。娘が、もがき苦しんでいる私を見て「お母さんの息ができない！」と叫びました。私たちが乗っていた車の運転手が道路の端に車を止めると、デトロイト・フリーウェイで働く数人の人びとが集まってきて、その中の一人がハイムリック法（気管に詰まった異物をとり除く手技による応急処置）を施して私の命を救ってくれました。

事態があまりにも突然起こったとき、恐怖や分離というエゴの思いは飛び越され、愛の心が自然に湧き上がってきます。皮肉なことですが、危険な状況が往々にして人びとの本性を呼び覚ますのです。あの日、空港で私に手当療法を施してくれたすばらしい女性は、特定の宗教を超えたより包括的な神への私の信仰を知ったならば同意しなかったかもしれないと感じています。またハイウェイで働く人びとと私が、他の状況下ではあれほど深い人間的つながりを結ぶことができたかどうかも確かではありません。私たちが尊い生命だということを認識する真に純粋な生の瞬間だからこそ、誰もが同胞であることを理解し、そうふるまうよう自分に許してあげることができたのです。私たちの意識が浄化されて心が愛に開かれたとき、世界はそんなふうに変わるでしょう。

私が助けられたそれらの機会に、まわりの人びとが自分のなすべきことを察知して自発的に他者のために行動するということが起こったのです。私たちが本来の意識にたち還ったとき、世界全体が癒され、必ず変化がもたらされます。そこに現代の問題があります。つまり私たちは本来の意識をまだとり戻していないのです。少なくともアメリカでは競争をよしとする風潮があり、それは社会的な人間関係を支配する経済システムとしても実におあつらえ向きなのです。あまりにも多くの事例において、私たちは共同体としての連帯感や、神の子どもとしてのより広い意味での家族的つながりという感覚をなくしてしまったのです。隣の町や隣の国に住む人であっても誰もが同胞であり、神の目の中で私たちはみな同等に価値ある存在です。私たちはそれを知ってはいますが、果たしてそのようにふるまっているでしょうか？　それを実際に行動で示すとき、私たちは楽園へと帰ることができます。そしてまず自分自身が変わらない限り、それは実現しません。

誰もがスピリチュアルな道のりを歩いていますが、それに気づいていない人びともいます。私たちは個人的にも集団レベルでも、愛との関係において自分が誰なのかを思い出すことを強いられる状況に直面しています。そして私たちはそのことを叡知を通して学んだり、痛みを通して学んだりします。私たちが一体だという真理を受け止めることもできれば、そのレッスンに抵抗してあとで学ぶこともできます。けれども長く待てば待つほど、より多くの混沌を生み出すことになるでしょう。

人類の子どもたちのために、私たちが今、そのことを学べるよう祈っています。

# 第4章 不安から贖罪へ

この世がすばらしく最高のものに思われたり、完全なる大失敗に感じられたりと私の気持ちは振り子のように揺れ動くときがあります。

そしてもちろん、そう感じる理由は、どちらの見方も真実だからです。

聖書によると、世界を創造したあと、神はそれを眺めて世界が善なるものだと知ったと書かれています。「まあ、神さまが？　じゃあ、きっとそのときはそうだったのね。でも、今じゃそれほど良いものでもないわ！」と苦痛や恐怖に関するニュースが報じられた新聞を置きながら私がうっかり口をすべらせたときです。「あなたの目は自分が思っているほど確かじゃないのよ」。私に話しかけてくる声は誰かを知ろうとしてまわりを見まわした私は、その声の正体を知ります。私に話しかけてきたのは自分自身だったのです。

三日前にたまたま傷つけた指先を見下ろした私は、ばんそうこうの下の傷口が消えかかり皮膚がほとんど完治しているのを不思議な思いで受け止めます。窓の外を眺め、木々が春を知らせる小さなつぼみを付けているのを発見し、キッチンのステンドグラスの窓から太陽の光が柔らかく射し込んでいることに気がつきます。私自身もほとんどの人びとが感じているのと同じ分離感を抱えながら、私たちがつくってしまった世界の混乱と愛や自然のもつ輝きのはざまで生活しています。

毎日、私にはふたつの選択肢があります。私の中の怒りやフラストレーションを呼び起こす難問を抱えたまま一日を過ごすこともできますし、家を出る前に、今すぐその難問に向き合おうと試みることもできます。私はニュースの報道記事を超越したいと思っています。その理由は、私がそれを読まなかったからではありません。より高い視野からその内容を理解しているからです。私は現代社会の否定的なエネルギーに巻き込まれたくないのです。しかし私にとってどんな頭の中の概念も怖れから愛へ、不安から平和へのかけ橋になってはくれません。

そんなときこそ「祈り」だと私は知っています。

私は自分の部屋へ行き、ドアを閉めて、聖母マリアが描かれたキャンドルに火をともします。そしてセラピストに向かうように話しかけます。「新聞を読むたびに自分が影響を受けてしまうのがいやなのです。私はあんなふうにはなりたくはありません。私はもっとあなたに近づきたいのです」

しばらくの静寂が訪れます。

私の呼吸はよりゆったりしたペースに変わり、目は自然に閉じられます。私は聖母マリアをまわりに感じる空間でリラックスしていきます。実際に何かを話しかけてくるわけではありませんが、彼女は私を心の中の本来の場所へと連れ戻してくれます。外側の世界よりもずっと平和な世界である自分のふるさとへ向かっていることが分かるのです。そこにいるとき、私は自分の使命を知っています。つまり、自分が平和そのものになって平和を完全に体現し、その状態のままもとの世界に帰ることです。それこそ聖母マリアが私に望んでいることなのです。また、それによって私の痛みも癒されるのです。

## 神の住まい

すべてが急速に変わりつつあるこの世界では、私たちがより平穏な方向へ向かっているという感覚はもてそうにありません。この時代にトップに上りつめるには、荒れ狂う嵐のただ中でも平和を見つけだすことができるよう自分の可能性を追求することが何よりも大切であり、特定の技術や知識の習得はあまり役には立ちません。さもなければ私たちはこの世界が提供するさまざまなドラマというゲームの中に投げだされることでしょう。

人生というドラマは、自然という軌跡の中に避けようのない変化を内包した気象パターンにも似ています。人生のドラマに抵抗すると、お天気に抵抗するのと同じくらいに明白な結果がもたらされます。そのために身仕度することも必要ですし、危険なところを避けることももちろん大切です。ところで自然というダンスをコントロールしようとすることは必要でしょうか？　私はそうは思いません。雨が降ったら、家の中に入ればいいのです。神との関係にも同様のことが言えます。人生が荒れ狂っているとき、私たちは神の住まいの中でやすらぐことができるのです。

「神の住まい」とは深い含みをもつ比喩的表現です。スピリチュアルな視点では、それは確かに家であり、私たちの防護シェルターでもあります。「あなたがどうか永遠に神の住処《すみか》にとどまりますように」という祈りの言葉は、象徴的な意味だけではありません。本当のものと本当でないものを見分けるあなたの認識が、いつも神という永遠の実在に基づいたものでありますように、という願いなのです。というのも、もしそれが可能ならば、あなたは人生の嵐の中でさえも情緒的に守られるからです。人びとは生まれ、病気になり、いつしか死を迎えます。お金持ちになる人もいれば、貧乏になる人もいます。結婚もあれば、離婚もあり、出産後は子どもたちが成長していきます。新しい仕事につくこともあれば、仕事を失うこともあります。まわりの人びとに祝福され、一部の人びとに裏切られることもあります。それらすべての人生の変化は、本当の真実が何かを思い出すための試練なのです。愛こそが唯一絶対の真理です。愛は永遠に変わることなく、永遠に息たえることもありません。自分をとり巻く世界がつねに変化していくこの世の中で、変わることのない愛の中に暮らすことが私たちの内なる平和の鍵なのです。

私が子どものころ人びとは投下爆弾用シェルターを作ったものでした。現代の原子爆弾から身を守るにはそれは時代遅れのむなしい努力に思われますが、地上が混乱に陥ったとき地下に潜りたいという私たちの衝動は、外の世界の絶え間なく変化する勢力に対する本能的な反応なのです。それと同じことが霊的真理にもあてはめられます。私たちには心のシェルターが必要であり、神の住まいこそが私たちがいつでも逃げ込めて平和を見出すことができる場所なのです。

私たちには心のやすらぎが必要です。なぜなら、世の中は急速に移り変わり、すべての人びとの神経系が変化の目まぐるしいスピードによる影響をこうむっているからです。ほどんどの人びとが疲れきったように見え、ビーチに横たわって自然のバランスをとり戻し、本来の自分に戻るための数日間の休暇を必要としているように思われます。

現代のスピードが子どもたちに及ぼす影響について私たちは知らないふりをしていますが、ひそかに疑いを抱いています。子どもたちがあまりにも早い時期からテレビやコンピューターの前に何時間も座るのを大人たちが許しているので、子どもたちの脳もすでに影響を受けているに違いないのです。私が見た一〇歳の子どもの落書きには「僕はもう完全にイカレちゃったよ」と書かれていました。私たちは明らかに問題を抱えているのです。

しかし子どもたちは、私たち大人のまねをしているにすぎません。私たちはあまりにも速く走りすぎるので、自分のベストの状態で思考したり、自分のベストについて感じたりすることができなくなっています。私たちの意識と身体には、神の声が届くためのゆとりが必要です。それなのに私たちは、異常なまでに現代生活の刺激を求めるアドレナリン中毒に陥っていると思うのです。何かに向き合わない方法として私たちは動き続けています。速く動き続けることで、たぶん私たちはみな自分がどれだけ傷ついているかを忘れてしまうのでしょう。

私たちの存在という痛みが楔《くさび》のように打ち込まれ、押しつけられて、私たちを内側から蝕んでいきます。年を重ねるごとに、肉体の消耗という症状が現われはじめます。肉体はある程度のストレスしか抱え込めないので、『ヤートル・ザ・タートル』（*Yertle the Turtle*）という本の主人公のようにストレスの山の底から「もうたくさん、もうたくさんだ！」と叫んでいるのです。肉体の危機、感情の危機、家族の危機などさまざまですがそれが何であっても、ある程度のストレスがかかると爆発が起こります。あなたが最初に抱えていたストレスが原因となってあらゆる危機が生まれ、それに付随してさらにお金やその他のさまざまなストレスをあなたは抱え込むことになるのです。

私たちが望むならば、それをやめることもできます。その方法は神の中にあるのです。

## 心の萎縮とストレス

あらゆる瞬間に私たちは心を大きく広げたり、小さく萎縮させたりしています。心が縮むと、他のこと、つまりあなたの人間関係、あなたの職業、あなたのお金、あなたの健康、あなたの人生も小さくしぼんでいきます。

私たちは近づいてくる敵から身を守ろうとするかのように、しばしばストレスに反応して萎縮します。けれども実際、私がプレッシャーを避けるために萎縮したとすると、さらなるプレッシャーが否応なく生み出されるのです。なぜでしょうか？　私が萎縮すると、身体の固まりや緊張、感情的な憤りなどとともにさらなるストレスが加わる状況が生み出されるからです。

ストレスに対する解毒剤は、意外にもその中でリラックスすることです。たとえば、あなたが子育て中で、やり遂げるべき仕事があり、レポートを書かなければならず、来週末までに二回の仕事の旅行が入っているとしたら、緊張感を強めるのではなく緩めることが助けになるはずです。あなたの緊張が、時間内にすべてを終わらせる助けにはなりません。まったく逆に、緊張が緩むと時間もまた緩んでいきます。アインシュタインによると時間と空間とは意識がつくった幻想の産物です。他のすべてと同様に、それらの幻想はあなたから主導権を奪ってしまうのです。

スピリチュアルな視点からストレスの原因をたどっていくと、ストレスを生み出す思考をとり除く鍵を発見することができます。ストレスとは現実でないものを現実だと考えたときに生み出される当然の帰結なのです。その意味でストレスとはひとつの選択なのです。

ある問題が「この世的」なものだとしたら、それに私たちの成功や失敗、満足感や不満足感という感覚を付与することが最初のセットアップ（ストレスが作動可能な状態になること）です。この世界のものは何ひとつとして私たちに深いやすらぎを与えてはくれません。なぜなら、この世にはスピリットの故郷は存在しないからです。私たちの幸福感が物質世界の事柄と何らかの形で結びついた結果として、心配や不安を抱きやすくなるのです。

しかしほとんどの人びとは、やるべきことが多すぎるときや予定が詰まっているとき、つねに熟考すべきことがあるときにはストレスを感じるはずだと思っています。でも、それはこっけいな笑い話です。何かを自分の重荷と感じる唯一の理由とは、私たちがそれを「非常に重いものだ」と考えるからなのですから。

空中にすべてのボールを放った状態を保たなければならず、私たちがいつも曲芸を強いられているように感じるとしたら、当然、憂鬱《ゆううつ》や不安を抱くでしょう。けれども事実は、私たちはそうする必要があると思うがゆえに曲芸をしているのであり、必要と思うからこそ行動しているのです！　ひとたび選択肢があることーーすべては窮屈にも緩くにも私たちの認識のままになることや、時間は制限のあるものから広がりのあるものにまで自在に変わることや、物事は私たちがとらえる通りに困難にも単純にもなること――に気づいたならば、ストレスは消滅しはじめます。私たちは文字通り「明るくなる」といいのです。「神さま、私にはやるべきことがたくさんありすぎて、どうやってこなしたらいいのか分かりません」と思うときは、思考を切り替えることができます。心の重荷をすべて神の手にゆだね、奇跡を求めて祈り、願いが叶ったことを想定して前もって感謝を捧げましょう。私たちは緊張から解放され、心配から解放され、喜びのない人生から解き放たれるでしょう。あなたに潜んでいるエゴがこんなふうに言うかもしれません。「そんなことできないわ。私には責任があるの！」と。けれども、そこがポイントなのです。私たちが明るくなると、その仕事を難なく成し遂げられるような手段を提供してくれる人びとや状況が自然に引き寄せられてきます。何もしなければ奇跡は起こらないのです。

奇跡がすぐ目の前に横たわっているのだとしたら、なぜ私たちはそんなにも悩むのでしょうか？　私たちという存在そのものが奇跡を起こす場であり、どんな問題であろうとも私たちは神の手の中にゆだねることができます。「神よ、どうかこの問題を受けとってください」と祈ることは、自分を弱くする行為ではなく強くするための行為なのです。自分は選択できるのだということを本当に知っていたならば、誰だってストレスよりも奇跡の方を選ぶでしょう。

ときどき人びとは「委員会」と呼ばれる頭の中の否定的なエゴの終りのないおしゃべりについて話をすることがあります。ところで私が自分自身の頭の中の委員会について学んだことは、その会議の責任を負うのは私本人だということです。また肯定的な意識をもち、否定的な意識が入り込む余地がないように思考するのも私次第だということです。私が奇跡志向になり「問題解決のレパートリー」*を用いて、この世的な見解の代わりに永遠なるものを探し、奇跡を求めて神への信仰とともに立ち上がることで、私はこの世のドラマの影響を受けなくなるはずです。自分が神の恵みをどれほどたくさん受けとっているかを思い出し、他の人びとを祝福することで意識を広げるのは私自身の責任なのです。神のパワーは無限であることを思い出すとき、自分の限界についてストレスを感じることもなくなるでしょう。

すべては私たちの頭の中で起こっていることなので、何もかもが自分次第なのです。

ある晩、私は「不毛の荒野」とも言える体験のスピリチュアルな意味を考えさせられるような絶望を味わい、苦しみに耐えながら長い時を過ごしていました。大がかりな窃盗、尊敬に値すると思っていた人びとによる裏切りなどに私は無残に打ちのめされていました。ひとつだけならまだしも、あまりにも多くのことが重なって私の手に負えなくなってしまったのです。私は朝方の五時になっても眠ることができず、だからといって仕事も読書も他の何も手につかなくなっていました。私にできることは自分の目に映る災難のリストを作ることぐらいで、実際に大声で「親愛なる神さま、私は大失敗をしでかした気分です」と言ったのを覚えています。

五分後、私はベッドのかたわらに置かれた航空貨物の小包を手に取りました。それは前日に届いたもので、ユダヤ教のラビであるハロルド・クシュナーの新しい本の校正刷りが同封されていました。以前、彼に読んでほしいと依頼され、そのうちに時間ができたらと引き受けたものでした。私はそれを手に取りました。誰か他の人のために何かをすることで自分自身の問題からひとまず離れ、暗い苦痛に満ちたよどみへと向かわせる「自己憐憫《れんびん》」という悪循環に逆らおうと試みたのです。

その本を読んでいる間、私の口は開きっぱなしでした。私は神の言葉に出合ったように感じました。クシュナーによると挫折感は誰の人生にも起こることで、大事なのはその結果、私たちがどんな人間になるかだというのです。その朝、彼の言葉を読みながら、私は自分の体験を完全に再構成し、別な感情を体験し、再び希望を自分のものにする能力を与えられたのです。その本は私の悲嘆にくれる思いを超越するような感覚を提供してくれ、最終的に私は眠りにつくことができたばかりか、その後エネルギーと情熱に満ちて目覚めることができました。

私が必要としていたまさにその瞬間に、その特別な言葉が記された本がベッドの横に置かれていたという事実に私は驚きを隠すことができません。また私自身の神への信仰からやすらぎが得られたこともあり、ハロルドがユダヤ教のラビであることも意味のあることでした。彼の言葉が私の意識に起こした認識のシフトこそ、まぎれもない奇跡だと私は知っていました。つまり私に起こったことが変わったわけではなく、私が自分の体験に対して違う見方ができるようになったのです。神と、そしてラビであるクシュナーは、別な視点から私を祝福してくれたのでした。

## やすらぎの到来

他界した数週間前に、すでに容易ならざる病状だった父は、お気に入りの長椅子に横たわっていました。

そのかたわらで床に腰を下ろしている私に向かって、真剣な遠くを見るようなまなざしで父は言いました。「私は怖くないよ。どこに行くのか知っているから」。私はただ彼を見つめて無言の時を分かち合いました。けれども、あのとき父にもっと説明を求めればよかったと思うことがよくあります。死を経てのちに運ばれる永遠の実在という世界を彼は明らかに知っていたのです。

私たちが死に直面するよりも以前に、大切なものとそうでないもの、永遠なるものや永遠ならざるものについてより多くの気づきを得ることができないのは残念です。愛こそがすべてであり、愛こそが永遠に続くものだということを私たちはなぜもっと早くに思い出すことができないのでしょうか？　まるで死が間近に迫ってから、有り余るほどの聖なる知識が与えられるようなものです。ところで私たちが早くから求めるならば、それも可能かもしれないと私は考えています。

新愛なる神さまへ
どうか聖なるスピリットが
私の意識を守ってくれますように。
私に見る目を与え、
私がその存在を知っている
愛だけを認識し、
それ以外を見ないでいられますように。

この世の暗闇を超えて立ち上がり、
私の意識が光に包まれますように。
真理のもとに
どうか静けさとやすらぎを与えてください。
かくあらせたまえ。

## 深く掘り下げる

私たちの通常の意識の下には、純粋なる愛と平和の意識が横たわっています。けれども私たちは、単にそれを意図するだけではその意識に到達することはできません。私たちは自分自身の内なる存在という土壌を深く掘り下げて、「神のための小さな囁き声」を聞くための空間をつくらなければなりません。外側の世界でいろいろな出来事が起これば起こるほど、私たちは自分自身の内側に静寂の世界を見出すことが大切なのです。

私たちがかつて犯した過ちはすべて、それを犯した瞬間に私たちが最高次元の自己であるハイエスト・セルフとつながっていなかったことによって生じています。私たちは自分自身のスピリットの中心にいなかったのです。ゆえに最高次元の自己とつながり、その状態を促すために毎日時間を費やすことが私たちにできるたったひとつの最もパワフルな行為なのです。

めまぐるしい毎日を送る私たちが、ストレスや怒り、怖れのせいで残りの人生に影響を及ぼすような過ちを犯してしまったことがこれまでに何度あったでしょうか？　その瞬間、スピリチュアルな感覚において自分が本当は誰で、他者は自分とどういう関係にあるかを思い出したならば、その間違いを私たちは犯したでしょうか？　否定的な浅い意識に支配されたとき、私たちは自分自身や他の人びとに対して誤った認識をもってしまうのです。

人生の中で起こることは私たちがどんな人間かによって決まり、一日を通して私たちが体験することは、その日一日、私たちがどんな人間でいようとしたかに大きく関わっています。そしてその日の私とは一日をどのようにスタートするかに大いに関係があります。

「朝、聖なるスピリットとともに過ごす五分間によって、その日一日を通して私たちの思考体系がつねに神の監督下におかれることが約束されます」*。あらゆる瞬間、私たちは愛と怖れの間にあるものを選択していますが、エゴの方がまっ先に、しかも大声で話しかけてきます。神の声は決して無理強いをしません。それは受けとられ、そのための空間がつくられ、私たちの心の中に歓迎されるのを待っています。一日のはじまりに神とつながることでそのやすらぎを受け入れるとき、何かが起こります。私たちは完璧になるというよりは、むしろより目覚めた状態になるのです。そしてその目覚めは、思いもよらないようなやり方で奇跡を起こす準備を私たちに整えさせてくれるのです。

私は毎朝、目を覚ましたときに、神を称えて感謝を捧げることを忘れないよう心がけています。

親愛なる神さまへ
今日という一日をありがとうございます。
家族や友だち、家、そして
その他の数え切れないほどの恵みをありがとうございます。
今、私に降りそそがれるパワーに感謝を捧げます。
私はそれを誇りとし、奇跡を求めて祈ります。
私やすべての人びとのために
今日一日、神さまの恵みがありますように。
かくあらせたまえ。

## 瞑想

祈りに加えて、私たちには神とともに過ごす静かな時間が必要です。そしてそれが瞑想の目的なのです。瞑想とは石鹸水の中に汚れた鍋を浸すようなものです。鍋の表面に食べ物がこびりついてしまったとき、それをきれいにする唯一の方法とは一晩中水に浸しておくことです。液体に浸すことで、乾いた食べ物は柔らかくなって表面に浮き上がってきます。神とともに過ごす静かな時間とは、スピリチュアルな水浴のようなものです。意識の表面にしがみついている「怖れ」に満ちた思考がその中で緩和され、最終的に浮き上がって離れていくのです。

ところで食べ物が浮かびはじめると、水がきれいになるどころかかえって汚くなる時期があることに注意してください。瞑想においても同様で、私たちが平和を感じるようになる以前には、さらなる動揺を体験するかもしれません。しかし心の動揺とは癒しのプロセスの通過点にすぎないので、それが過ぎ去るまで耐え忍ばなければなりません。

瞑想のための時間をとり、聖霊が私たちの意識の最も深い領域を変容させる錬金術を施すことを許さなければ、私たちはまるで首にぶら下げた目に見えない重い荷物のように、怖れや罪悪感に支配された思考を抱え続けます。ふだん私たちはそうした思考の影響を漠然とした不安として体験します。そして私たちの神経をまいらせて意気消沈させているものの正体さえ分からないまま生活しています。自分への罪悪感と人を非難する気持ちが意識の中に広がり、絶え間ない不快感や情緒的な混乱が生まれてくるのです。その私たちの「怖れ」というより深い場所にある層に働きかけ、それを根絶させる唯一の方法が瞑想なのです。

うららかな春の日、愛する人と一緒に一日を過ごしながら美しい通りを散策することもできます。しかし混乱した思いに悩まされ続ける限り、私たちは決して幸せな気分にはなれません。「良く見えるものはすべて良いものだ」というノリのテレビのコマーシャルと人生は違うのです。彼らが販売している商品を買い、状況を変えようとすることはできます。でも、あなたはお金をかけずに瞑想を行い、人生を変えることだって可能なのです。

ある朝、急いでいた私は『奇跡のコース』のワークブックにちらっと目を通しただけで家を飛び出しました。そこには「私の聖なる本質が私の出会うすべてを包みます」という文が記されていました。その日ずっと――タクシーの中に座り、豆乳ラテをオーダーし、エレベーターを待つ間――私は可能な限りその言葉を自分に言い聞かせました。すると緊張が和らぎ、家を出る前に少なくとも五分間のエクササイズの時間をとらなかったことが悔やまれて自分を罵倒したい気分でした。もちろん私には、会議に遅刻する以外にもさまざまなもっともな理由がありました。けれども胸の中では、それらの言い訳以上の何かがあることを知っていました。つまり私には「抵抗」があったのです。瞑想が私の一日をすみやかに軌道修正してくれることがこれほど明らかなのに、それでも以前ほどではないにしても、ときおりそれを避けようとする自分がいることに今でも驚かされるのです。ときおりだとしても、自分がなりうるよりも低い人生を心から望む人などいるでしょうか？

「問題が何であっても瞑想することが答えだ」というインド人のグルの言葉は正しいのです。同様にアインシュタインも、私たちはこの世界の問題を自分たちがその問題を創造したときの思考レベルからは解決することはできないだろう、と言っています。瞑想によって私たちの思考のレベルが変化し、それゆえに私たちの人生が変わるのです。

現代の私たちは、自分たちが認識している以上の悩みや不安を抱え込んでいます。それはこの世界の裏側からも襲いかかり、私たちがそれまであてにできると思っていたものが実はまったく頼りにならないことを突然発見したりします。あの九月一一日のアメリカ合衆国への襲撃は、「集合意識レベルの不安」というタイムカプセルのようなものでした。一日ですべてが変わり、私たちはより深い霊的なレッスン、つまり真の唯一の安全とは私たちの内なる強さの中にあるのだ、ということを学ぶよう強いられたのです。すべての人びとにありとあらゆる危険がふりかかる可能性があります。正気に返った私たちは、自分たちが今まで「自分の外側の世界の安全が保障されうる」という幻想のもとで行動していたことに気づいたのです。砂の上に建てられたのはどちらの家だったかに気がつき、固い岩の上に自分の家を建てなおせることを知りました。瞑想することは、確固とした安全な基礎を地中に創造することと似ています。つらく苦しい時期があっても、そこに避難することができるのです。

哲学者のルドルフ・シュタイナーは *"The Soul's Awaking"*（魂の目覚め）の中で次のように記しています。「新しいものを創造する人は、完全なる平穏の中で古いものが過ぎ去ることに耐え抜かなければならない」

朝、瞑想をすることで私たちは思考、感情、神経系のすべてを神への奉仕に捧げることができます。私たちは心配やストレス、空回りの努力、むなしい空想や怖れが肉体をまとって人間のふりをするロボットとならないよう瞑想することを選ぶのです。詩人のバイロン卿は、かつて彼の時代について「私たちはとてつもなく誇張された時代を生きている」と書きましたが、私たちもまた同様なのです。現在、地球上で大がかりなドラマが演じられていて、私たちはその一部を担うことを選んでいます。私たちは預言者の本領を発揮し、自分個人をはるかに超えた大きな力として用いられることを求められているのです。より賢く、より強く、より知性と慈愛を備えた人びとの出現こそが地球を救うたったひとつの最も重要な要素だということを私たちは知っています。それこそが私たちが望んでいることなのです。けれども私たちが挫《くじ》けてしまうなら、実現は難しいでしょう。

講演の中で、私は何度も次のような質問を耳にしました。「一生懸命やっているのに神のやすらぎを見つけることができないのです。助けてくれませんか?」

「あなたは毎日真剣に祈ったり、瞑想をしたりしていますか?」と私がたずねると「いいえ」という答えが返ってきます。

私は言います。「やっぱり、そのはずです」と。

## 神とともに時間を過ごす

「聖霊は私たちの最もかすかな呼びかけに対しても完全に応えてくれます*」。問題は聖霊が返事をしないことではなく、私たちが神の助けを求める決意をする以前に、あまりにも深く問題にのめり込んでしまうという点なのです。私たちは「最初の要請」としてではなく「最後の頼みの綱」として神のところへ行くという自滅的な癖をもっています。

だからこそ毎日の霊的な訓練が大切なのです。神を自分の意識の最初に置くためには少なくとも毎日の働きかけが必要です。エゴは狡猾で油断のならない存在です。フロイトの言葉に「知性は神経症への促進剤として用いられるだろう」というものがあります。「自分はエゴについて心配するには及ばない」と賢さを自認している人ほど、エゴについて深刻に心配しなければなりません。

毎日ではなくときどき瞑想を行う人には、神がいつも必ずではなくときおり自分を助けてくれるように感じられます。祈りや瞑想を何日間かだけ行う人は、やはり何日間かだけ神のやすらぎを感じることができるでしょう。あなたが神のもとへ問題があるときだけ行くならば、もちろん神の助けも一貫しないものに思われるでしょう。けれども、その一貫性のなさは実は私たちの内面に存在するものです。神とともに過ごす時間をとればとるほど私たちの霊的な筋力が鍛えられ、人生の試練に向き合うことで私たちはますます強くなっていきます。ある歌の歌詞に「ダーリン、私にもっとそばに寄りそってほしいなら、あなたが私のそばに来て」というものがありましたが、同じことが神との関係にもあてはめられるのです。

どのような形式で行うかは問題ではありません。『奇跡のコース』のワークブックを用いてもいいし、TM（超越瞑想）や仏教、ユダヤ教、キリスト教などの瞑想をするのもいいでしょう。大切なのはあなたが実践することです。

眠りが肉体に休息をもたらすように、瞑想は心に安息をもたらします。禅の教えには「無の境地」や「初心」という概念があります。易教では「心は空っぽの茶碗のようにあるべきだ」と言っています。『奇跡のコース』には「善悪の意識を捨て、正邪の判断を捨て、このコースのことも忘れていっさい何ももたずに神のもとに行きなさい」と記されています。「心を無にする」という概念はすべての瞑想の基礎をなしています。私たちが本質から離れた思考を手放したとき、その空なる心に神の真理が入ることができます。私たちの意識が神の意識と重なり、それらはやっとひとつになるのです。

朝の五分間の瞑想や祈りも何もしないよりはるかにいいはずです。そして三〇分間なら深い霊的なサポートがもたらされるでしょう。まったくしなければ？　あなたのストレスはただ続いていきます。

別の選択もあります。目を閉じて、静かに呼吸をして、すべてをゆだねて……次に『奇跡のコース』のワークブックからの瞑想に関する抜粋を紹介します。

一日を始めるにあたって最低でも五分間の瞑想が必要です。そこでは「魂の救済」が唯一のゴールになります。一〇分間ならもっと望ましく、一五分間ならさらにすばらしい効果が得られるでしょう。やがて瞑想本来の目的からの逸脱を促す散漫な意識の浮上がやむと、三〇分間でさえも神と過ごすには短すぎることを発見するでしょう。

私たちが神と共有する「意志」に誠実であることを思い出すにつれ、刻一刻と内なる平和も広がっていきます。ときにせいぜい一分程度しか時間がとれないこともあるでしょうし、忘れてしまうこともあるかもしれません。また日常の雑事に追われて、ほんの少ししか神を想う時間を捻出できないかもしれません。

……そして私たちは静けさの中に座り、神を待ち続け、神の声を聞くでしょう。やがてこれからの未来に私たちがなすべきことを学びます。また一方では、神がこれまでに私たちにくれたすべての贈り物に感謝を捧げることでしょう。

瞑想の訓練とともにあなたは神を忘れなくなり、愛に満ちた神の言葉が目には見えない静かな方法で進むべき道を指し示す声を聞くでしょう。あなたは純粋に無防備なままその道のりを歩いていきます。あなたは天国が共にあることを知ります。そしてもはやほんの一瞬でさえも神を忘れることはなくなるでしょう。

あなたに愛の真摯さが受け継がれ、あなたの心が目的から逸れない状態が維持されます。大切なのは怖れたり、臆病になったりしないことです。あなたは間違いなく最後のゴールに達するのですから。

## 行動すれば必ずうまくいく

スピリチュアルな法則を頭で理解することは、必ずしも悟りを約束してはくれません。それにエゴは、宗教やスピリチュアリティを隠れ蓑として利用することが大好きです。

また一瞬の覚醒や気づきがあなたの人生を完全に変容させるわけでもありません。スピリチュアルな道のりは緩慢で険しいものになるときもあります。というのも人生のあらゆる場面はエゴとスピリットがおのおのの立場を主張する舞台となるからです。霊的鍛錬とは肉体のエクササイズと同じです。つまりそれは累積的効果を伴い、その恩恵を享受したければ続けなければならないものなのです。スポーツジムにたった一度通っただけで新しい身体で立ち去ることは無理なように、一度だけセミナーに参加したり、一度の祈りやハレルヤを歌うだけで、自分の人生がその瞬間から完璧になるよう期待することはできません。

可能性を十分に開花させるためには肉体と同様に心にもトレーニングが必要です。私たちの中にはジムに通ったり規則的にヨガを行う人びともいますし、宗教的な奉仕活動やスピリチュアルなワークに定期的に参加する人もいます。怖れに基づいた思考が蔓延するこの世界は、愛に対して偽りのない誠実な立場をとる潮流とは正反対の方向に向かっています。肉体的機能が整わなければ階段を二段跳びで駆け上がるのが楽ではないように、スピリチュアルな面での準備が整わなければ「信頼」や「許し」に対して人気のない立場をとることは容易ではありません。

けれども私たちが、今ある世界から変わりうる世界への変化を起こそうとするならば、自分の立場を明確にすることが大切です。この世界の問題を避けようとすることはスピリチュアルとはかけ離れた態度です。私たちの使命とはこの世界を避けて通ることではなく、この世界を癒すことなのです。しかし私たちは自分自身が持っていないものをこの世界に与えることはできません。スピリットという贈り物は、それらを体現しようと努力している人びとによってしか授けられないものです。それゆえかつてガンジーが語ったように、私たちは自分がこうありたいと望む変化そのものを自分で実践しなければなりません。愛に満ちた働きかけの中で自分自身の生活から平和が始まります。そしてその平和はあなたのまわりの人びとを癒しながら外へと広がっていくのです。

## 贖罪

「贖罪《しょくざい》」とは霊的な鍛錬における最も重要な鍵です。それは私たちの意識がそれまでいた場所から新しいあるべき場所へと聖霊によって移し変えられる救済のプロセスです。けれども、それが私たちの自由意思への侵害にあたるとき、神は招かれない場所へ入っていくことはできません。「神は、私たちが神に差しださないものを受けとることはできないのです*」

贖罪のためには、たとえ不快感を伴っても自分の思考や行為をまっすぐな目で眺め、謙虚な態度で思考や行為や発言の過ちを認めなければなりません。神への贖罪とは、神に許しを求めることではありません。それは神と和解することです。神は私たちを決して裁いたりはしません。私たちが贖罪を通して神と和解するのは、神が怒っているからではなく、神でさえも因果の法則をおかすことはできないからなのです。

「非暴力の運動はこの物理世界ではおとなしく見えるが、スピリチュアルな世界では活力のある運動なのだ」とキング牧師は語りました。「意識のレベル」が真の意味での「原因のレベル」です。あなたは山の周辺を走り回ったり山登りをしなくても、椅子に座ったままで山を動かすことができるのです。

贖罪とは、私たちが迷子になったときに本来の道に戻ることを許してくれる神の偉大なる贈り物です。カトリック信者の懺悔やユダヤ人の「ヨーム・キップール」と呼ばれる贖罪の日に実践されるように、自分の罪を償うことは創造者である神と私たち被創造者とを和解させる行為なのです。私たちが犯した過ちに対して完全なる責任を負い、罪を償い、物事を正しい状態に戻すためにはそれなりの努力が必要です。けれども、それこそが神が私たちに望んでいる仕事なのです。

「ミラクルワーカーが第一になすべきことは、自分自身の罪を受け入れることです*」。贖罪とは私たちの思考を正しい方向へ向かわせる最初の重要なステップであり、私たちの心の中の愛への祈りに満ちた反応なのです。「自分から特に行動を起こす必要はありません。私たちにすべきことがあれば、神は知らせてくれるはずですから*」

私たちが過ちを犯してしまったとき、宇宙にそれが記録されます。ところで神は私たちにその罪を贖《あがな》うことを望みますが、そのために苦しむことを望んではいません。私たちは適切で実現可能なやり方で、自分の間違った思考から生まれた行為を改めることを求められているのです。私たちに軌道修正が必要なとき、神は聖霊を遣わしてそれを手助けします。そして私たちが心の中の真理からどれほど遠くに迷い込んだとしても、神は贖罪を通して私たちが人生をもう一度歩みだすチャンスを用意してくれます。悔い改めようとする謙虚な心をもって神のそばにいる限り、人生を新たに始めようとする私たちの未来は神の手によってサポートされています。私たちが過ちを贖い、愛に還るならば、どんな過去の出来事でさえも私たちという実在の内にある無限の可能性を消すことはできないのです。

良心とは、悔い改める心とともに大切な感情です。けれども、それらは私たちを新しい世界へ導くためのものであり、罪悪感という海に溺れたまま置き去りにするためのものではありません。愛の代わりに怖れを選んだとき――誰もがそれを選んだことがあります――私たちが選んだかもしれない愛は「聖霊によって私たちのために保管されます*」。私にとってそれが『奇跡のコース』の中で最も感銘を受けた法則です。そのことを考えると、すばらしい気分になります。ある状況下で、私が愛をもって正しい思考や行為をすることができたならばすばらしい結果がもたらされただろうときに、私はそうすることができませんでした。私はこの世界によって怖れをもって思考するよう訓練されてきたために、それに従ってしまったのです。それでも私が再び愛に還って愛を選ぶ準備ができるまで、神は私が拒んだ可能性を大切にしまっておいてくれるのです！

神がそれをするためには、宇宙という建造物にどれくらい膨大な量の愛や慈悲が積みあげられなければならないでしょうか？　私たちは贖罪によって過ちを正すチャンスが与えられます。そのチャンスは私たちが望むような形ではこないかもしれませんが、神が決めた形をとって必ずやってくるのです。

ある日、私は何年も前に知り会った一人の女性のことを耳にしました。彼女はある日突然、理由が分からないままに連絡をよこさなくなったのですが、その後もう一度思いなおしてみたとき、私はある理由に思いあたりました。

私は、以前私が彼女に関する意見を言ったことが彼女の耳に届いたのだろうと思いました。悪意もなく傷つけるつもりもなく言った言葉だったのですが、決して感じの良い意見でもありませんでした。私は「無意識にした思いやりのない言動」のカテゴリーにその出来事をしまい込みました。

そして一〇年以上もたった今、彼女はとてもすばらしいことを成し遂げていました。私がそう思っていることを彼女に知らせ、ずっと以前にあんなふうに思いやりのない意見を言ってしまったことをどんなに後悔し、許してほしいと思っているかを伝えたいと思いました。でも私は彼女の住所を知りませんでしたし、たとえ書いたとしても彼女が私の手紙を読んでくれるかどうかさえ定かではありませんでした。そこで私は心の中で贖罪を行いました。彼女に対して私がそうあるべき人間以下だったと心から感じ、どうしても償いをしたかったのです。

ちょうどその翌日、ヨーロッパの大手新聞の記者から電話がかかってきました。彼らは彼女に関する記事を書いていて私に意見を求めてきたのです。彼女のすばらしさや彼女が成し遂げたことの偉大さを表現するチャンスが私に与えられたのでした——それも必ず彼女の耳に達すると思われる確実な方法で。「共時性」とは神さまの手による芸術です。つまり私が贖罪すると同時に、この宇宙全体が私の軌道修正された認識を拾いあげるようプログラムされたのです。

私たちの思考が正されると、私たちの世界も同様に正されます。私たちは自分の罪ゆえに罰せられるのではなく罪の意識によって罰を受けるのです。そして祈りを通して、それらの罪の意識は変容します。「祈りは奇跡を運ぶ媒体です……祈りを通して愛は受けとられ、奇跡を通して愛は表現されます」*。あなたが人生に奇跡を望むならば、ただそのために祈ることです。というのも、あなたが自分の意識を変える準備ができたとき、神はあなたの人生を変えてくれるでしょうから。

第5章

# 世界の変化を神に求めることから内なる変化を神に祈ることへ

聖書には「心やすらかでありなさい」という言葉があります。ところでイエスはさらに「私はこの世界を超越したのだから」と続けました。イエスはこの世界を「つくりなおした」とは言わずに「超越した」と言ったのです。この世界をつくり変えることと超越することには非常に大きな違いがあります。私たちのほとんどが抱える問題とは、私たちがこの世界を「超越する」代わりに「つくり変えようとする」ことから生じています。それゆえ私たちは揺るぎない「心のやすらかさ」を身につけることができないのです。

世界をつくり変えようとすることは映画のスクリーンを操作して画面に手を加えようとすることにも似ています。私たちも知っているように、この世界は私たちの思考が投影されるスクリーンにすぎません。ですから自分自身の思考を変えない限り、映画の画面は決して変わらないのです。それなのに私たちは空しい努力をしているのです。

人生に変化を求めるなら、街から街へ、仕事から仕事へ、ある人間関係から新しい人間関係へと移り変わるだけでは役に立ちません。どこへ行こうとも私たちは自分を一緒に連れていくからです。私たちは「地理的なあり方」よりもむしろ「意識のあり方」によってその存在を明らかにします。私たちは遠くへ旅することができますが、それ自体は根本的に私たちを変えることはできません。人生を変えるためには自分の内面への深い旅をしなければならないからです。

私たちの根本的な幸せは物理次元の出来事によってではなく、愛によってもたらされるというのが真理です。たしかに物理次元でしか経験できないすばらしい体験があり、それらを十分に楽しむことは間違いではありません。ところで「この世界自体は中庸であり、物理次元の出来事が聖なるものと見なされるかどうかは、私たちの心がそれに付与する目的によって決定づけられます*」。聖霊によって純粋な癒しを目的として用いられた出来事は神聖であり、エゴによって分離という目的のために利用された出来事は神聖ではありません。肉体というううつわは「私たちが神と完全につながるためのすばらしい学び*」の場にもなりうるのです。愛があるところには必ず神がいるからです。

けれども、私たちが過度に物理次元に執着するならば心から楽しむことはできないでしょう。幸福の秘密とは、「私たちはこの世界にいるけれどもこの世界の存在ではない」と認識することにあるからです。そうした理解のもとに、私たちの足をしっかりと地上に据えながら愛への意識をもち続けることが「天国と地上が合い交わる」ということなのです。そしてその交流地点こそ私たちが本来いるべき場所なのです。天国の意識に思考を合わせながら地上で生活することが私たちの使命であり、それを実行したとき、人間と神が出会う交流点（十字架やダビデの星において象徴的に視覚化されているように）に生まれたパワーは、すべての否定的な勢力を超越します。それこそがイエスが告げたことであり、彼自身が体現した出来事なのです。

聖書の中には聖霊が私たちに新しい意識を授けるだろうと書かれています。そして私たちの誰もがその新しい意識を求めています。この世界が私たちの意識の反映にすぎないことを認識したとき、私たちが神にこの世界を変えてほしいと祈ることは無意味だと気づくでしょう。私たちは自分の心の癒しを求めて祈るべきなのです。

あなたの心に古いテープの声を聞かせながら人生を新しくやりなおすことは不可能です。私たちは何度も何度もまさに同じところで人間関係を台無しにし、まったく同じやり方でそれまでの職業的な努力を無駄にしてきました。しかも私たちは自己破壊的な行為をやめると無力感にとらわれるのです。ところで、いずれにしても私たちが自分でめちゃくちゃにするのであれば、問題を通して変化のチャンスを引き寄せることにどんな意味があるのでしょうか？

「私たちは問題の中で自分が果たした役割を受け入れようとしないことに高い代償を支払っています。しかし自分がその問題を引き起こしたことを知らなければ、その状況を自分で変えられると認識することもできません」*。自分自身の体験に対して心から全責任を負うことを望むとき、私たちは自らの意識に聖霊を招き入れ、その聖なるスピリットで自身を満たすことのすばらしさを体験できます。意識は形あるものにまさり、完全なる形は完全なる愛から生まれるからです。

「完全なる愛とは私たちの存在そのものである」という事実に気づかない限り、私たちにとって完全なる愛とは途方もない空論のように思われます。ではどこがしっくりこないのでしょうか？　私たちはたずねます。「もしも私が愛で、愛が奇跡を起こすとしたら、私の人生がこんなにもめちゃくちゃなのはなぜ？」と。

それは私たちの聖なる本質ではありません。つまり人生とは、私たちが自分自身に愛という本質を体験して表現することをどの程度まで許すかにかかっているのです。『奇跡のコース』の序文には次のように述べられています。「本書は愛の意味を教えることを目的としたものではない。というのも愛の意味とは、あなたが誰かから教わるという範疇をはるかに超越したものだからだ。本書の目的は、あなたの生まれもった遺産である愛の存在に気づき、その障害となるものをとり除くことである」。愛はいつも私たちのまわりに存在しています。でも私たちは愛を避けようとする精神的、感情的な癖をもっているのです。

ありとあらゆる攻撃的または防衛的態度を示しながら、私たちは愛を遠ざけようとします。あらゆる罪という認識のもとで、私たちは愛に立ち去るよう命じているのです。自分の可能性には限界があると信じて「私は奇跡など求めていない」と言います。それからなぜ自分がこんなにも落ち込んでいるのか不思議に思うのです。

憂鬱や落ち込みに向き合うためには、自分自身に本質的な質問をぶつけなければなりません。「愛ではなく怖れがはびこるのを自分に許すために、私はいったい何をしていて何をしていないのだろうか？」、「この攻撃的で寛容でない自分は誰？」、「今の状況において私自身は何を自分に与えていないのだろうか？」という質問です。私たちは怖れにどっぷりと浸りながら、そうすることが強さの証であるかのように思い込み、怖れに「正直」でいることが私たちをより生き生きとさせるように考えています。しかし「強者」の代わりに「弱者」を演じることが、それほど生きている実感につながるのでしょうか？　私たちはときには怖れに向かって、それがやってきた地獄に戻るよう命じなければなりません。

エゴは私たち人間の持つ思考体系の重みによって支えられ、私たちを愛や無限から遠ざけて怖れや欠乏へと向かうように誘惑しています。それは過酷な仕事を割りあてる監督者であり、私たちの心やこの惑星全体までをも牛耳っているのです。「そして中には自分の意識を変えるくらいなら死んだほうがましだという人びとさえいます*」

心を変容させるためには頭の思考による決断以上のものが必要です。エゴは怖れという思考への精神的な中毒であり、スピリチュアルな体験だけが中毒を打ち破ることができるからです。人生や世界が変わることを心から望むならば、それを実現させるスピリチュアルな体験が必要となります。そしてその体験をするためには、それを受けとれるよう心をオープンにしなければなりません。

## プロセスを信頼する

この世界にあなたのために働いている力があることを知らないときに、あなたはその力を信じると考えることができるでしょうか？　世界には膨大な数の教会やモスク、寺院や神社が存在し信仰が盛んですが、月や星々を創造した神が本当に自分のことを気にかけてくれていると心から信じている人がいったいどの程度いるでしょうか？　万物の創造者である神が活動しないところには時間や空間もなければ、生命の構成要素《エレメント》も存在しません。神はあなたを愛しています。なぜなら神はすべての人びとやすべての物を愛しているからです。愛そのものである神には、愛さないことなどとうてい不可能なのです。

すべての善なるものが、実は宇宙本来の秩序だと考えるのは何とすばらしいことでしょう。そして私たちはそれを楽しむために創造されました。それはエゴにとって非常識な考えであり、「喜び」とはそれを卒業して距離をおいてこそいとおしく感じられるものと信じ込ませようとしています。しかし大喜びで遊ぶ幼子たちを見てください。私たちは彼らが知らないことを知っていますか？　あるいは子どもたちは大人が忘れてしまった何かを知っているのでしょうか？　私は一〇代の娘が愛や恋愛について話すのを聞きながら、彼女と同じ年齢だったときの自分を思い出します。私は最初にロマンスを体験したときのことをふり返り、「まあ、でもあれはほんの小娘の愛だったわ」とは思いません。むしろ私がふり返って思うのは、怖れるべきものがあるということを知る以前、私たちはどんなに激しく愛し合えたかということです。「愛」という道のりに他の議題が立ちふさがる以前、私たちはどんなに逞《たくま》しかったことでしょう。皮肉や疑いによってまだ汚染されていないとき、私たちの心はどんなに純粋だったことでしょうか。私たちは年齢を重ねるほどより多くのことを理解していきますが、若ければ若いほど理解できることだってあるのです。何ものも怖れない心さえ失わなければ、私たちは年とともにより賢明になれるのです。

「悟り」とは知識を習得することではなく捨てることです。人生という道のりを歩いてくる中で拾い集めたすべての怖れを手放すことなのです。『奇跡のコース』の教えにもあるように、「奇跡とは誰もが行使できるものですが、まず最初に浄化が必要不可欠です」。浄化とは、それによって愛以外のすべてが私たちの意識から消滅するプロセスです。私たちの霊魂のまわりを固く包囲した怖れや幻想の層がとり除かれると、創造のときに賦与された愛だけが残るのです。

胎芽細胞の中に赤ちゃんへの進化がプログラムされているように、私たち一人ひとりにはより偉大なる人生への進化がプログラムされています。目に見えない神の手が胎芽を導くのと同じように、あなたも私も導かれているのです。しかし胎芽細胞と違うのは、あなたと私はその神の手を断ることができる点です。「さあ、子どもたち、これからは自分一人で歩きなさい」と言って神は私たちを生まれた時の赤ちゃんのまま地上に置き去りにはしませんでした。けれども、もしも私たちが自分の心の声を聞くことを教わらなかったとしたなら、どうやって神の声を知ることができるでしょうか？　聖なる流れが存在することを知らなければ、どうやって「流れに乗る」ことができるでしょうか？　そして私たちは人生に「ノー」と言いながらうろつきまわり、なぜ人生が自分に「ノー」と言うように見えるのかを不思議に思うのです。

## 聖なる医師

私たちの歪んだ部分でまっすぐに矯正すべきところや、何年も癒されずに化膿した心の傷や、修復不可能と思われるような人生の壊れた断片のすべてを神は知っています。そして奇跡の創造者でもある神は、それらすべてを癒したいという限りなく強い欲求とパワーをもっています。

ではそれが本当だとしたら、この世界にあまりにも多くの苦痛があるのはなぜでしょうか？　医者が薬をもっているのに患者がそれを飲むことを拒否しているのでしょうか？　『奇跡のコース』によると、私たちが神に明け渡さないものを神は私たちからとり除くことはできません。自分の問題を理解し、「母に子どものころ不安を感じさせられたので、今でもこんなふうに反応してしまうんです」と言うだけでは十分ではないのです。むしろ私たちは次のように言わなければなりません。「神さま、私は自分がこんなふうに反応するのを知っています。どうか私を変えてください」と。それが重要な違いなのです。

私たちがある特定のパターンをどのように身につけたかは、さほど問題でありません。私たちが自分の性格の欠点を認め、それらをどこでどのように身につけたかにかかわらず、それらが今は自分のものだという事実に対して責任を負わなければ、神はそれらを癒すことはできません。父や母との関係がどのように私たちにある種の行動パターンを発達させたかを何時間もセラピストに話すことができても、それだけではパターンの解消にはつながりません。それを認め、それを神に明け渡しとり除いてくれるよう求めること、それこそが「自己変容という奇跡」なのです。それは必ずしも瞬時になされるわけでありませんが、いつか必ずその日は訪れます。特効薬はあなたのサイキックな血流の中にすでにあるのですから。

ときに癒しのプロセスは、あなたが何か新しいことをする前に鏡で自分自身をじっくり眺める行為にも似ています。あなたがもっと良い仕事を求めて祈ったとします。すると次にあなたは自分が仕事において最大の危機的状態にあることを発見します。あなたが祈ると状況がよけいに悪くなるように思われるかもしれませんが、実際には自分の弱点が示されて十分に拡大され、それをしっかりと見ることができる状況を創造するよう潜在意識レベルでの働きかけが起こったのです。「事実、状況が悪化したわけではありません。あなた自身の体験や、その状況を創造する中で自分が演じた役割に対して、あなたがもう無自覚ではいられなくなったということなのです*」

あなたがずっと探し求めてきた夢のような仕事にめぐり合ったとします。でもあなたは二週間もたつうちに、以前、あなたの成長を妨げていたものと同じような自滅的行為をとりはじめるのです。最初は「まあ、これは奇跡なんかじゃないわ！　最悪の事態だわ！」と思います。でもそれからあなたは「分かった！　前に私がしくじったときと同じ状況に向き合って、別なやり方を選択して試すチャンスがいま目の前にあるのだわ。この状況を優雅にたやすく切り抜けることができる人間になれるように、私は助けを求めて祈ることができる」と思いなおします。神は問題を避けようとする私たちの手助けはしません。神は私たちが問題を変容させる手助けをするのです。

スピリチュアルな変容のさなかでは、状況が好転する前に悪化しているように見えることがよくあります。というのも愛の存在を知るためには、その前に自分自身への嫌悪感について見なければならないからです。「私たちの内側に存在する光のまわりには〈怖れの輪〉があります。それを通してエゴは私たちの天国への入り口をブロックしようとするのです*」

だからこそ最初私たちは、あまりにも多くの問題を引出しの奥深くに押し込んでしまったのです。そうすれば真の意味での自己内省という痛みに耐える必要もないでしょうから。私たちは自分の感じている怒りが内側に潜んでいるのを怖れていますが、実は私たちが怖れているのは幻想の中のありもしない自分自身なのです。その幻想は暗闇の中にとどまってたえず毒を発し続けますが、光にさらされると瞬時に消滅します。神の手にゆだねられたとき、エゴはこなごなに砕けて無に帰するのです。

エゴは私たちの悪い部分ではなく傷ついた部分です。ところで私たちは自分の傷口をじっくり観察などしたくないし、まして神に見てほしいはずがありません。だって私たちは恥じ入っているのですから。誰も自分の身体の傷口が魅力的に見えることを期待などしません。本当は私たちは身体の傷に付着した血液や血のりを恥ずかしいと感じているのではなく、感情的な傷を抱えもっていることが恥ずかしくてたまらないのです。私たちの感情や精神面での傷口は、傷を負ったところではなく自分が罪を感じている部分に頻繁に現われてきます。そしてそのスピリチュアルな傷口が人格的欠点という形をとるのです。

ところであなたの否定的なパターンを最初に生じさせたのが傷ついた子ども時代だったとしても、その事実は他の人びとには必ずしも明白ではありません。奇跡志向の人びとだけが、あなたのふるまいが「私は子どものころ傷ついたの。同情して」と言っているのが読みとれるのです。私たちは皆エゴの幻想という同じマトリックスにとり込まれ、表面的には現われないお互いの傷口には触れずに、表面上のお互いの欠点だけに焦点を合わせているのです。

それゆえに私たちは、「自分を癒す」よりも「自分を隠す」ことに努力を傾けています。本当の自分を見せたなら何か醜悪なものが現われてしまうと私たちは怖がっているのです。自分の内に宿る神という存在を認識したときに初めて、私たちは美以外の何も現われようがないことを知ります。ところで聖なる癒しにゆだねない限り、私たちの傷口は放置されて膿んでいきます。自分自身の問題を深く見ようとすることへの拒絶や躊躇とは、「私が傷口を見なければ、それは自然に消え去るだろう」という浅はかな期待の投影なのです。自分自身の深い部分を見て、そこにあるものと向き合うためには勇気が必要です。けれどもそれを実行しない限り、神の薬は私たちを癒してはくれません。

神はあなたの癒し手であり、裁く者ではないということを理解してください。それを理解しない限り、痛みを抱えもったまま神のもとへ行くことはできません。私たちは医者の検査を受けるために衣服を脱がなければならないことを理解できますが、神の前に裸の自分を差しだすことが怖いのです。「怒りと批判の神」から「慈悲深く寛大な神」へと認識を切り換えない限り、神との関係において私たちは相反する感情を抱えがちになります。自分を裁くだろうと思う相手に対して、誰も自分の過ちをすすんで認めようとするはずもないのですから。

私たちは自分自身のイメージの中で、自分と似ている怒りと批判に満ちた神を創造してきました。神自身は慈悲と愛に満ちた存在であるにもかかわらず、私たちは自分の中の怖れを神に投影してきたのです。それによって私たちは神の愛や癒しから切り離され、お互いに孤独な存在になってしまいました。憤怒の神から慈悲深い神へと私たちの認識が変わったとき、私たちは神が聖なる癒し手だということを理解します。私たちの苦痛とは、地獄の痛み、あるいは愛から分離した痛みなのです。悪い行いをしたからといって私たちを地獄に送るのは神ではありません。私たちを悪者だと決めつけるのがエゴで、そのあとに地獄から私たちを解放してくれるのが神なのです。あなたが決して正しいことをしないひどい人間だと自分のことを思ったときに地獄が現われます。それに対して、あなたが創造された無垢なる世界の記憶をあなたに蘇らせて、そこへ帰る手助けをしてくれるのが神なのです。決して成功することのない完全なる敗北者だと自分を感じたときに地獄が存在し、あなたの内側に神が宿り、神の中ではすべてが可能だということを思い起こさせてくれるのが神なのです。過去の失敗から決して逃げられないと考えるときに地獄が生まれ、過去のすべてを新しく再生させてくれるのが神なのです。私たちを「地獄の劫火」に投げ入れるのは神ではなく、エゴです。そしてそこから私たちを救いだしてくれるのが神なのです。

## 神と向き合う

「かって神が創造したままの完全で無垢なる存在として、今も、そして永遠に神は私たちを認識していますI*」。私たちが犯した過ちによって永遠の本質が変わることはありません。父なる神はそれを知っていて愛するのです。癒しや贖罪や、物事が正しい状態に戻ることへの祈りは、私たち自身の「忘却」という病が治癒するよう願うことでもあります。そして本当の自分を思い出すために、また私たちの思考や行動が聖なる自己からの分離を映しだすものにならないように私たちは祈るのです。

一日のはじまりや集会やさまざまな出会いの前に、つねに最善の自己でいられるよう、そして怖れやエゴによって自分の中心から逸れることがないように私たちは祈ることができます。そしてあとでその場で起こったすべてのこと、つまりあなたが何を感じ、何をして、何を恥かしく思い、何に怒りを感じ、何に希望を感じたかなどを神にゆだねることができます。

私たちは自分を治すことはできませんし、そうする必要もありません。神に自分自身の光だけでなく闇の部分も見せながら心からすべてを開こうとするとき、この世的な勢力が力をふるうことができる領域を超えた私たちの深い場所に神のスピリットが入ってきます。そのときこそ私たちは通常の意識レベルにおいて変化し、私たちを束縛するパターンから本当の意味で自由になれるのです。

医者が診察室に大慌てで駆け込んできて、五分間だけ診察して駆けだしていく光景は誰にとっても好ましくはありません。その医者はたったの五分間で私たちの苦しい症状の微妙なニュアンスを理解することなどできるでしょうか？　それなのに私たちはいつも聖なる医師、つまり神のもとを慌てて訪れて、急いで去っていきます。あるときにはさっと祈り、また別の機会にちょっとだけ瞑想を行います。霊感を刺激する詩やことわざの本を読み、セミナーを受けたり週末にリトリートに行ったりもします。しかしスピリチュアルな癒しを確実にしてくれるのは、私たちの思考の仕方の継続的な変化、つまりは柔軟な思考だけなのです。そのためには神の前でときおり祈るだけでは十分ではありません。時間単位ではなく毎日のすべての瞬間において、つまりときどきではなくいついかなるときも神に本格的に自己を差しださなければならないのです。私たちが心を開いたその分だけ、怖れも消えてなくなります。自らのすべての意識と可能性を神の祝福と吟味に明け渡すことを通して、私たちは神との継続的なつながりの中で日々を送ることができます。あなたが神に自己を徹底的にゆだねたとき、神もあなたの求めに徹底的に応じてくれることに気づくでしょう。

## 慈悲

私たちはときおり神の近くを歩き、またあるときは宇宙の反対側へ飛びのいたりもします。「私たちの中には、怖れへのまわり道をしたことのない者など一人もいません」*

ところで、まわり道をして再び愛に還るとき、私たちはさまざまなことの中でもとりわけ神の慈しみ深さを学ぶことができます。実際に体験しない限り、あなたが真の意味では理解できない言葉がありますが、「慈悲」もそのひとつなのです。

若いころの私は「神の慈悲」という概念がピンとこなくて、それを「神さまは善良だ」という意味に解釈していました。けれども、今の私は以前には理解できなかったその概念のすばらしさを知っています。その意味を知るためには、本当の「悔恨」を体験する必要があり、それまでしばらくの間、私たちは自分の人生を送らなければならないのです。そして成功と同様に失敗でさえも、神が心に思い描くような人びとに私たちを変えるための道具にすぎないことを知りました。

神の慈悲とは活発なパワーです。目に見える存在も目には見えない存在も含めて、神の天使たちは私たちの人生の旅のいたるところに現われ、私たちが求めるときに私たちに接触しようとしています。神の癒しを受け入れる準備が整ったとき、それはなされるのです。つまり私たちが自分のやるべきことをしたならば、神もなすべきことを行ってくれます。私たちが自分の過ちの本質を認めて可能な限り行動を改めるとき、また罪を認めて自分の性格的欠点をとり除いてくれるよう神に祈るとき、そして心を開いて神の日々のやすらぎを受けとり、他の人びとにやすらぎをもたらすために神が私たちを使うことを許すとき、さらに祈りや瞑想を通して神の意志を知り、それを行動に起こすことができるよう求めるとき、私たちの内側で奇跡のプロセスが起こるのです。私たちは弱者から強者へ、怖れから愛へと高められます。しかし、それらはすべて瞬時になされるものではなく、時を重ね、日々の生活の積み重ねを通してもたらされます。神は感情、思考、霊体、肉体レベルのすべてにおいて闇に覆われた隅々にまで光をあて、暗闇を払拭してくれるのです。
そのとき私たちは浄化されて清められます。ところでどんな状況にも神の手は差しのべられます。神が興味を感じない人や神による癒しの計画が用意されていない人は一人もいません。この世界はときに残酷になることもあります。しかし神の愛に満ちた救いのパワーは、すべてのものの本質としてまさに存在しているのです。

## 救済

私は以前、米国連邦司法制度で保護観察中や仮釈放中になっている女性のためのセミナーで講演をしたことがあります。多くの人びとが刑に服し、なかには刑務所で長い時間を過ごした人もいました。彼女たちはみな新しい違った種類の人生を送ることを切望し、その方法を学ぶことを願ってセミナーに来た人たちです。私の講演の前に、仮釈放中で模範的な生活を送っている一人の女性が話をしました。それは深く感動的な贖罪の物語で、私は彼女の話に聞き入ってしまいました。

ミッチェルは麻薬関係の罪で五年間刑に服し、判決を受けたとき彼女の四歳の息子は初老の両親のもとに預けられました。彼女が刑務所から釈放されたとき、彼女には息子以外の何も残されていませんでした。彼女は匿名の支援団体や監察官によるガイダンスを通してゆっくりと着実に前進し、新しい人生をつくりあげる方法を学んでいきました。彼女が最初にやっと見つけた仕事は最低賃金でみじめな思いをしたことや、有罪判決を受けたという彼女の履歴書を見たときの雇用者の拒絶や、自分の中の怒りをコントロールすることを学ぶ努力や、怒りを抱えた若い息子との問題など、彼女の苦しい体験のすべては神の恩寵を通して深い認識とともに溶けていき、やがて彼女は穏やかな気持ちでいることを学び、自分の人生を切り開くことができるようになりました。刑務所に逆戻りすることを回避できるようになったのです。彼女は大学に入学し、優秀な学生として学び、卒業とともにソーシャルワークの分野で修士号を獲得しました。そのとき、かつての彼女と似たような魂の傷をもつ他の女性たちに話をして彼女の希望や力強さを分かち合うことで、彼女に注がれていた神の光が彼女を通して広がり、他の女性たちをも包み込んでいくのが見えました。

ミッチェルは自分が犯した過ちのために苦悩を味わいましたが、神の慈悲を体験し、今では同じ苦しみをもつ他の人びとの人生の立会人となることができます。神はときに私たちを磨きあげるために苦しみを利用することがあります。それによって私たちは謙虚になり、悔い改め、それまで拒んできたガイダンスに対してよりオープンになるからです。「闇の時間」という逆境から「内なる叡智」やそれまでにない魂の感覚をたずさえて抜けだすことができるのです。私たちの心をつかんで再生させるために神が計画した奇跡が起こることを許すために、「地獄の劫火」が私たちを浄化する媒体となるときもあるのです。

それゆえ私たちを最も痛めつける出来事のいくつかは実は神の愛——あなたを救うために医者がとり行う手術のように——の仕業による可能性もあるのです。ときに困難な体験が嵐のような状態をもたらすこともありますが、あとになって私たちはかつてないような美しい空や澄んだ空気を体験することができるのです。一時的な混乱状態も最後には有益な効果をもたらします。そして幸運なときには空に虹を見ることもできます。それは雨が降らなければ決して起こりえなかった奇跡なのです。

## 受容的になる

私たちがすべきことは、人生の意味を決めることではなく人生の意味を理解することです。「私たちはしばしば人生がその意味を示してくれるようゆだねるほうがよいときに、自分で人生の意味を語ろうとします*」。「イエスが〈おさな子のようであれ〉と言ったのは、子どもたちは自分が知らないということを知っているからです*」。私たちは物事の意味を知っていると考えながら、あるいは知っているふりをして行動していますが、事実は人間の知識など真の叡智には遠く及びもつかないのです。ところで幼い子どもたちは、彼らよりも年上で賢い人がいろいろなことを説明してくれるのを期待しています。そして私たち大人も、同じような関係を神と結ぶことができるのです。

何もしないときのほうが自分という存在がより輝きを放つことを知りながら、まわりの人びとに言いたいことを表現させ、あまり気負うこともなく自分の中心にいてくつろぐ方法があります。エゴが後ろに退くと、神のパワーが前へ歩み寄ります。私たちが神に許可を与えれば、神はそうすることができるのです。私たちは気がきいた意見を言い、あれこれ行動しなければ注目されないと感じてしまいますが、静寂に包まれたときこそ私たちはパワフルなのです。深く呼吸をして、あなたが言わないことはあなたが言うことと同じくらいパワフルだということを確信しましょう。何かに返事をする前に深く考えましょう。そうした行為によってスピリットが流れる空間が生まれ、あなたをとり巻く状況が調和されて、より前向きな方向へと物事が進んでいきます。ただじっとしていれば魅力的に見えるときに——だって実際そうなのですから——言うべきでなかったと後悔するようなおしゃべりをして自分をひけらかし、せっかくの機会が台無しになったと感じたことがこれまでに何度もあったはずです。

私たちが神のガイダンスをブロックしなければ、神のスピリットはいつでも私たちに真理を明らかにしてくれます。私たちが真理を先どりするかのような態度でまっ先に話しだすことでブロックが起こります。会話や仕事において是が非でも何かをしようとしたり、何かをさせまいとして無理強いするときにブロックが生じるのです。というのも、そのとき私たちは物事の目に見えない秩序への信頼を欠いているからです。だからこそ「聖なる瞬間」が大切なのです。それは私たちの内側にスピリットが宿り、すべての物事の秩序が保たれた静寂のひとときです。

答えが示されるまで疑問を抱えたまま生活し、叡智がやってくるまでは知らないままでかまわないという姿勢を保って、心から何かを言いたくなるまでは目立たないようにじっと聞くほうが良い場合が往々にしてあります。私たちの静けさが私たちの強さをはかる目安になることだってあるのです。

私たちの存在全体は知性、感情、思考、霊体すべてのレベルにおいてリラックスするとより奇跡を受け入れやすい状態になります。神の腕の中でやすらぐとき、私たちの意識はより偉大なる洞察へと開かれ、心はより深い愛へと開かれるのです。

エゴとともに一歩後ろへさがって神に道を明け渡すとき、私たち自身が癒しをもたらす空間に変わります。

あなたが問題を抱えていて、さまざまな解決方法があるとします。けれども、あなたがその問題に固執して怒りにとらわれたり、半狂乱になって答えを探しまわると、可能性のひとつが提示されるせっかくのチャンスを逃してしまうでしょう。

また問題を抱えているあなたが、他の人を非難することに固執して自分の責任から逃れようとすると、あなたに有益な助けとなるエネルギーがはじき返されてしまいます。あなたが問題を抱えながらも心をオープンに保つよう努力し、その問題に対してあなたができる最善のことを行い、自分の責任を認識して謙虚な姿勢であり続けるならば、やがて人びとが自然に集まってきてあなたに援助を申し出ることでしょう。あなたが問題を抱えていることが、他の人びとにあなたへの援助を申し出させたのではありません。あなたが問題にどのように向き合っているかという姿勢が人びとの心を動かすのです。

あなたから最もすぐれた解決策がもたらされるのではありません。それはあなたを通してあなたへともたらされるのです。あなたがすべきことは物事を解決したり、責任転嫁したり、清く正しい行いを保証してくれる正義の弁護士を雇うことではありません。むしろ、あなたを通して聖なる意志が流れるのを許し、聖なる流れにすべてをゆだねることが大切なのです。

宇宙の秩序を感じることができなければ、宇宙の流れを信頼して静寂の中にいることは困難です。しかし神がつねにあらゆる場所にいることを認識すると、私たちはどんな瞬間でもくつろぐことができるようになり、癒しがごく自然に起こることを知ります。私たちが許すならば、神は私たちを高めてくれるでしょう。奇跡が起きるのを感じるとき、私たちはあたかも目に見えない何かに向かって微笑みかけているかのように、

「どうして？」とまわりの人びとをとまどわせるような、ある種の微笑みを浮かべることがあります。でも実は、私たちを微笑ませるものなど何もなく、というより、むしろすべてのことが私たちを微笑ませてくれるのです。それは神の実在をとらえ、それに伴う深いやすらぎを感じている微笑なのです。

## 無防備の強さ

『奇跡のコース』のワークブックには、「私の無防備さこそが安全です」という内容のエクササイズがあります。

私たちが感情面や心理面で抱えるさまざまな防衛について考えることは驚きに値します。幼いころのあなたに何か安全ではないように思われること――たとえば体罰や誤解や無価値感を体験するなど――が起こった瞬間のすべての可能性を想像してみましょう。それぞれの瞬間、あなたの心は自動的に閉ざされて防衛のメカニズムが組み立てられます。そしてあなたがそれらの防御本能を態度で示せるほど成長するころには、防衛本能が存在することさえも意識できなくなってしまっています。愛を求める行為において、一度でも「自分は愛されていない」と感じると、私たちは自分を閉ざして、潜在意識に刻まれることが予想される精神的打撃から自分自身を守ろうとします。私たちの防衛とは、誰かにされる前に自分から攻撃をしかけたり、想像上の襲撃者を寄せつけないよう脅しをかけたり、自分が拒絶されないよう相手に好印象を与えようとするといった形をとることがよくあります。

「ここでの問題は、私たちは〈そこから自分が身を守ろうとするものをつくりあげる〉ということです*」。私がにぎりこぶしを振りあげると、必ず敵対者が現われます。また良い印象を与えようとして必要以上に大げさな空気をまとうと、必ず拒絶されるでしょう。

エゴのエネルギーに包まれているとき、私たちはいつも自分自身を守ろうとする感覚にとらわれます。でも実をいうと、エゴは私たちの弱い部分であって、強い部分ではありません。私たちが防衛的な態度をとり、傲慢で意地悪なときに、誰も私たちのことを強いとは思わないでしょう。それどころかまったく逆に感じるはずです。鎧《よろい》を外して何ももたずに神の前に立つとき、私たちは無防備で傷つきやすい状態のように思われますが、そのとき自分の中心であるパワーの源にいます。神の愛を通すことができるような透明な空っぽのうつわになるという能力こそ、私たちの霊的な強さなのです。エゴが消滅すると、私たちは存在をあらわにして輝きだします。人びとは仮面をはがした人から目を逸らすことができません。子どものような晴朗さが幼稚な態度にとって代わり、私たちは穏やかに、しかも強くなり、内側から光を発するのです。

物理的な強さから霊的な強さへとパワーの中心をシフトさせるにつれ、私たちは「行動してつかむ」タイプの人間から、物事を磁石のように引き寄せて「つねに自分の中心にいてあなたの前に開かれる世界を観察する」タイプの人間へと変わります。私たちのパーソナリティの強靭さ、激しさ、積極性は内なるスピリットのパワーに比べると、二次的なパワーにすぎません。深呼吸をして、ゴールや結果への執着を捨て、その瞬間とそこからもたらされる愛を楽しむためだけに生きるとき、私たちは神へとゆだねられます。そして自分自身を失うプロセスの中で、最後に自分自身を発見するのです。

次に奇跡のコースからの引用文を紹介します。

神がいつもそばにいることを、また私たちの弱さが神の強さによって支えられないまま放置されることはないと自分自身に思い出させてください。自分自身の防衛によって使命の達成が阻まれる脅威を感じるときは、神の強さを求めて祈りましょう。そして「私はここにいます」と話しかけてくる神の声を聞き、しばしやすらいでください。

## 新しい人生が動きだすとき

すべての偉大なる宗教の教えの中には神からの暗号化されたメッセージが隠されていて、覚醒を求める人びとは、それらの意味を理解して自らの人生にとり入れようとします。私たちの人生の道のりに特定の宗教があってもなくても、その中核となる神秘の教えはすべての人びとにあてはめられるものです。

世界中の美術館には、新約聖書の中で「告知」として知られる出来事を描いた絵画がたくさんあります。天使のガブリエルがマリアのもとに現われて、彼女が神によって子どもを身ごもることや、その子どもは世界の救済者となるために生まれることを告げる場面です。

それが彼女にどんなふうに感じられたかはひとまず脇に置いて、すべての宗教的な物語はより深い形而上学的な真理の象徴でもあることを思い出してください。天使は神の意識を表わしています。また彼女だけが天使がやってきて話しかけた唯一の人物というわけでもありません。天使たちは私たちみんなにいつも話しかけていますが、ほとんどの人びとが聞こうとしないだけなのです。

ガブリエルは神からの特定の種類のメッセージを表わしています。すなわち神は、私たちを霊的に受胎させて新しい人間へと奇跡的に変容させることで、私たちを通して愛を地上へ広げることを望んでいるのです。私たちと聖母マリアとの違いは、彼女は「はい」と受け入れる謙虚さと高潔さをもっていたという点です。

あなたも私も「ありがとう、でもまたそのうち」「今はだめ」「ふざけないで」「見逃して」「まさか」と言うか、あるいは神の僕《しもべ》として用いられたいという聖母マリアの意志とはまったく相容れない言葉をいろいろと返すはずです。ところで、それらの「告知」を表わした絵画は、他のすべての芸術と同じように何が真実かを思い出させる場所へ私たちの意識を連れていくために存在しています。それは聖母マリアだけに関する話ではありません。それは私たちについても言えることなのです。

私たちのまわりにもたえず新しいはじまりを告げる天使がやってきて、分裂した自己の断片からの新しい存在の誕生を呼びかけています。すべての状況が選択を示しています。エゴに基づいた意識や行動のパターンにとどまることを優先するのか、もっと高次の愛に満ちた方法で人生を送ることを選ぶのかという選択です。私たちはたとえそれが苦痛であり、古びて退屈だとしても、「制限と怖れ」という道のりを歩むでしょうか？　それともより高次の新しい表現方法を創造することを選ぶでしょうか？　内なるキリストとは、神を父とし、私たちの慈愛の心を母として、私たちみんなの内側に存在する聖なる可能性を表現するために、つまり「生まれ変わった自己」として存在しているのです。

聖母マリアは神に「いいえ」と答えることはできなかったはずです。というのも、そうすることは彼女の本質にそぐわないからです。そして私たちの最も深い中心において、それは私たちにも言えることなのです。私たちは神に「はい」と答えることに憧れていますが、あまりにも本当の自分とかけ離れ、自分自身の魂と意識的につながっていないので、いつもつい「いいえ」と答えてしまいます。そしてその「愛の拒絶」にこそ人間という存在の悲劇があるのです。

あるとき、私たちは「はい、神さま、私を通してあなたの愛を表現させてください」と言い、別の日や別の状況下ではそうすることができずに、許しや愛が求められる場面で「いいえ」と言ってしまいます。けれども天使ガブリエルは根気強く私たちに働きかけてくれます。そして「いいえ」と私たちが言ったとしても次の機会を待ちながら待機しています。あたかも「私はあなたに別のチャンスを与えるために、これと同じような状況を再びもたらしましょう」と言っているかのように。

ゆっくりではあっても確実に私たちの心は開きはじめます。愛への抵抗が薄れ、スピリチュアルな道のりを少しずつより長く歩みだすのです。そして最後にすべての抵抗は消えてなくなるでしょう。私たちが真に深く自分自身に正直になるならば、自分が神との受胎を熱烈に求めていることを知るはずです。

天使ガブリエルが聖母マリアに話しかけたとき彼女は一四歳の少女でしたが、私たちの性別や年齢にかかわらず、今も天使は私たち一人ひとりに語りかけています。私たちが神の計画の一部にすすんでなろうとするとき、神は私たちのために計画を用意しています。

そのとき人生が本当に変わりはじめます。つまり私たちが新しい品物を所有したときではなく、新しいスピリットを宿すときに変化が生まれるのです。この世界への神の愛の誕生は過去形の「だった」ではなく、現在形の「です」なのです。それは歴史上でなされたことのゆえに重要なのではなく、神の愛が今も私たちに奇跡を起こしているからこそ重要なのです。お互いに愛し合うとき、神は私たちの内に宿ります。神が私たちの意識と心を守護します。神が私たちの思考、行為、言葉を導きます。神が怖れの意識をとり除き、奇跡的なやり方で愛の意識をもたらします。「愛の中に聖なる意識が宿り、聖なる意識に叶えられないことは何もないのです*」

誕生したイエスの前に三人の王が恭しく頭を垂れる姿は、神の愛の中心にいる真の存在としての自己のパワーに比べて、この世界の権力の相対的な弱さを象徴的に表現していました。その聖なる赤ん坊の放つ光は、変容したあなたであり私でもあります。

心を開いて祈ることで怖れは消滅し、エネルギー的な鎧が溶けてなくなります。神のスピリットの奇跡によって私たちの過去が清算され、過去とは違う新たなる未来が解放されます。過去の幻影がはがれ落ち、もう一度始めるためのチャンスがもたらされます。私たちは霊的に生まれ変わるのです。

「あなたはまるで別人のようだ」と誰かに言われるかもしれません。

私たちはたしかに別人のように見えるときがあります。そして私たちは本当に別人になることだってできるのです。

## キリスト

キリストと対話するためには、キリスト教を知らなければならないわけではありません。「キリスト」という言葉は私たちの内なる神の子どもを象徴し、真の本質とすべての聖なるものを思い出すための空間を表わすシンボルです。神の弟子であるとは、「私たちを隔てる壁が存在する」という現実認識を拒むことによって神の聖職という外套《マント》を受け継ぐことです。他者との一体の中に神との一体があります。壁をとり除くことは内なる世界やこの世界における神の役割なのです。そして、その神のもうけた子どもがまさに私たちなのです。

だからこそ私たちは神の子の目で見ようとして他者とのつながりだけを目にし、神の子の耳で聞こうとして愛と愛への呼びかけだけを耳にします。そして神とともに歩こうとしてどこへ行こうとも神の僕となり、神の愛をみんなに告げようとするのです。

あなたの人生の中で物事が望むように運んでいないのはどこかを考えてみましょう。目を閉じて深呼吸を行い、自分自身がその体験のただ中にいる光景を思い浮かべましょう。あなたがどんなふうに見えるか、あなたの行動の癖やあなたのふるまい方を観察してみましょう。他の人があなたにどんなふうに接しているでしょうか？　じっと観察してください。たとえ苦痛や不安を感じても、自分の中に生まれてくるすべての感情を体験してみてください。

次に肉体をまとったキリスト意識であるイエスがあなたの背後にきて、その両腕にあなたを抱きしめる光景を想い描きましょう。イエスはあなたを無傷の完全なる存在へと還すパワーを神から与えられました。イエスがあなたの存在の中に浸透し、あなたの壊れた部分をすべて癒してくれるのを許しましょう。イエスがいま現われているあなたと、あなたの聖なる可能性との間の裂け目にあなたのために立つことを許しましょう。イエスこそが聖なる可能性であり、その可能性を活性化させるための援助を求める者を手助けする力を神によって授けられたのです。

「神は聖なる瞬間にあなたが自分に許した分だけ明確な形をとって現われます*」。神がそこに象徴的な意味で現われたのか、文字通り実際に存在したのかということは重要ではありません。あなたの体験がどちらのものになるかは、完全にあなた次第なのですから。

神のスピリットがあなたの内側にもたらす変化をエゴ意識に説明することは不可能ですし、エゴに同意や承認を求めるのは愚かなことです。「エゴがなければすべては混沌状態だと私たちは思っていますが、真実はエゴがなければ愛だけの世界が生まれるのです*」。いつかあなたは、世界を眺めるどちらの見方が最も理にかなっているかを決めなければなりません。漠然とした現実認識を中途半端にもち続けることはできないのです。スピリチュアルな人生とは、目に見える世界に影響を及ぼす目に見えない世界を信じることでもあります。私たちが内側から変化すると、私たちの行動が変わります。私たちのエネルギーが変わると人生もまた変わるのです。

# 奇跡を起こす

祈りと慈愛を自分の中心に抱きながら生活することで、私たちは奇跡を起こす人、すなわちミラクルワーカーになります。人びとは私たちといることで高揚感と活力を感じ、私たちという存在の中で潜在的に修復されて癒されます。明らかによりポジティブな空気が広がります。私たちが自分の最も高次の世界に到達したとき、周囲の人びとも最も高次の世界へと招かれるように感じます。そして、それこそがすべての魂が探し求めている使命なのです。

私たちが自分の中の霊的な遺産を思い出し、そのパワーを拠《よりどころ》として立つとき、私たちは人生のすべてを違う形でとらえ、行動し、体験しはじめます。誰かを非難しようとした矢先に、その人の永遠不変の無垢さを思い出します。誰かに関する思いやりのない話を人に打ち明けようとしたときに「人に私がすることは、私が自分にすることだ」という真実を思い出します。誰かの犠牲の上に勝利を手に入れようとしたときに、勝ち負けなどないことを思い出します。何かに愚痴をこぼしているとき、「どうして私はここで無駄な時間を過ごしているかしら？」と立ち止まって自分に問いかけます。それこそがより良い自己の誕生であり、非常にゆるやかな途切れることのないプロセスなのです。というのも私たちはあらゆる瞬間、つねにエゴの声か愛の声のどちらかを聞いているのですから。

いずれにしても私たちは自分が耳を傾ける声そのものになっていきます。そして私たちがなろうとするものこそが私たちが住む世界をつくるのです。私たちは怖れの中で生きることもできるし、愛の中で生きることもできます。あらゆる瞬間、私たちが自分で決めているのです。「神によって授けられた世界を変えるための偉大なるパワーとは、世界に対する私たちの意識を変えるというパワーなのです*」。私たちがそうすることで世界は変容します。

この世界がどんなに狂っているように見えたとしても、私たちはそれが巨大な幻影だということを思い出そうとしています。それによって私たちが抽象的思考のさらなる混乱状態に陥ることはありません。実際、いくつかの基本原理を私たちの日常体験すべてにとり入れようと試みることで、私たちはよりシンプルになっていきます。目に映る世界を超えたところに愛の世界があることを私たちは知っています。その愛の世界を身をもって表現するために私たちは生まれてきました。私たちがその任務のために肉体や魂を用いるならば、いつの日かこの地上に私たちは光り輝く世界を体験するでしょう。

# 第6章

# 過去や未来に生きることから今に生きることへ

この世界を変えたければ、私たちは時間のとらえ方を変えなければなりません。

人気テレビ番組の『セインフェルド』が七時に放映されるのに八時に見ようとしても徒労に終わります。また奇跡が今にしか存在しないときに、過去や未来に奇跡を見つけようとするのは無駄なことだからです。以前の私は、自分の未来にいつも想いをめぐらせていました。未来に夢中になったあとは五分間ほど満たされた時間を過ごし、それから過去を回想してしがみつくことを始めたものでした。エゴには、私たちに今を楽しませようとする意図がないことはあきらかです。

その理由は、「今」が聖なる舞台であり、永遠の存在が時間軸と出合う場所だからです。過去はあなたの意識の中以外には存在せず、未来もあなたの意識以外のどこにも存在しません。エゴは私たちが生を享受するのを邪魔するために、過去か未来のどちらかに私たちを生かせておこうとたくらんでいるのです。ところで神が「今」にしか存在しないとしたら、神を置き去りにして過去や未来に生きることが当然苦痛を伴う運命であることが分かるはずです。今という聖なる瞬間を完全に生きることは、まさにエゴの死を表わしています。だからこそ私たちは、それに抵抗を示すのです。私たちがエゴの人生と自分自身を同一視する限り、現実そのものも怖れを伴うものに思われてくるのです。

私たちは過去に起こったことを分析して未来に起こりうることを想像することの方が、今の人生に完全に姿を現わすことよりも簡単だと知っています。けれども、私たちが過去や未来に邪魔されずに今に完全にいることを自分に許すとき、その瞬間が奇跡への入り口、すなわちハリー・ポッターのプラットフォーム9と3／4番線になります。その聖なる瞬間こそが奇跡なのです。

聖書の中の「時間はもはや存在しなくなるでしょう」という言葉は、世界の終りを意味するものではありません。それは直線的な時間のもつ幻想の終焉であり、そして永遠という「今」のはじまりを意味しています。

いちばん大切なものは永遠に失われることはありません。「永遠不変」という言葉は、今の人生が終わり、次の人生が始まるときの今世や過去世という類の「永遠のリアリティ」を指すものではありません。それは永遠に続いてきた「一瞬一瞬のリアリティ」のことであり、この瞬間瞬間の真理こそが永遠に存続するという意味なのです。それは「常なる真理」を意味しています。

さらに永遠の真理とは「神が存在する、終わりのない今」を意味しています。それは神のパワーが宿る世界ですが、過去や未来に意識を合わせるために今を利用する限り、私たちは自分自身からパワーを奪っていることになります。テニス選手には自分が逃がしたボールのことを考える時間はありません。なぜなら、次のボールを打とうとする行為の妨げになるからです。私たちのすべてに、どんなときにでもそれはあてはめられるのです。

過去は私たちの頭の中以外では自動的に未来と融合することはありません。そして私たちがただそれを許しているというだけの理由から、過去は未来を指揮しています。それは現実の働きではなく、私たちの脳の働きによってつくられた幻想なのです。今にいながら過去について考えることで、私たちは未来にその過去を再生させているのです。

ところで奇跡は一瞬一瞬に無限の新しい可能性を解放しながら、過去と未来との間をとりもってくれます。聖なる瞬間、私たちは過去の意識という鎖を破り、今という新たな意識を思考することで未来を再びプログラミングすることができるのです。私たちの犯しやすい過ちとは、過去の状況に基づいて思考することです。そうした過去の出来事は、私たちの今の考え方によってポジティブにもネガティブにも自由に変えられるのだということに気づかないのです。

あなたが「私は破産した」と思っているとしましょう。それは物理的な状態に対して言えることかもしれませんが、物理的状態もまた意識の変化に呼応して変化します。「破産した」と自分に認めることは、今それを考えることによってその状態を未来へ長引かせることを選んでいます。そしてそれがあなたの選択であれば、宇宙は「そうありなさい」と応えてくれるでしょう。ところで自分の意識を変えることで自分の状況を変えるのだという見地から、なぜそう思考することを選んだのかを自分自身にたずねてみることもできます。霊的指導者であるシャランダ・サイ・マーはかつて次のように言いました。「『私は～』のあとに続くありとあらゆる思考を、あなたはまさに体験するでしょう」

代わりにあなたはこう言うこともできます。「私のスピリットは限りなく豊かです。私はたくさんのお金を持っています（お金とは相対的な概念です。自分が破産したと思い込んでいる大部分のアメリカ人が、実は世界の人口の大多数よりも多くのお金を所持しています）。そして私の未来は毎日豊かさへと向かっています」。そう話しかけることであなたの肉体と意識にどんな影響が及ぼされるかに気をつけてください。「私は破産した」という言葉は脳へある種のシグナルを発信し、「私は豊かだ」という言葉は別のシグナルを発信します。脳内物質やホルモン、そして心的、身体的機能の無限の働きがあなたのすべての思考に反応するのです。あなたの背骨をまっすぐにして顔を上げて「私は破産した」と言うのは大変ですが、「私は豊かだ」と身体を縮こませて言うのもまた不釣合なのです。潜在意識はあなたの優秀な召使であり、あなたの要求のすべてに応えてくれます。あなたが自分自身をどのように感じ、どのように表現するかということが、あなたの物理的な状況にさまざまな形で影響を及ぼすのです。

過去に恋人の一人または二人にあなたが拒絶されたとします。そこであなたは「私には恋愛運がない。パートナーに私は捨てられた」と考えたとします。でも事実は、他の人びとが世界のどこかでクレジットカードの最高限度額を超えてでもあなたとお茶をしたいと思っているときに、たった何人かがあなたのもとを去ったというだけのことなのです。けれども、あなたのエゴは否定的な思考を探しまわるのが、とにかく大好きです！　あなたのもとを去った人びととの仲が失敗するようしかけたのもエゴであり、同じ失敗が再び起こるように今も状況設定をたくらんでいるのもエゴなのです。「エゴの愛に関する指令とは〈求めよ、だが見つけてはいけない〉なのです*」

代わりにあなたは自分自身に「私はとても魅力的だ。世界の最もすばらしい人びとが私と一緒にいて、私のことをいちばん魅力的な人物だと考えている」と言うこともできます。その理由を知っていますか？　あなたにとって最もすばらしい人びとは、本当にあなたのことをそんなふうに考えるのです！　でも「そんな人びとなど存在しない」、あるいは「そういう人びとは私を拒絶する」というあなたの意識が、まさに彼らを寄せつけようとしないのです。彼らの存在を否定する限り、彼らをあなたの方に引き寄せる引力は存在しません。

「男たちよ、私を拒絶せよ」という意識をもちながら、あなたのエネルギーが「セクシーで情熱的な女性」と見なされることはありません。あなたのエネルギーが過去のある状況と同じものならば、予想されるのはその状況が続くことだけなのです。ところで過去に起こったことをつねに確認し続けるのをやめて、あなたが望むものに対して心の中で準備することもできます。あなたはあなたが望む人生を実践することができるのです。「今日のこの人生が私の理想とするものだったなら、何を考え、何をするかしら？　私はどこへ行って、どんなふうに自分自身とつき合うかしら？」。それはまるで『フィールド・オブ・ドリームス』（*Field of Dreams*）の映画のようです。「あなたがそれを組み立てれば、必ず彼らはやってくる」のです。時間と空間はそれらの外見とはまるで異なっています。あなたが選択しない限り、あなたは時間と空間の影響力から自由にはなれません。神があなたをこの地上に遣わしたのは、あなたがあなた自身の運命の導き手となるためです。物理世界の奴隷となるためではないのです。

私たちがあまりにもちっぽけな人生を演じることを選ぶ理由を自分に問うことも手助けになるはずです。信念とは強力なパワーであり、私たちが信じることはすべて潜在レベルで実現化へと向かいます。それなのに私たちはなぜ自分自身の品位を汚すような自分への見方にしがみついているのでしょうか？　その質問に対する答えは「自分を大人物だと考えるのはよくないと家族に言われた」、「すべてを私が叶えたら、みんなに嫌われてしまうと思った」、「私が父よりもお金を稼いだら、父の感情を傷つけてしまうと思った」などなのです。

ところで自分の能力を発揮することに対するまわりの人びとの否定的な反応によって生じたすべての苦痛も、それらの否定的な意見をクリップに留めて大切にしまうことで自分自身に与えている苦痛と比べたらとるに足りないものです。この時期の地球では、自分の崇高さを押さえつけることを誰も良いこととは考えていません。あなたの可能性を十分に表現することは、単なるあなたの権利ではありません。それはあなたの責任なのです。

人生における無限の可能性という無数の選択肢を信じようとせずに、限られた範囲内で思考し続ける限り、あなたのために神が蓄えた奇跡を決してあなたは体験することはないでしょう。あなたは神の贈り物を見ようともせず、エゴへの隷属を選んでいるのです。こうした世界では、「怖れ」はしばしば最も抵抗の少ない楽な道のりです。あなたが奇跡を望むならば、意識的に奇跡を求めてそれを表現しなければなりません。あなたのまわりの人びとは皆「よくもそんなことが言えるわ」とあきれるかもしれません。でも、少なくとも二人はこう言うでしょう。「私にやり方を示してくれてありがとう」と。

## 本当のものを受け止める

ときおり人びとが次のように言うのを耳にします。「私は自分の思考を変える準備ができています。でも私のまわりの人たちは変わらないんじゃないか、それに良いことなど何もないんじゃないかと不安になるのです」。もしもそうなったとしても、決して長引きはしないでしょう。あなたの意識が変わると、他の人びとの意識も変わります。そして変わらない人びとはやがて離れていくからです。

アンドリューという少年と話をしたことがあります。彼は町の外の学校で二年間を過ごしてから故郷の町の高校へ再編入する予定になっていて、故郷に戻ることに不安を感じていました。私はその理由をたずねました。

「以前ここに住んでいたとき、僕はひどい不良だったんです。僕は本当は不安を感じていて、だからよけい尊大なふりをしていたんです。この町のみんなは僕のことを完全な敗北者だと思っているに違いないと思います。だから戻るのは本当に気分が滅入るんです」

「ところで、あなたは変わった?」。私はたずねました。「今はもう違うの?」

「ええ」。彼は言いました。「でもみんなそれを知らないのです。彼らは僕がまた戻るってことしか知らないし、僕が変わったかどうかなんて関係ないんです。誰も僕のことなんか好きじゃないんです」

「実はね」と私は彼に言いました。「形而上学的な視野から見ると、すべての意識はつながっているの。だから、もしもあなたが変わったのなら、他の人びとも変わらなければならないの。他の子どもたちはあなたを最初は決まったやり方で見るかもしれない。でもあなたが本当に変わったのならば、あなたという存在以外のすべてがあなたから離れていくわ。もしもあなたが古いものをあなたとともに持ち運んでいなければ、最初の短い期間を除いて、それは人びとの心にとどまることはできないのよ。

宇宙はね、いつからでもやりなおしができるようきちんと整えられているの。そして反対にそれをすることを妨げているのは私たち自身の意識なの。私たちが神さまに、過去と未来への干渉とすべての怖れからの解放、そして新しいはじまりへと自分自身を解放することを求めるときに奇跡は起こるわ。大海原を二つに分け、死人を蘇生させる神さまには、あなたの高校での問題やその他のどんな問題だって解決するのはたやすいことよ。神は癒しと復活の根源的なパワーなのだから。私たちの信頼が神さまのパワーと同じくらい揺るぎなく根源的なものであるとき、その究極のパワーを体験することができるのよ」

「スピリチュアルな視点において私たちはつねに生まれ変わっており、過去をもち歩いてはいません」*。若い友人のアンドリューと私は、彼の学校の友人たちとの関係を神の手にゆだねられるよう、その日、共に祈りました。私たちは神に「誤解」というすべての壁をとり除いてくれるよう祈りました。彼の友人との関係が新しく生まれ変わることを祈り、彼がこの新しい場所でやりなおせるよう祈りました。そうしたすべてのことについて私たちは聖なる秩序を求めて祈ったのです。

数週間後にアンドリューに再び会ったとき、彼は笑顔を見せて私を強く抱きしめました。「奇跡が起こったのね?」。私がたずねると、「ええ、ええ、本当に……」と彼は答えました。

一瞬一瞬こそが聖なるカリキュラムの一部です。私が過去に愛に満たされない思いを体験したとすると、「今」という現在にそれを補うための方法が用意されています。神はつねに存在し、すべてのことを掌握しています。私たちが今どんな状況にいたとしても、いま私たちがどんな人物や人びとと関わっていたとしても、過去を癒し、未来を解放するための鍵がつねに「今」にあります。私たちは過去における自分とはまったく違う存在になることが可能であり、未来へも違う自己を解放することができるのです。

「私たちが神に自分の過去を解放するならば、神は過去に関する私たちの意識を変えてくれるでしょう」*。

「愛だけが実在であり、それ以外は何も存在しないがゆえに、私たちの過去に関する現実というのは、本当は私たちが与え、受けとった愛がすべてなのです」*。愛以外のものは幻想であり、私たちがそれにしがみつくことを選択するときだけ、私たちの体験の中に活力をもってとどまります。『奇跡のコース』には「本物は決して存在を脅かされることはなく、本物でないものはどこにも存在しない」と述べられています。本当のものを抱き止めて受け入れること、それが「奇跡」なのです。

## 過去を癒す

困難を体験したとき、私たちはそれについて話したいという自然な欲求を抱きます。ある程度まではそれは良いことです。カウンセラーや友人とともに話し合うことは自分を癒すひとつの方法だからです。けれども否定的な体験を明確に表現することで、それらの体験を生かし続けようとするエゴの欲求もあります。

私は以前ある町を訪れ、とても苦痛に満ちた体験をしました。そこで起こったことを友人にたずねられたら、私はそのことを話そうと思っていました。でも私は自分自身に向かって「もう十分よ。それほどひどい出来事でもなかったわ。あなたが会ったすばらしい人びとやそこで起こったすばらしいことを考えてごらんなさい」と言っていたのです。そこで友人たちの質問に対しては、否定的な出来事と肯定的な出来事の両方を話そうと思いました。ところが許しや贖罪《しょくざい》を行って心が癒されるのを許容したあとの私は、人生のその時期に関する質問に対して「それは特別な時間だったわ」とごく簡単な言葉で答えていたのです。その言葉はまさに私の口から飛びだしてきました。自分が友人に何を言おうとしているのかを自分では意識的に認識できませんでしたが、愛だけしか存在しないという深いレベルにおいて、その言葉は真実そのものでした。そして友人にそう話すことによって私の心にやすらぎがもたらされたのです。

起こることすべてに原因があります。つまり、それが愛によってもたらされ、その愛を拡げるチャンスを提供してくれる場合もあれば、それが怖れによってもたらされ、私たちがその状況から抜け出せるよう導くためにスピリットが存在する場合もあります。どちらにしても、近ごろ人びとがよく口にするように、起こることは「みんなすべて良いこと」なのです。

## 「今」という中で自分自身を受け入れる

若いころの私は早く大人になりたいと思っていました。でも大人になってみると、もっと若いころに戻りたいと思いました。ある場所にいるときに別な場所に住みたいと望み、ある行為をしているときに、もっと別なことをしたいと考えていたのです。自分が誰で、その瞬間に何が起こっているかについてしっかりと腰を落ちつけて体験することができなかったのです。自分がどこか不十分で自分自身の行為も十分でなかったために、私の人生も決して十分ではないと感じていました。

講演の中で、三〇歳のときの自分の写真を見て「これを不十分だと思っていたなんて信じられないわ」と最近、自分で思ったと話したことがあります。会場中の若さを過ぎたすべての女性たちが頷くような笑顔を見せるのを私は見逃しませんでした。私たちの中の誰もが自分を不十分だと感じていたころの若い時代をふり返って、今そこに戻ってその当時には出合えなかったすばらしい出来事を体験することができたらいいのにと思うはずです。ところで真実は、私たちが人生を十分に生きることを自分自身に許すならば、すべての人生のステージがまさに完璧なのです。私たちが「今」に意識を合わせて、可能な限り十全に今に自己を現わそうとするならば、すべての瞬間に恩恵がもたらされます。そして未来はさらに偉大な善なる方向へと開かれるでしょう。

ありのままの自分自身と自分のいる場所を受け入れるとき、私たちは人生により多くのエネルギーを注ぐことができます。そのとき私たちは、物事を変えようとして時間を浪費したりはしません。自分という存在のより深い場所でくつろぎながら、どこか別の場所にいたいという心理的葛藤を手放した瞬間、私たちはまさしくふさわしい場所とふさわしい時間に存在するからです。私たちの人生に関する神の計画があり、それは私たちがいる場所や行く必要のある場所を正確に見通しています。私たちが今の状況において最も輝いて生きることを学んだとき、新しいより良い状況がすぐにやってきます。しかし私たちが「今」というレッスンを学ばない限り、それらは新しい服を着て何度でも現われます。そして何も永遠に変わらないように思われるのです。

「私たちが何を学ぶかは自分では決められませんが、私たちが喜びを通して学ぶのか、あるいは苦痛を通して学ぶのかについては自分次第です*」。すべての出来事が学びのレッスンだということを信頼できなければ、そのレッスンの内容をあえて自分に問うこともないでしょう。そしてそれをしない限り、そこから私たちが学ぶチャンスはゼロなのです。私たちが学ばない限り、そのレッスンはさらに高い危険を伴って繰り返し現われ続けます。ですから喜びを通して学べるいちばん最初の機会に、それを学んでしまったほうがいいのです。レッスンの習得に時間がかかればかかるほど、さらに大きな苦痛がもたらされるからです。あなたの心の中で何かが間違っていると感じているのに知らないふりをすることは、何の得にもなりません。それが神本来の囁き声よりも甲高い雑音となってあなたの耳に届くとき、回復へのプロセスはさらに困難なものになるでしょう。

## 喜びとつき合う

私たちは喜びを受けとる機会があっても、それをどう扱ったらいいのかをよく理解していません。人生において、私は自分に良いことを引き寄せるために何をすべきかを知っていましたが、一度何かを手に入れてから、それとどうつき合ったらいいのかを知りませんでした。すばらしい変化が目の前に差しだされても、臆病すぎて受けとることができなかったのです。突然のチャンスの到来や、あまりにも性急に決定が求められる事態に私はヒューズが飛んだ状態になり、身動きがとれなくなってしまったのでした。ときに変化は、私たちの自己認識とは遠くかけ離れた形で、あまりにも偉大で崇高でパワフルなチャンスとして現われることがあります。でも、もし神が私たちをよりポジティブな方向に向かわせたいと思ったとしても、私たちに関する神のポジティブな見方に私たち自身が同意できなければ、神の愛に抵抗してその恩恵を受けとらないでしょう。そして自分が奇跡をふいにしたことに気づいたその日が人生の中で最も悲しい日になりうることだってあるのです。

以前、私は一四歳の娘とその友人とともに避暑地を歩いていました。エマのママである私と少し距離をおいて自立することが必要であるかのように、少女たちはちょっとだけ私の前を歩いていました。その距離が彼女たちにとっても私にとっても適切に思われ、とり残されたようには感じませんでした。子どもが生まれて数年間は、母性があなたのエネルギーの大部分を占めます。そして子どもが成長するにつれて、しばらくの間しまわれていたあなた自身の人生にあなたは戻りはじめます。けれども、その日、一〇代の子どもたちの後ろを歩きながら、幼かったころに娘が私に強くしがみついた思い出や、いつも私を求めて注意を独占したがった記憶が蘇ってきました。私の注意を引きたいという彼女の激しい欲求に対して、私は息苦しさとともに、その体験に呑み込まれて自分を見失ってしまいそうな怖れを感じ、ときおり巧妙に彼女に抵抗しました。それぞれの瞬間がつねに完璧であり、どの瞬間も時がたてば別なものに変容していくことを心から受け入れ、自分の母性に完全に身をゆだねることができにくかったのです。

今の私は、「それが起こっているという事実は、私がそれをすべきだという意味である」ということや、私の注意の大半を娘に向けたとしても失うものなど何もなかったことを知っています。娘が私の電話でのおしゃべりをとても嫌っていたことを思い出しました。それを私は親子のつながりの親密さから意識を逸らそうとする都合のいい理由から利用していたのですが、赤ん坊だった娘は会話中の私の電話に這い寄ってきて小さな指でボタンを押して切ってしまったこともありました。

彼女の幼少期は過ぎ去り、もう戻ってはきません。そのころの私は自分の感情面におけるキャパシティの約九〇パーセントかもっと多くを彼女に注いできたと思います。彼女が逃したものはそれほどなかったかもしれませんが、私が逃したものは多少あると感じています。それは「今」という瞬間が完璧だと認識できないときに、私たち誰もが犯してしまう共通の過ちなのです。

## 未来を想う

未来に執着することは、過去への執着と同じくらいに気違いじみたことです。それは私たちの注意を「今」から逸らすことで生の喜びを奪おうとするエゴの策略なのです。未来に生きるとは、今、目の前にある生を避けることだからです。

「奇跡を求めるミラクルワーカーとして、私たちは神の手に未来をゆだねます*」。私たちは今に完全に生きることで未来への不安を手放すことができます。そうすることで未来はひとりでに良い方向に動くことを確信することが大切です。野に咲くユリに神が美しさを与えたように、私たちの面倒を神が見ないはずはないのです。

私はよく自分の未来がどうなるのかを憂慮し、不安にしがみついていました。今、過去に想った未来の私がここにいますが、あのころ「今」という至福の時間が私の手に入るはずだったときに少なからず時間を無駄にしてしまったことが悔やまれます。もちろん、そのときの私は今という時間こそが輝きに満ちていることに気づかずに、自分に欠けていると思うものにばかりに意識を向けていました。それを自分に許す限り、私たちは永遠に続く意識のマインドゲームにはまってしまうのです。過去の私は物事が完全だということに気づいていませんでしたが、同様に現在の私も、今がいかに完璧かということをいつも認識しているわけではありません。あのとき私があと少しでも自分の人生を楽しむことを許していたならば、もう少し豊かな未来が用意されていたかもしれません。そしてたった今、私が人生をただ楽しむことを自分に許すことが、未来への最大の後押しを自分自身に与えていることになるのです。人生という旅のすべての瞬間にこそ、合理的思考の理解を超えたやり方で未来への備えが内包されています。

この世界の考えはあまりにも神秘的な概念に欠けているので、私たちがそこにいてリラックスできないのもうなずけます。私たちに本当に必要なのは内なる声に従うことなのに、私たちは「率先して自分から行動しなければならない」と思い込んでいるのです。ところで人生のすべての瞬間において起きていることに深く自分をゆだねると、その信頼と確信を映しだす未来が新たにプログラムされます。

以前、娘とともにニューヨークを訪れたことがあります。私たちがすばらしい時間を過ごしているとき、娘が私の方を見て言いました。「来週、ボストンへ行くのがすごく楽しみで待ちきれないわ」。私は彼女の上機嫌に水をさすつもりもなければ、彼女がボストンに行きたがる気持ちをとがめるつもりもありません。でも私はエゴがどんなふうに働くかに驚きながら、しばらくの間、想いをめぐらせました。エゴは私たちが来週することのほうがすばらしくて、次の仕事のほうが適していると私たちが思うようにたえず操作していきます。ところで「喜び」とはひとつの時間とひとつの場所、つまり「たった今ここ」にしか見つけることはできません。私たちの明日の予定に関係なく、今、あなたがいるところを祝福し、今日このときという果実を楽しむことが大切なのです。実をいうと、あなたが自分をみじめにすることが得意ならば、ほとんどすべての体験が悲惨なものになり、喜びを体験することが上手ならば大部分の体験が楽しいものになりうるのです。

人びとは未来のことを考えると、とうてい穏やかな気持ちになれないと思うときもあります。なぜなら、彼らは次に何が起こるかを知りたいと願うからです。神が自分に手紙を書いて、どこに行って何をしたらいいかを正確に知らせるべきだと考えているような人びとに私は出会ったことがあります。「親愛なるグローリアへ、私は神さまです。私はあなたのためにカンザスシティを選びました。そこにあなたは一一月から六カ月間ほど住んでカーター協会で働きます。そこからニューポートビーチへ引っ越し、ソウルメイトと出会うはずです。あなたは成功し、お金持ちになり、幸せになるでしょう。それからずっとあとに、あなたは死を迎えます」とでもいうように。「神さまが賢明ならば、早くて便利な航空荷物便を使わないのはなぜ?」と彼らは真剣に思っているのです。

私たちは現在について理解すべきことがたくさんあるからこそ、未来についてはあまり知らされないのだと私は考えています。それに結局のところ神の住まいは「今」なのですから。神は私たちの道の先にあるものを解き明かすのではなく、私たちの内なる道を解き明かしてくれます。私たちの慈愛の心と理解が深まり、今あるものを楽しむ能力が深まることを求めてその道につき従うとき、私たちは最もすばらしい未来を神とともに共同創造することができるのです。

## 過去の後悔

あなたがある年齢に達するまでは「後悔」という言葉はあまりピンとこないはずです。あなたの犯した過ちが残りの人生に影響を及ぼしたことに気がつき、その誤った決定を今の人生ではとり消すことができないことを理解して心からの自責の念と怖れに直面するときにその感情は生まれてきます。その中にはパラドックスが潜んでいます。つまり人間としての私たちが軌道修正するには一生涯という期間は短すぎますが、永遠性を生きるスピリットとしての私たちにとっては無限のチャンスがあるのです。私たちは自由意思をもった存在として自分で選択することが許されています。また、たとえその選択が間違っていたとしても、神の子どもである私たちの祈りや願いに神は応えてくれるでしょう。

神は私たちが犯した過ちを罰したいのではなく修正したいと思っています。『奇跡のコース』の中には、私たちが過ちを犯した過去の瞬間に戻っていき――それは聖なるスピリットが私たちのために判断を下すことを私たちが自分自身に許さなかった瞬間だったということを明確にして――神が今、あらためて私たちのために判断を下すのを許すという内容の祈りがあります。奇跡を過去のある時期にさかのぼって起こすこともできるのです。「私たちがそれを自分に許しさえすれば、聖なるスピリットは私たちの間違った判断によってもたらされた結末をすべてとり消すこともできます。ですから私たちは罪の意識を感じる必要はありません」[*]。私たちが心から過ちを悔い改めると、宇宙は奇跡的に私たちを変容させてくれます。アルコール依存症や麻薬中毒、罪を犯した人びと、他の人を傷つけた人びとなど、この世界には神の深淵なる許しを立証することができる人びとが数え切れないほどいます。神がそれほどまでに慈悲深くなかったなら、今日まで生き延びられなかっただろうと自覚している人びとが大勢いるのです。

　長年生きてきた私たちの多くにとって、また自分自身やまわりの人びとに長年あるいは生涯にわたって影響を及ぼすほどの大きな過ちを犯した人びとにとって、そしていくつかの罪悪感をぬぐい去れない人びとにとっても同様のことが言えます。放蕩息子のように愛から最も逸脱した人びとでさえも神に見放されることはありません。それどころか放蕩息子の父である神は彼が家に帰ったことを祝ったのです。私たちを謙虚にするために過ちが必要なときもあります。そのときこそ私たちは最も神の役に立てるのです。神にとって私たちは決して欠陥商品ではありません。神は私たちの醜い傷痕をチャームポイントに変えてくれるのです。

## 中年期のいきづまり

私にとって五〇歳を迎えることは想像した以上につらい出来事でした。

その日を迎える二、三カ月前、私はとり戻すことのできない若いころの記憶にとりつかれはじめました。五〇歳とは新しい四〇代なのだとどんなに自分に言い聞かせても、過ぎ去ろうとしている四〇代を心からとり戻したかったのです。鮮烈な過去の記憶――私が上手に扱えなかった事柄や、私がとった愚かな選択、二度と巡ってこないと思えるようなチャンスなど――が悪夢のように蘇ってきました。私は若いころの輝きが失われたことを嘆き悲しみながら自分に向き合い、それに伴う痛みに直面しなければなりませんでした。

同じ体験をした何人かの友人からは、ある日突然のようにそうした不安が消えてしまうので心配には及ばないと聞いていました。そしてまさしく私にもそれが起こったのです。五〇歳になった夜更けに、カフェの戸外の椅子に腰をおろして夜空に照らしだされたエッフェル塔を見上げていると、私のそれまでの苦痛が霧のように晴れたのです。突然のように、私はすべてだいじょうぶと感じました。私はかつての太陽がもう沈んでしまったことを知りましたが、その代わりに新しい何かが始まるのを感じたのでした。

私の女友達は、五〇代とはすばらしい年代で人が自分をどう思うかが気にならなくなる年代だと言いました。それが自分にもあてはめられるかどうかは分かりませんが、私がもうかつての自分ではないことははっきりと分かっています。四〇歳が三〇歳とは違い、三〇歳が二〇歳とは違うように、五〇歳も四〇歳とは違います。五〇歳を迎えるとき、人は思春期と同じような根本的な変化を体験します。私は中年という矛盾をはらんだ年代にやっと落ちついたのです。

私はこの世界で自分がしていることの意味を自覚するにいたりました。そしてついに「自分がいるべくしてここにいるのだ」ということが納得できたのです。それは私が進化したためなのか、ただ年老いたためなのかは分かりません。しかし私はもう以前のように逆上することはなくなりました。また一方で私は疲れやすくなり、物忘れが激しくなり、いつも自分の眼鏡を探し回るだけで疲れ果ててしまうのです！　何よりも当惑したのは、深刻な気持ちで残りの人生があとどれくらいあるかを数えてみたとき、この惑星の状況を変えることに対してあまり希望がもてなくなってしまったことです。私たちが楽園の到来を告げるのだというこの世代に共通の妄想は完全に打ち砕かれてしまったのです。年を重ねるにつれて、否定的な意識がどのように形づくられていくかがはっきりと分かるようになります。世界にはあなたが長年なくせるはずだと考えてきた残酷な出来事がたくさんありますが、年をとるにつれて、それらが絶対になくならないだろうとあなたは確信しはじめるのです。

「そうした認識をもつことで私たちは幻滅感を味わいますが、〈幻滅〉とはあなたがそれまでとらわれていた幻想から正気に返るという意味なので、実際には良いことなのです」*。それはまた霊的洞察のはじまりでもあります。「自分自身の外側には究極の答えはない」ことを深く納得できたとき、あなたは本当の答えを求めて自分の内へと旅をします。日常生活をペースダウンする中で、それまで忙しく動き回りすぎて聞きとれなかった「内なる声」を聞くための準備が整うことを理解するのです。

多くの無駄な時間と愚かな過ちを経て、あなたは今の自分に知識が備わっていることを感じますが、エネルギーがあとどの程度残っているかはさだかではありません。つまりあなたは、「いま自分が知っていることをあのとき知っていたなら」という心境なのです。あなたは「青春とは若さの浪費である」というジョージ・ベルナルド・ショーの言葉を理解するにいたります。

私たちの副腎の働きが弱まり、スポーツカーのように活発だった細胞が消耗しはじめます。最もめまぐるしく動き回っていた世代がスローダウンをしはじめたのです。最近のインタビューでジャック・ニコルソンが「私の世代は新しい老人世代です」と言っていました。私たちの世代の最も深刻な重荷とは積み重なった悲しみです。一〇年間の心の痛みが、次の一〇年間にもちこされて心が何も吸収できなくなるほど影響を及ぼされるような鬱積《うっせき》した悲しみを私たちは抱えているのです。さらに頭では十分に分かっていても、肉体のほうがついていけなくなっています。そして朝、喜びではなく陰鬱な気持ちで目覚めるとき、私たちは自分が問題を抱えていることを知るのです。

多くの人びとがそうした体験をしています。

中年期を迎えた大部分の人びとが分岐点に直面しています。ロバート・フロストが書いたように、あなたがどの道を選ぶかによって大きな違いが生まれるでしょう。ひとつの道は、徐々に崩壊へと至る緩慢な死への航海です。もう一方の道は、再生のパターンという生命を誕生させる運河へと至ります。年をとればとるほど再生の道を選ぶことは困難になります。エゴの力がますます強くなり、抗いがたいように思われるからです。

私たちはかつて人生に夢中になり、物事のありのままの姿を面白がったり歓喜したりしました。けれど新鮮な気持ちが失われると、うんざりして疲労困憊し、一日一日に内包された可能性に対して欠くべからざる感謝の気持ちを失いはじめます。これを書きながら、一〇代の子どもたちが午後の嵐でできた裏庭のぬかるみの中ではしゃいでいる声が聞こえてきました。今の私は、泥水の中で楽しめることは若さを保つためのすばらしい能力だということを自分に思い出させ、ベージュ色のタオルが台無しになってしまうという事実に大騒ぎしないようにたえず自分をいさめなければなりません。私の社会人としての心の叫びは子どもたちに家に入る前にホースで泥を洗い流してほしいと願いますが、私の魂の声は私も一緒にぬかるみで楽しむことができたらいいのにと思うのです。

私がタオルのことを気にやむ口うるさいおばさんになるのか、あるいは自分の中の冒険心を大切にするのか、すべては私次第です。年を重ねるごとに私は何が大切かということに意識を合わせたいと思っています。悔しいけれど、裏庭の子どもたちは幸せに輝いていて、それこそがいちばん大切なことなのです。そしてそのことは子どもだけでなく、私たちすべてにとって言えることなのです。

## 見ることを選ぶ

生命の誕生も創造性も霊的な探求も、すべてが独創性に富み大胆で自由奔放です。大胆さや自由奔放さがなければ、私たちはエゴの現状維持体制の車輪の歯車にすぎません。その現状維持体制は、よりすばらしい人生への入り口ではなく人生そのものを嘲笑する行為となって衰弱と死へと通じています。

あるとき私が枯れかけたピンクのバラを投げ捨てようとしているのを見て、友人が「いったい君は何をしているんだい？　なぜ、その花を捨てようとしているの？」とたずねてきました。「もう枯れているの」と私が答えると、彼は言いました。「マリアン、よく見てごらん。それらは美しいよ！　今日の色褪《あ》せたピンクのほうが昨日の鮮やかなピンクよりもずっときれいだと僕は思うね」

そして彼の言葉は正しかったのです。私がその花を一瞥して「もうダメね」と言って捨てようとしたのは、枯れかけた花の外見の変化のせいではなくて自分自身の偏見からきていたのです。実際には、それらの花の美しさが衰えたわけではなく、それらはまた違う意味で同じくらい美しかったのでした。変化が必要なのは花ではなくて、私の目のほうだったのです。

あのとき私が捨てようとしていた花たちは、著名な環境問題の専門家であり、より洗練された目をもつ私の友人という擁護者を得たのでした。長生きすればするほど、私たちはより広い視野をもって人生の美しさに出合う能力を広げなければなりません。手を握り合う恋人たちや笑っている子どもたちなど、以前はほとんど気づかなかったさまざまな場面に、今の私は心の琴線が震わされるのです。

私には中年のロックスターの友人がいますが、彼が以前体験した話を教えてくれました。人生のある時点を過ぎてから、以前は興奮と魅力に満ちて見えた多くのことに刺激を感じにくくなったと私が愚痴をこぼしていたときのことです。彼は「ジョンとミネアポリスに行ったときの旅を聞かせてあげよう」と言いました。

「スプリングスティーンのロックコンサートを見にいくために、ニューヨークからのプライベートジェットをジョンが借りたのさ。ジョンと彼のために働く僕たち三人がリムジンに飛び乗って空港へ向かっている途中で、ジョンの友人が電話をかけてきたんだ。

ジョンはその友人に向かって『ベン、君がここにいないのが残念だよ！　僕たちはめちゃくちゃ楽しんでいるよ！　広いリムジンの中にいて、もうじきジェット機に乗り換えてスプリングスティーンのコンサートを見にいくのさ！』と声を張り上げてまるで興奮した子どもみたいだった。ミネアポリスにある美味しいレストランを見つけるためにガイドブックを読みながら、この旅が世界で最もイカした旅とでもいうようにはしゃいでいたのさ」

ジョンはプライベートジェット機に何百回も何千回も乗ったことがあるはずですし、ロックコンサートにも自分の分も含めると数え切れないくらい行ったことでしょう。それに広いリムジンも彼にとっては私たちの自家用車と似たようなものです。世界中を自分の裏庭のように駆け回っている彼が、そのときはまるでミネアポリスが魅惑の目的地であるかのようにガイドブックを読みふけっていたのです。明らかに彼にとって行く先々すべてが刺激的なのでした。というのも彼は喜びを受けとる能力を失っていないからです。彼の意識には「倦怠」という文字はないのです。

私たちみんなにとって彼があれほど刺激的な存在である理由が、その話を聞いてよりはっきりと分かってきました。つまり彼は楽しみを生み出す達人なのです。世界が楽しみを用意してくれるのを待っているのではなく、彼は自分とともに楽しみを運んで歩いているのです。それは彼が自分で開花させた感情や心理面での癖のようなものです。

同じ才能をもつ私の父も、退屈に見えたことは一度もありませんでした。父も世界が彼を楽しませてくれるのを待っていたわけではないと思います。だからこそ世界は彼を楽しませてくれたのです。

この世界が退屈に思われるとき、私はいつも自分に言い聞かせます。「いいえ、マリアン、退屈なのはあなたのほうよ」。するとすっと気分が変わります。「どんな状況においても私たちが与えていないものだけが自分にも不足する可能性があるのです*」。刺激や興奮はどこか外にあるものではありません。私たちが意識的にそれに出合うことを選ぶとき、ここ、すなわち私たちみんなの内側に存在するのです。

## 蘇生する

以前、五七歳の友人が私に「僕は死ぬのをただ待っているような気がする」と言いました。彼の言いたいことは理解できましたが、私はこう答えていました。「まあ、私は違うわ。私は別の道を選んだの。私は生まれ変わるのにいつも忙しいのよ」

何千年も昔、地上に人類がいまほど多くなかった時代、人は三五歳や四〇歳以上にまで生き延びる必要はありませんでした。その年齢に達したとき、私たちは「種の存続」という人類の進化における立派な使命を果たし終えていたからです。私たちの生殖機能は衰え、自然界の見地から見る限り、それ以上ここにとどまる必要はなかったのです。それは子孫を残すことが人間存在の最もすぐれた目的だった時代のことです。

たぶん男性よりも女性の方が、たとえば「ありがとう。もう行っていいですよ」という身体細胞が発する自然のメッセージを感じとることができると思います。生理がなくなり、医者の報告書に「あなたの役目は終わりました」と書かれて戻ってきたとします。私たちが執拗に避けてきた妊娠が、その当時はありがたくは思えなかったけれども、実は神の恩恵だったことが、今、はっきりと分かるのです。私たちは生まれてこなかった子どもたちのことを嘆き悲しみ、愚かで感謝知らずだった自分の若かりしころを思って悲嘆にくれます。自然界は私たちの容貌の世話をすることも放棄します。なぜなら異性を引きつける役割とは、もう何の関わりもなくなったからです。私たちは静かに震え上がります。「私の輝きはどこへ行ったの？」「私の官能は？」「私の胸のふくらみは？」。自然界はもう性的冒険の役割を果たすものとして私たちを気づかうことはありません。私たちが男であろうと女であろうと、もはや何の関係もないのです。私たちは静かに悲嘆にくれます。「私の身体に何が起こったの？」「私の性的衝動は？」「私の分泌液は？」。私たちがある程度、自然の支配下にあることが明らかだとしたら、なぜここにいるのでしょうか？　私たちは世間から忘れ去られる運命にある「忘却」という待合室に入ってしまい、ただ死を待つばかりなのでしょうか？　いったい誰に向かって叫び、誰と一緒に泣けばいいのでしょうか？

種の繁栄に密接に関与している自然界において、若い世代にとっては自らの精子や卵子が自然界のプロセスへの必要不可欠な貢献でした。けれども人類の歴史のある地点で、より多くの子どもを生むことよりも「叡智の誕生」こそが人類の存続に欠かせなくなったのです。私たちの意識という源から生まれるものはすべて、私たちの肉体の源である子宮から生まれるものと同じく、この世界にとってかけがえのない贈り物です。新しい世界に対して私たちが父親や母親になるための方法はいくらでもあるのです。

この時期のこの世界に対する最も偉大なる貢献とは、「私たちが何をするかだけでなく、私たちが何になろうとしているか」ということです。新しい意識をつくりだすことは私たちの思考の本質です。テロリズムの萌芽がレーダーには感知されず、それが明らかな行動となって現われる前に何年間も水面下で唸り声を上げるように、愛の新しいうねりも今日、水面下で唸り声を上げています。キング牧師はかつて「現代文明の水脈に愛という新しい次元を注ぎ入れる輝かしいチャンス」に私たちは遭遇していると述べました。そして私たちすべてがその役目を担うことができるのです。一瞬一瞬、自分自身の意識の本質とともにあることで、私たちは世界を祝福するものを愛の貯蔵庫に蓄えることができます。

けれども、それが私たちの細胞に届いてしっかりと身につかない限り、どんな霊的な変化も重要ではありません。最近、人権擁護の思想をもつ活動家のグループについて熱心に語る若い作家仲間から「それが四人の白人の中年女性というのは残念だけど」という言葉を聞き、ためらいがちに私はたずねました。

「そのことの問題って何かしら？」

「ほら、あなただって分かるでしょう」と彼は言いました。

ところが私には何も分からなかったのです。私は彼の政治的見解の正しさや彼が人種の多様性を求めていることも理解しています。でも私はその裏に何か別のものを感じとったのでした。今日多くの人びとが「祖母たちの知恵を称える」セレモニーを行いますが、本当は祖母たちの中年のころの実生活には関わりたくないと思っています。彼らは「女性性の台頭」を公言しながらも生身の女性には抵抗して避けようとするのです。しかし女性性の「原型」を称えるだけでは十分ではありません。世界を変えるためには、私たちはお互いに人間として尊重し合う必要があるのです。世界の新しい未来をつくりだそうとしている人びとは、年齢にかかわらず自分自身やまわりからの称賛はもちろんのこと、この世におけるすべての称賛をも受けるに値するのですから。

過去とかつての自分を許してあげましょう。今このときと、自分の可能性を心から受け入れましょう。未来を手放し、目の前に解き明かされる奇跡に目を見開きましょう。

# 第７章
# 罪の意識から無垢なる自己意識へ

あなたの人生を長時間ものの映画だと想像してみてください。ところでそれは二人の違うディレクターによって作られています。一人のディレクターの手による最初の映画は恐怖や怒り、欠乏、不安についての映画で、別のディレクターによるもう一方の映画は愛や平和、豊かさ、幸福に関する映画です。

最初のディレクターはあなたのエゴで、もう一方のディレクターが聖霊です。そして映画の主役はあなたです。かつての私自身の人生が絶望と高揚のドラマの間を激しく揺れ動いていたので、私にはそれらの違いや成り立ちを理解することができます。どちらにもはっきりと言えることは、自分の人生というスクリーンを真近で見たときに次のような言葉が目に入ったことです。「制作者／マリアン・ウィリアムソン、ディレクター／マリアン・ウィリアムソン、主役／マリアン・ウィリアムソン」

あなたがどちらのディレクターから自分の役を引き受けるかは、次のことにかかっています。つまり、それはあなたの意識の中にある想念によって決まるのです。あなたのエゴからの指示を受けとるためには、「罪の意識」に焦点をあてるだけで十分です。「エゴにとって必要不可欠なのは、神の子どもは罪深いという認識です*」。代わりに聖霊からの指示を受けとるためには、「無垢なる自己」に意識を合わせなければなりません。「愛に必要不可欠なものとは、神の子どもは汚れを知らないという認識です*」純真無垢なる自己と罪深い自己のどちらを選ぶかによって、私たちの人生の中で展開されるドラマが決まり、その中で私たちが演じる役割が決まるのです。

## すすんで見ようとする意識

人の中の無垢なる部分を見ることを可能にするものは、私たちの見ようとする意識です。エゴ意識は「彼がこうした」「彼女がそう言った」という人間のドラマに大変なエネルギーを注ぎます。そのためエゴに対抗するには、より高次の神のエネルギーが必要になります。そしてエゴの本当のターゲットはあなたです。つまり、あなたのエゴはあなたに他人の罪の意識を見せることで、あなたに自分自身の中にあるすべての罪悪感を認めてほしいのです。人の中の罪を認識することは地獄への確実な切符を手にするのと同じです。私たちはたえず誰かを非難することで、自己嫌悪感を助長する鎖を締めつけているのです。

誰かによって酷い目にあわされたとき、相手を許すことはとても困難に感じられます。けれども私たちがそれを認めたいと思うかどうかは別として、もしも私たちが何かによって彼らと同じくらい錯乱状態になったとしたら、そして彼らと同じくらい何かに脅えてしまったとしたら、そして彼らと同じくらい認識が狭められたとしたら、私たちも同じことをしたかもしれないというのが真実です。それは彼らに責任を負わせるべきではないという意味でもなく、境界や基準を設けるべきではないという意味でもありません。ましてその相手とずっと連絡をとらなければならないという意味でもありません。しかし、そこから人間が決して完璧ではないという理解に至ることは可能なはずです。私たちがみな自分の知っているやり方でそのときのベストを尽くしているのだと知ることは、より光に包まれた理解へと心を開く認識のプロセスです。そして、そのために私たちはこの地上にいるのです。私たちが覚醒した意識をもつ存在になることによって暗闇を光へと変化させるのです。

「許し」とは結果ではなくプロセスです。「許し」という抽象的な概念があなたの心に届くためには、その前にさまざまな意識や感情を通り抜けなければなりません。それはそれでいいのです。私たちの傷は生々しくもなりえますし、感情は大切ですから。神が私たちに求めているのは、他の人の無垢なる部分をすすんで見てほしいということです。私たちが光の中でその状況を見ようとするとき、聖霊が指揮をとる余地が生まれるのです。

あらゆる人との出会いにおいて、私たちは人びとの無垢なる部分を肯定するか、人びとの罪悪感を強化するかのどちらかを行っています。たとえ「私たちは誰もがひとつにつながっている」ということを知らなくても、その事実からは逃れることはできません。ですから自分がこうされたいと思うことを人にやってあげましょう。そうすればその行為はあなたに返ってきます。また彼らからその行為が返ってこなかったとしても、あなたは満たされた気持ちになるでしょう。

すべての意識はつながっています。誰かについてあなたが思うことが本当はあなたが自分自身について思うことなのです。あなたが誰かの罪に気づくと、きっと自分自身の罪にも気づくでしょう。もちろん最初はそんなふうに感じられないかもしれません。なぜなら人を非難すると気分がすっとするとエゴが私たちに思い込ませているからです。しかし、それはエゴが得意とする一時的な幻想にすぎません。非難の言葉を浪費する一時的なハイ状態が過ぎると、それは自分自身に百倍にもなって返ってきます。「攻撃的な意識は刃のように危険です。人の頭に振りかざしているつもりでも、実は自分自身に切りつけているのです」*。心から他者に寛大になろうとするとき、私たちは初めて自分に寛大になる方法を学ぶことができます。

人生の中であなたが犯した過ちや、恥ずかしく思うことや後悔すること、またはできるならもう一度やり直したいと思うことを考えてみましょう。そして自分以外の人が犯した罪があなたの罪と同じ程度か、もっとささいなときでさえも、あなたがどれほど人に対して厳しくなれるかを考えてみてください。あなたが自分で十分に償ってこなかったと思うことを、他の人には償うよう求めるのでしょうか？　罪の意識があなたをどれほど過去へと縛りつけるかを考えてみてください。「許し」だけがもたらす自由を私たちはみな求めています。人を心から許すとき、私たちの誰もがその自由を手にすることができるのです。

この世の中には、許しが必要となる深刻な事態がしばしば起こります。「許し」は覚醒と同じ道のりをたどり、純粋な知的概念に始まって「頭から心へ」の短い旅をします。許しが自分自身の本当の心とつながるまでに時間を要することもよくあります。相手の犯した過ちを超越し、その人の中の純真無垢なる部分を見ることは理屈や常識とは相容れないものに思われますが、それこそが最もパワフルでしかも深い洞察を伴った信仰の力なのです。たとえ相手から虐待を受けた体験があったとしても、信仰という目で見るとき、その相手もまた神の無垢なる子どもなのです。

自分の人生に変化を起こして新しい可能性を創造するために何をしようとも、すすんで許そうとする姿勢なくしては新しい人生への橋渡しは不可能です。ある女性が夫に離縁されて美しい家に住み、世界を旅したり、生きている間に何でも好きなことができるだけの十分なお金とともにとり残されたとします。けれども彼女が心の中で彼を許し、彼女とは違う歩みを始めてしまった彼の道のりを祝福できる心境にならない限り、たとえお城に住んでいたとしても彼女は地獄のような苦しみを味わいます。許しも祝福も決してたやすいことではありませんが、許しを拒絶することは魂にとって有害なのです。

「完全なる許し」とは洞察力の欠如や支離滅裂な思考の産物ではありません。「それは〈入念になされた選択〉なのです*」。人を許すとき私たちは自分が体験した愛を思い出し、残りのすべてを幻想として手放すことを選択します。許しによって人からの操作や搾取を受けやすくなることはありません。事実はそれらを受けにくくなります。人を許す心とは、私たちの真の本質により近い心です。ですから、たとえば私があなたを許すということは、あなたが私に勝ったという意味ではありません。また、あなたが何かの罪から免れたという意味でもありません。それは単に私がやっと自由になって光に還り、私の内なる平和をとり戻し、そこにとどまっているという意味なのです。

## 「罪」対「過ち」

罪悪感の世界は、「罪」の認識というひとつの概念に基づいています。ところで罪とは、「的《まと》を外した」という意味のアーチェリー用語でもあります。私たちは頭で考え過ぎたりして、愛すべき的の中心を「見失い」がちです。私たちはみな「神の愛」という的を何度も何度も繰り返し見失うのです。

私たちのいったい誰が一日二四時間のあいだ中、公正な心をもち、愛の中心にいて、すべてを許すことのできる、私たちが理想とするような人間でいられるでしょうか？「そのような人は誰ひとりとしていませんが、それを学ぶために私たちはこの地上にいるのです[*]」。私たちが神の期待に添えなかったとき、神が望むことは私たちを罰するのではなく、私たちを正しい方向に軌道修正して、どうやったらうまくできるかを教えることです。私たちが罪と思ってきたものは、実は心が誤ってつくってしまったものなのです。私たちの過失には深刻なものや邪悪なものさえあります。しかし神の許しや愛には限度がありません。

誰かが過ちを犯すと、私たちはその人の間違った行動に全意識を集中させる傾向があります。たとえ私たちが以前その人の長所を目にしていたとしてもです。「エゴは、誰かの間違いや不正のかすかな証拠さえも見逃すまいと二四時間の監視体制下で嗅ぎまわるゴシップ好きの犬のようです[*]」。それに比べて、人びとの長所を見つけるための監視体制がどんなに手薄であるかに注目してください。エゴ意識は、他の人ばかりか自分自身の中にも罪の意識を見つけだし、それを公然と非難することに本能的な興奮を感じます。それは襲撃マシーンのような意識なのです。そのメッセージとは「君はへまをやらかした。君は不十分だ」というものです。人を裁き批難する心や自責の念がエゴの原動力なのです。

それに対して聖霊とは愛を求める声です。それは神という真理への信頼をもち続けるよう私たちを導いてくれます。私たちは純真無垢なる存在です。なぜなら神はそのように私たちをつくられたのですから。ところで、それは人びとがどんな行為をしようとも大した問題ではなく、悪事など存在しないという意味ではありません。「ミラクルワーカーとしての私たちの任務は、自分自身の心の中の真実に気づくために五感を超えた認識を広げることなのです」*

愛のない行為をするとき、その人は真の本質とのつながりを失っています。彼らは本当の自分を忘れて眠りに落ちてしまい、怒りの自己や傲慢な自己、残酷な自己の想いを夢見ていたのです。ミラクルワーカーとしての私たちの使命は、人びとが眠りに落ちたあとでさえも、その人の中にある美しさに気づいていることです。そうすることで、私たちは潜在意識下で本当の自分が誰かを彼らに「思い出させる」ことができるのです。聖霊の弟子である私たちは、この世的な過ちとスピリチュアルな完全性のふたつを同時に人びとの中に見出します。そして人間の過失に対する神の認識、すなわち罰しようとする欲求とは正反対の癒しへの欲求を分かち合うことで、私たちは神の癒しのパワーを伝える媒体となります。また、そうすることで私たちもまた癒されるのです。

エゴにとってこれは侮辱的です。「よくずうずうしくも無垢なる神の子どもだなんて言えたものだ」、「あの人がどんなに暗く罪深い存在か分からないのだろうか?」と。神は善だと断言する宗教でさえも、神の子どもである人類の罪深さを見つけだすことに熱中しているように思われるときがあります。多くの点において彼らの指先は他の人びとを批判的に指さしていますが、指さすこと自体がすべての悪の根源だとは気づいていないのです。私たちの最も偉大なる敵とは、「敵という概念」そのものなのです。

## 分からず屋に対しては?

私の講演の中で、一人の男性が立ち上がって質問をしました。「私にはあなたがおっしゃるような問題はありません」と彼は言いました。「でも私の問題は、この部屋を出ていったあとに起こることなのです。こうした考え方を信じない人びとにはどうしたらいいのでしょう? たとえば私の父のように。彼はまるでテレビの〝アーキーバンカー〟みたいに石頭なんです! 彼に対して私は何ができるのでしょう?」

部屋の中の多くの人びとがうなずきましたが、私は心の中で微笑んでいました。神はそうした人びとから私たちを解放してはくれないでしょうから。

「あなたは知りたいですか?」と私はたずねました。「あなたは『奇跡のコース』が何と言っているかを本当に知りたいですか?」

彼はうなずきました。

「『奇跡のコース』は、お父さんを批判するのをあなたがやめるべきだと言うでしょう」

彼も会場の他の大勢のゲストも「もちろん、それは分かっている」と言うような表情を浮かべました。

私は続けました。「どんな状況においても、あなたが与えていないものだけしか不足することはありません。神は奇跡にとり組むために私たちをこの地上に遣わしました。私たちは批判を手放して初めてそれを実現することができます。あなた自身がお父さんの欠点を意識することに固執するならば、お父さんが彼自身の無垢さに目覚める手伝いをすることなどあなたにできるはずがないからです。

それは必ずしも簡単なことではありません。しかし、まず自分自身が悔い改めることがミラクルワーカーの最も重要な責任なのです。あなたは人びとの霊的な進化を監視するためにここにいるのではありません。神は私たちに、最初にまず自分自身に呼びかけるよう望んでいるのです」

奇跡とは彼の父が変わることではなく、彼自身が変わることなのです。皮肉なことに彼は公正であろうとして彼の父を裁いてしまっていたのです！　彼がお父さんのことを批判せずにありのままを受け入れるとき、奇跡が起こります。「軽蔑心を隠しもって接したとしても倫理的な説得力を感じさせることはできない」と言ったのは、たしかキング牧師だったと思います。では、どんな人に対して、私たちは愛に満ちた方向へ影響を及ぼすことができるでしょうか？　私たちによって非難されていると感じる人にでしょうか、あるいは私たちが日ごろから信じて口にしている愛が自分にも向けられていると感じる人に対してでしょうか？

## 永遠に変わることのない完全性

私たちが本当の自分を思い出すまでは、羞恥心や罪悪感を引き継ぐようエゴの誘惑にさらされます。私たちはそれを自分自身の中に見て、他者へと投影します。この世界に固有の判断や批判というものを私たちは自己の一部として内面化しているのです。私はクリスマスキャロル『オー・ホーリーナイト』の次の歌詞が大好きです。「神が現われて魂が自分の価値を感じるときまで、世界は長い間、罪と過ちの中に横たわっていた」。神が私たちの永遠不滅の完全性を思い出すよう呼びかけているとしたら、他の人びとも完全だということを思い出すよう私たちは求められているのではないのでしょうか?

エゴにとって、私たちの本質が永遠不変の純真無垢さであるという見方は冒涜《ぼうとく》です。罪悪感そのものがエゴにとっての神だからです。けれども私たちがエゴを超えて成長しようとするならば、罪悪感という神聖さを装った思い込みを超えなければなりません。そしてまずは自分自身について始めるべきなのです。

罪の意識を超えるということは、私たちが間違いをしたことがないとか、間違いを正そうとする必要がないという意味ではありません。よく言われるように、神は私たちの誰ともまだ役割を果たし終えていません。「私たちが完璧ならば生まれてくるはずもなく、だからこそここ地球で完璧になることが私たちの使命なのです*」。ひとつの歩み、ひとつのレッスンごとに私たちは聖なる可能性の開花へと近づいています。

あなたは神の親愛なる子どもだというのが真実です。それを証明するために何もする必要はありません。なぜなら、それは人類の創造のプロセスにおいて確立された純然たる真理だからです。「あなたの内なる完全性は神によってつくられたものであり、神が創造したものを消去することは不可能です*」

あなたに関して、他の人びとが自由に思ったり考えたりすることはできます。けれどもあなたの未来を決めるのは、他の人びとのあなたへの意識の投影ではなくあなた自身の認識なのです。トラブルに巻き込まれた私たちが、エゴにパワーを与えてその指示に従うときだけ私たちは他の人びとの意識の投影に同意しています。エゴはどんな状況においてもエゴを広めようとし、自分自身や他者に向けられた羞恥心や欲望によってますます燃え上がります。けれども「私たちはみな神の目の中で等しく愛されている」と認識しながら人生を送ることで、私たちは羞恥心に向かって頭を高く上げて「ノー」と言うことができます。私たちが無限の可能性を神によって授けられた並外れた創造物だという事実に対して、私たちは弁明する必要などまったくないのです。

ときに私たちは自分が実際に犯した行為を恥ずかしく思ったり、またあるときには他の人が私たちの行為について思うことや世間にそれを公表されるのを恥ずかしく感じたりします。いずれにしても羞恥心はエゴの最も強力な武器であり、私たちを確実に罪の意識に縛りつけます。そのうえ罪悪感の目的とは、私たちを神の平和から遠ざけることなのです。

自分が望む人生を送っている人びとは、あるレベルにおいて「自分がそれに値する」ということを認識した人びとです。私たちの問題の多くは、「自分が罰を受けるに値する」という何らかの信念を映しだすものとして潜在意識によって呼びだされたものです。それこそが「あなたは悪い、あなたは悪い、あなたは悪い」というエゴからのやむことのないメッセージなのです。そして苦痛に耐えがたくなったとき、私たちは「いいえ、私が悪いのではなくて、あの人が悪いんだわ」と考える傾向があります。やがていつの日か、私たちは「避難に値する人が必ずしもいる必要はない」ということに気がつきます。この地球に及ぼされたはなはだしい被害は、魂が悪に染まった少数の人びとの存在のせいではありません。むしろ基本的に礼儀正しく善なる何百万人もの魂が、傷ついて癒されないままで放置されていることからきています。

どんな瞬間でも、宇宙は私たちに新しい生活を授ける用意ができています。再び人生をやり直し、新しいチャンスを創造して状況を奇跡的に癒し、すべての暗闇を光に、怖れを愛に変えることができるのです。神の愛は私たちの幻想によって汚されることはなく、永遠に燦然《さんぜん》と光り輝き続けます。私たちの任務は、深呼吸をして生活のペースを落とし、過去や未来のすべての想いから解き放たれて、聖なる瞬間を私たちの意識の中に輝かせることなのです。神は私たちの罪悪感という悪夢によってひるむことはありません。神はいつも私たちの美しさに目覚めているからです。神は私たちをそのようにつくられました、そしてそれは真実なのです。

## 自分を許すこと

自分の人生の中にネガティブなパターンが繰り返されるのを見ても、どうやって変えたらよいのか分からないときがあります。そんなときは『奇跡のコース』に記されているように、「私は自分が体験している世界の被害者ではありません」ということを認めることからとり組むことができます。私たちがどのように災難を創造したのかを正確には理解できない場合でも、自分が体験した事実に対して完全なる責任を負うことはできます。そしてそれがはじまりなのです。

たしかにこの世にはひどい仕打ちをする、「善なる者」とはかけ離れた人びとが存在しますが、他の人びとが私たちにどんなことをしたとしても、それでもあなたは許し、克服することや、防衛的にならないことを選択することができます。また私たちが彼らの暗い側面を引き寄せ、創造するのを何らかの方法で助長しなかっただろうかと自分の意識や心を調べてみることも大切です。ある状況において相手が加害者だとしても、あなたが必ずしも「潔白」だとは言えないからです。

冷徹な目をもって自分自身を正直に眺めることは困難なプロセスにもなります。それによって苦痛に満ちた自己批判へと導かれ、自分を許すことが人を許すことと同じくらい大変なことに感じられるのです。

自分の人格のある部分は怖れに基づいたエゴだということに気がつくこともあります。それゆえ誰かに非難されるかもしれませんが、ちっともたいしたことではありません。それは他の誰かのエゴがあなたのエゴを指摘したいという欲求の表われにすぎないのですから、実際のところは見当はずれなのです。あなたのエゴの問題は、他の人びとがあなたを避難するから重要なのではなく、それらがあなたの光や喜びや、あなたが神の目的のために用いられるという神に対する有用性をブロックしているがゆえに重要なのです。六〇ワットの電流が三〇ワットの蛍光灯の中を通ることはできないように、あなたというつわを大きくしなければ神の愛を通すのは不可能なのです。

あなたはこの地球のために光を輝かせるよう生まれてきました。それを実現させることを妨げているあなたの中の一部は、癒しによって神へと解放されることが可能です。自分の欠点を認めて自分の中からそれをとり除いてほしいと神に求めるならば、神の返事はすみやかに確実に返ってきます。あなたの弱点のもとになった苦痛や痛みを神はあなた以上によく覚えています。ストレスに向き合った際に前向きに対処しようとする「能動機制」の働きとして、あなたが機能不全を増長させるのを神は涙を流しながら見ていました。そして神は、あなたの癒されたいという求めに喜んで応じてくれるのです。

それが神の奇跡であり、それによってあなたの人生は完全に変容するでしょう。

あなたが自分の中で見ることを拒むものを、私たちは他の人に投影する傾向があります。自分自身の弱さに向き合うことの長所のひとつは、私たちの中に他の人びとへの慈愛の心を育てる手助けとなるからです。どんな場合でも、私たちのものの見方には意識の焦点があります。神は、私たちが肉体の感覚を超えたところまで意識を広げて、その先にある「愛」を見ることを求めています。私たちが愛を見るとき、それを招き入れることができます。肉体の感覚とは、この世界における人びとの言動や行動という幻想のベールを表わしています。しかし私たちは、さらなる真実を求めながら肉体の感覚を超えた世界を見ようとして、そのベールをとり払おうとしています。それぞれが偉大さをとり戻して自分の人生の中で奇跡にとり組むこと、それが私たち一人ひとりの人生の目的なのです。

『奇跡のコース』によると、「相手が間違っているときでさえも、その人にあなたはすばらしいと言うことが私たちの仕事です」。つまり私たちが人の過ちに向き合っているときでさえも、その人の本質的な純真無垢さを支持することができるということです。ところで、あなたが指摘すべきだと思うような間違いを単に犯してしまった人と、何かに罪の意識を感じている人との違いははなはだ大きいものです。

私が友人と交わした会話は、その好例としてあげられます。

友人のエレンと私は一緒にあるプロジェクトに関わっていました。あるとき、私が即座に行動に出たいとは思えない状況が生じましたが、彼女は何か行動を起こすべきだと主張し、たえず私に心理的圧力をかけてきました。私が「今は何もしたくないの。考えるべきだと思うから」と言うと、彼女は「じゃあ、こんなふうにしてみたらどうかしら？　やりましょうよ」と返したものでした。

最終的に重苦しい気持ちを感じながらも、私は彼女に従うことにしました。そして当然の結果として、数日後には自分が間違っていたことを発見したのです。

そのとき私は自分の内なる知覚に反した行動をとらせようとする圧力に屈した自分自身に対して、また最初に私に圧力をかけてきた友人に対してむしゃくしゃした気持ちになりました。スピリチュアルな疑問はこうです。「私は彼女に何か言うべきかしら？　あるいは自分の感情を押し殺すべきなの？」

ところで中庸という立場もあります。相手を非難もしなければ、自分の感情を抑える必要もないのです。私たちは自分自身を素直に表現し、同時に慈しみの気持ちも伝えることができるのです。

私は彼女に、自分が行動を起こすよう迫られていやな気持ちだったことを伝えました。最初、エレンは弁解するように、彼女が私を愛しているからしたことで、そんなつもりはまったくなかったと主張しました。私は言いました。「待って、私もあなたを愛しているし、あなたが私を愛しているのも知っているわ。でも、あなたがそうしたのは事実よ。

宇宙にはどっちの責任かなんて関係ないのよ、エレン。私たちの友情は、私たちが犯した過ちよりもはるかに大きいし、私たちの友人としてのお互いへの愛情を揺るがすものなどどこにもないわ。でもその愛ゆえにこそ、友人としてそれぞれの真実を分かち合わなければならないと思うの。私はあなたに次のことを知ってほしい。ひとつは私があなたを愛していて、それは絶対に変わらないこと。二つ目は、私は自分の行為に対して完全なる責任を負っていることを知っていること。たとえ、あなたが何をしたとしてもね。三つ目は、二度とあんなふうにプレッシャーをかけないでほしいとあなたに願っているということよ」

私は彼女がリラックスするのを感じました。彼女はもう防衛的になる必要もないからです。その日を境に、彼女は問題を調整するためにできることすべてを行いました。「彼女の間違いが私たちの愛よりも重要だ」という怖れから、「私たちの愛は彼女の間違いよりも大切だ」という認識のシフトが感情の解放を起こし、状況を一変させたのです。避難されていると感じると、私たちの中に防衛本能が湧き上がります。「そしてあらゆる防衛反応とは、消極的な攻撃なのです[*]」。どんなに微細なものであっても、感情レベルでの「力の行使」のサイクルは、世界のすべての対立のはじまりです。私たちの間に起こった感情のシフトが、傷つけ合う関係と深め合う関係という違いを明確にしてくれ、そして後者がもたらされました。なぜなら、すべてのレベルにおいて私たちが正直だったからです。

「包み隠しのないコミュニケーションがなされたとき、奇跡が起こります[*]」。私たちは半分しか真実を伝えないことがよくあります。つまり私たちは人間関係をとり巻くより広い愛という存在を重要視しなかったり、問題について語り合う必要性を尊重することなく人に愛を押しつけたりするのです。どちらのやり方も意識の奇跡的で創造的な活用法とはほど遠く、心を癒されないままに置き去りにします。

神は私たちに正直であること、慈み深くあることを求めています。神がそうあるように。

## 善を呼び招く

怒りや批判、非難の感情にとらわれると、あなたのパワーが奪われます。私たちはバランスを崩し、他者の愛を伴わない感情的な影響を受けやすくなります。しばらくそのままの状態でいて、それが平和とはかけはなれた誤った意識の状態だということを認める努力をするのもひとつの方法です。ところでスピリチュアルな認識は、より高い境地へと私たちを向上させるために、物事に対する個人的で感情的な見方、すなわち「自分は正しい」と主張するエゴの欲求から離れることを要求します。それが痛みや怒り、失望を伴うこともあります。しかし私たちを害するような混乱したやり方ではなく、癒してくれるような聖なる方法でそれらの感情を受け止めることもできるのです。

人生が望む方向に動いていないとき、私たちは他の人を非難しようとする本能的な傾向があります。機能不全の親から堕落した社会へ、苦々しい過去の恋人から不誠実な友人へというふうに、私たちはいつも不平不満のもととなった犯人をカタログにしてもち歩いています。そして「これとあれさえ違っていたら、私の人生はすばらしかったのに」と愚痴をこぼすのです。「私の人生は台無しよ。だから幸せではないの」と。ところが内側の深いところから「たぶんそうかもしれない、でも違うかも……」と囁き声が漏れ聞こえてきます。自分自身の体験に対して心から責任をとろうとするとき、初めて私たちは幸せになることができます。誰かに本当にひどい仕打ちを受けたとしても、自分が無意識のうちに、その状況を創造するためにどんなにささいな役割であっても演じなかったかどうか、あるいはそれが起こるのを少なくとも許したのではないかということを自分に問いかけてみることが大切です。

まずは自分自身にたずねることが第一の仕事です。「この災難を招くために私がしたこと、しなかったことは何？」と。人はそれぞれに解消すべきカルマをもっていますが、少なくとも自分自身のカルマを解消しようと努力することはできるのです。

私にも深く傷つけられた体験があります。それは個人による虐待ではなく、一種の心理的呼応状態にあった人びとの集団による虐待です。私の体験は特別なものではありません。多くの人びとが「組織的な虐待」と私が呼ぶものを体験しています。

私になされたことに対する究極の現実認識の中で自分の思い込みを手放そうとしたときに、初めて私はそのことによる影響から自由になれました。スピリットのレベルでは誰も私を傷つけなどしませんでした。なぜならスピリットのレベルでは、愛だけが実在だからです。「愛のない行為がたしかに起こったとしても、愛だけが本物だとしたら、愛だけしか私に触れることはできないのです*」。どんなひどい傷痕でも、神はそれを補って余りあるほどの癒しをもたらしてくれます。というのも「痛みゆえに人は悪に向かい、神は善に向かう」ものなのですから。しかし私が許そうとする気持ちを抑制する限り、私自身の癒しもまた抑制されるのです。

私の身に起こったことを許すことができるならば、私はより深く神に仕える準備が整うはずです。このドラマに巻き込まれた他の人びとに何が起こったのかは、私の関与すべきことではありません。たったひとつの重要なドラマとは、私自身の頭と心の中のドラマなのですから。どんな類の嘘も不正も犯罪も、私の本質には触れられないことを理解できるようになったとき、私はきっと最もすばらしいご褒美を受けとることができるでしょう。つまり本当の私が誰かを学ぶことこそが、そのご褒美なのです。虚偽の対象となり、侮辱を受けて、虐待され裏切られた私たちの一部は、倫理的思考による架空の物語にすぎないのです。私たちすべてに言えるように、マリアン・ウィリアムソンはより偉大なる自己の一部にすぎません。私であるマリアンは傷を負う可能性がありますが、私が宿るより偉大なる自己は傷を負うことはありません。苦痛の中で私たちにできる大切なこと、それは「本当の私たちは決して傷つけられることはない」と思い出すことです。私たちの中の破壊者が見る世界を超えてこの世界を眺めるとき、そのとき初めて私たちは自分自身の中の世界を超える新しい世界を体験することができます。

「私たちは不平不満をもつことも、奇跡を体験することもできますが、その両方を同時に体験することはできません」*。そして私は自分が奇跡のほうを求めていることを知っていました。私は恨みや復讐心など抱きたくはなかったのです。私は自分に示された悪意から自由になりたいと願っていました。そして私が自分の中の悪意を根こそぎとり除くことでしか、それを達成できないだろうと感じていました。それが私のレッスンであれば、喜んでそのレッスンから学びたいと思いました。その時期に私の苦痛を目にすることに耐え、私にやすらかな感情をもたらすためにできる限りのことをしてくれた人びとから私が受けとった愛は、その残酷な状況を耐えられるものに緩和してくれました。

もし私たちがそれを許すならば、神はそうした苦難の時を利用して、私たちの人生が以前よりも良い方向に向かうよう力をふるってくれます。目に見える世界と同様にスピリチュアルな世界においても、夜空が真っ暗なときにこそ星々がいちばん輝いて見えるのです。古代ギリシャの劇作家のアイキュロスはこう書いています。「眠りの中で忘れがたい痛みが心に滴り落ちてくる。そして深い絶望のさなかに、われわれの予期せぬところで神の大いなる恩寵を通して叡知と出合うのだ」

## 最大の過ち

「あなたは〈正しくあること〉と〈幸福でいること〉のどちらを選択するでしょうか？*」

人びとはひどい行動をとることもあります。意識がつねに人間の罪に向かうとき、私たちは暗く歪んだ世界に住んでいる自分自身を発見するでしょう。意識の焦点を罪から純真無垢さへとシフトできる能力は、私たちの世界を変える力にもなります。それは悪いことが起こったときにそこから目を逸らしたり、正義への努力をやめることではありません。私たち個人の中に中庸の見方が存在し、人びとの行動が善なる心を映しだすものでないときでさえも、彼らに本来備わった善なる資質を信じることができるという意味なのです。

一般的な見解とは裏腹に、これは決して単純でも弱い立場でもありません。また私たちが悪について幻想を抱いているという意味でもありません。ミラクルワーカーは悪への向き合い方について、より洗練された見方をもっています。ガンジーは英国の帝国主義者たちに対して怒りを感じなかったでしょうか？　キング牧師は南部の偽善者たちに怒りを感じなかったでしょうか？　もちろん感じたはずです。彼らは人間ですから。けれども彼らは神の助けを借り、自分の中の怒りに働きかけて、もっとずっとパワフルなものへとそれを高めたのです。それが愛なのです。彼らの精神的な変化の軌跡が政治的、社会的な変革に形を与え、人びとの心を動かし、さらに山をも動かすという究極の力が付与されたのです。

またそうしない限り、私たちは自分の中の怒りを支持する人びとや、私たちの立場に賛同するあらゆる種類の人びとと出会う可能性があります。けれどもその出会いの中では、せいぜい短期的な成果しか達成できません。奇跡を成し遂げることはできないのです。愛は単なる感情ではありません。それは力なのです。しかも、それは最終的にありとあらゆる類の暴力よりも強力なパワーなのです。

あなたに対して罪を犯した人を許すことは邪悪な力を黙認することではなく、むしろより高次の権力に最終的な裁きをゆだねるものです。聖書の中の「復讐は我にあり」という神の言葉は、「裁きは神の仕事であり、あなたの仕事ではない」という意味なのです。凶悪犯罪の起訴に関してさえ、人間が作った法の下での罪は神の前での罪とは同等ではないことを私たちは覚えておく必要があります。イスラエル人のために神が海を二つに分けたとき、エジプト人の兵士たちも彼らを追ってやってきました。そのとき神は海をもとの状態に戻したのでエジプト人たちは溺れました。しかしイスラエル人たちが敵の崩壊を喜ぶと、神は彼らを厳しく戒《いまし》めました。たとえ神の裁きが下されたときでさえも、彼らは他の民族の死を喜ぶべきではないからです。ゆえに人が苦しみに値するような罪を犯したとしても、私たちはその人の苦しみを喜びで受けとってはいけません。世界の暗闇と向き合うべきときも、私たちは光と聖なる意識をもち続けなければなりません。それがいつの日にか光と闇が和解する唯一の方法なのです。

あなたがこの世界で定義される「被害者」の立場に完全に陥っているとしたら、「望ましくない苦難の中にこそ救済のためのパワーがある」というキング牧師の意志を受け継ぎましょう。私たちに対して罪を犯した人びとを愛することこそが私たちに課せられた使命です。なぜなら神の究極の計画の中では、彼らもまた学んでいるのですから。

## 「許し」という奇跡

人を許すことの難しさに私が想いをめぐらせたとき、私よりもずっと許しがたい出来事に遭遇して、「許すこと」に成功した人びとのことが思い起こされました。彼らは許しに関する聖なる役割モデルです。彼らが彼ら自身に祈り求めた神の恩寵の力が私に対しても祝福をもたらしてくれました。

最も心の震えるような例としてあげられるのがアズィム・カーミサです。アズィムの二〇歳の息子であるタリクはサンディエゴ大学の学生で、彼が一九九〇年代の半ばに一四歳の少年によるギャング絡みの無差別殺人によって銃撃されたとき、ピザの配達のアルバイトをしていました。子どもを殺害された親として、アズィムは耐えがたいほどの精神的苦痛と深い絶望と悲しみを味わいました。しかし歳月を経るにつれて信じられないような奇跡を体験したのです。

信心深いイスラム教徒であるアズィムは息子の死を嘆き悲しんだ四〇日間のあとに、彼の精神的なアドバイザーによってその悲しみを前向きな行いに変えなければならないと教えられました。そうすることが、彼の息子が魂の旅の次の段階へと移行するのを助けられる唯一の方法だと告げられたのです。そのときから彼の死んでしまった息子を手助けするために、新たなる行いをすることがアズィムの人生の使命になりました。死を悲しむ代わりに、彼は人のためになる行いや慈愛をもって毎日を送らなければならないと教えられました。そのような行為はスピリチュアルなエネルギーと同様に、亡くなった人の魂に高エネルギーの燃料を供給してくれるのです。このようにして彼は、彼と生活を共にしていない今は亡き息子のために奉仕することができました。生きるためのすべての意味を失ったと感じたとき、彼は人生の新しい目的に出合ったのです。彼の深い悲しみを前向きな意味深い行為に変換することで、彼の息子と彼自身のどちらもが報われたのです。

アズィムが最初に息子の死を聞いたとき、まるで「心臓で原子爆弾が炸裂したようだった」と彼は言いました。彼は自分が肉体を離れて、生命エネルギーあるいはプラナが彼とともに身体の外に出ていった状態を覚えていました。彼は「創造主のやすらかなる腕の中」にいて、爆発がしずまってから肉体へと戻ってきました。そのとき彼は、銃の被害者側にも加害者側にも犠牲者がいるという啓示を受けとったのです。

その認識はアズィムに、事件当時、息子を殺した少年トニーと一緒に暮らしていた祖父へも目を向けさせました。祖父のプレス・フェリクスはベトナムで二度も戦ったことのある特殊部隊の一員で、都市開発の修士課程をも修めた人物でした。トニーは周期的な虐待による苦悩や、従弟の殺人の目撃などを経て、九歳のときに祖父のもとに預けられましたが、そのころには怒りの感情に苦しめられていました。その少年と祖父に関する記事を読んで、アズィムは彼らの物語に深い同情を感じました。

アズィムは地区検事長に自分をプレスに紹介してくれるよう求め、彼らはトニー側を代表する公的弁護人の事務所で面会しました。アズィムはトニーや彼の家族に対して何の憎悪もないことや、どちらの家族もこの悲劇的事件によって深い心の傷を負ったことに気づいたことを伝えました。平均的なアメリカの子どもたちが小学校に入るまでにテレビや映画やテレビゲームで十万回以上もの暴力的シーンを見てきているといわれる、この暴力に満ちた世界でバランスをとろうと努力しているトニーやその他の大勢の子どもたちのことを彼は気にかけていたのです。

アズィムは自分の息子の事件を記憶にとどめ、子どもたち同士が殺し合いをすることを止める手助けをするための協会を創設したことをプレスに話しました。それを聞いたプレスは、彼にできることなら何でも手伝いたいと申し出ました。お悔やみの言葉を述べたプレスは、殺人の日以来ずっと彼の日々の祈りと瞑想の中で、カーミサ家のことを祈り続けていたと伝えたのです。

アズィムは、約二週間後に開かれる協会の会合にプレスを誘い、そこでカーミサ家の家族全員を彼に紹介しました。プレスは熱い言葉で自分の体験を語り、彼の祈りの答えがその協会として示されたことを伝えました。サンディエゴのテレビ局では、被害者のタリクの祖父が加害者のトニーの祖父と握手を交わす光景が放映され、「明らかにこれはまったく違う種類の、深い意味をもつ握手です」と報じられました。

現在、アズィムはタリク・カーミサ協会の会長を務め、プレスは副会長を務めています。アズィムが人生の中で最も親しい一〇人を選ぶとしたらプレスがその一人に入るほど、二人は出会って親密になりました。その協会が二人にとっての聖職となり、刑務所から釈放されるトニーのために仕事も提供してくれるのです。

## 誰もが困難に思うこと

二〇〇一年九月一一日の事件に遭遇したとき、「許し」について話すことや思うことでさえとても困難に感じられました。言葉ではなく静寂しかその日の凄惨さを表現することはできなかったのです。

けれども同時に、今、私たちの公共の場を占める会話よりもさらに深い会話が可能になったことも事実です。もし私たちが「彼らは悪者で私たちが善人なのだから、彼らをやっつけてしまおう」と安易な立場に固執するならば、私たちは霊的にも政治的にも的外れで危険な立場にいます。

ツインタワーが最初に破壊されたとき、その感情レベルでの衝撃の過酷さがアメリカを核心へと突き落しました。そして私たちの心の深い部分が回復するとともに、私たちの思考も働きをとり戻したのです。私たちはひとつの国家であり、真の社会の一員だということを生まれて初めて実感した人びともいました。多くの人びとの口に上った最も聡明な疑問が、「あの人たちはなぜ私たちをそんなに憎んでいるの？」というものでした。夕食の席を囲んで、また職場の談話室などで、私たちは過去数十年もの間、十分にたずねられることのなかった質問を繰り返したのです。つまりアメリカが世界のまわりの国々に何をしてきて、他の国々にどのように認識されているかという問いかけです。知的な深みを探求したことのないアメリカの主流のテレビでさえ、今、自分たちが苦痛とともに直面している出来事はみんなの生活に無関係ではない、ということをアメリカの人びとに教え込むために才能ある政治的な思索者や哲学者たちを迎え入れたのです。

けれども数日後には、誰かがプラグを引き抜いたかのように事態は一変していました。

テレビにはもう興味ある思索者が現われることはなく、復讐を叫ぶ人びとだけが登場しました。私たちは戦闘体制に突入しようとしかけており、その雰囲気の中ではアメリカが自らの不幸を招くための役割をほんの少しでも果たしたと指摘することは耐えがたいものでした。そうした考えをほのめかす人は皆、「アメリカを非難する者」として受けとられたのです。意味深い会話に月並みな言葉がとって代わり、知的な聡明さは健全な懐疑論へと代わり、テロリズムの脅威に結びついたスピリチュアリティや慈愛に関する議論は、愛国心のないアメリカ人のひそかな陰謀と見なされたのです。

しかし私は次のことに気がつきました。その日起こった出来事に対して最も高いビジョンを示してくれたのは、九月一一日の出来事で最も苦しんだ人びとだったのです。大統領自身が抵抗しているときに九月一一日に関する委員会の開設を迫ることに始まり、その心を乱す暗闇のまっただ中で慈しみと許しのために立ち上がった「平和な明日を願う九月一一日の家族の集い」のようなグループの結成に至るまで、いちばん苦悩した人びとこそが真実のパワーのために最も強く立ち上がったのでした。

ある日、私は九月一一日の三人の被害者を交えた議論をテレビで見ていました。一人の女性はワールドトレードセンタービルで夫を亡くし、一人の男性は、爆撃されたときにペンタゴンで働いていた若い息子を失いました。議論の終りに、総司会者が「あなたは復讐を望みますか?」と最後の質問をしました。

その質問に対して円卓のメンバーのおのおのに苦痛の表情が広がりました。その女性が「いいえ、だって私たちが通過した苦しみを他の誰かに味あわせることなど想像もつきませんから」と言ったのを覚えています。息子を失った男性も、「いいえ、私たちアメリカはあちらの国の人びとの憎しみが消えるように本当の私たちを知ってもらう方法を見つけるべきだと思います」と答えました。三人目の人物も同じようなことを言いました。そして最後に、その事件で家族を一人も失っていないテレビでおなじみのジャーナリストが次のように言いました。「もちろん私は復讐を望みます。しかも過激に迅速になされることを期待します」。最も苦しんだ人びとが、そのジャーナリストの思いもよらないような高い境地へと到達したことは明らかでした。彼らは暴力が続くことを望みませんでした。そしてただ暴力が終わることを望んだのです。

アメリカが第二次世界大戦に関与したときのように、大多数の私たちが「正義の戦い」と呼ぶ戦争があります。そして今、できることなら合衆国に被害を与えて国民を殺したいと願う人びとがいるのですから、自分の身を守るのは、明らかに私たちの権利でもあり責任でもあります。けれども、会話はそこで終わるべきではありません。もしも私たち個人としての第一の責任が自分自身の罪を受け入れることならば、アメリカが最初になすべき仕事は神の前で正しい行為をすることです。どの国家も深い熟考や自己内省を怖れるべきではありません。私たちが怖れなければならないのは、それらを避けようとする私たちの無意識の衝動なのです。

アメリカ合衆国も独自の贖《あがな》うべき罪を抱えています。謙虚な心で自国の過ちを認め、より公正な関係の中で世界の人びとと生きていく方法を模索することこそが、より攻撃的な問題解決という選択肢に多大な賛辞を送る我が国の現状に対するスピリチュアルなアプローチなのです。野蛮な暴力行為が最も偉大な力だと見なされ、愛が本質的に弱いものと見なされる限り、私たちは神をあざ笑いながら危険な未来に突き進んでいるのです。

すべての癌《がん》細胞を西洋医学の手術でとり除くことができないように、場合によってはスピリチュアルな実践こそが肉体の癒しを助けることもあります。私たちはテロリズムを除去可能と考えているかもしれませんが、実はそれは手術でとり除くことができる腫瘍ではありません。事実、癌はすでに地球という身体中に広がっており、肉体を傷つける対処方法が適切な場合もある一方で、ホリスティックな視点――私たちの社会的な免疫システムを高めるための意識や心のパワーを認めること——が報復や復讐へと駆り立てるエゴに全依存するよりも成熟した効果的な対処法をもたらしてくれる場合もあります。憎しみが愛よりもパワフルだとしたら、私たちは今、まさにその軌道上にいます。愛が憎しみよりもパワフルだとしたら、今の私たちはまったく見当はずれな方向をさまよっていることになります。

アメリカ人の理想の中心をなすのは、「正義」と「公正な関係」のもつ永遠不変の価値を信じる心です。そして現代のあやうい時代を正しい方向へ導く唯一の方法とは、目の前の利益に惑わされずに自分自身の価値観を大切にすることなのです。国家も個人と同じように、神の意識が霊的に形をとって現われたものです。私たちは神の中でこそやすらぎを感じます。なぜなら神は愛なのですから。

神の中で私たちは皆ひとつです。神は私たちを愛するようにすべての国家を愛しています。そして、神の祝福がアメリカをすべての人びとの平等のために立ち上がらせてきたのです。自国と他国を隔てる障壁を築いてその立場を放棄することは、神を侮蔑する行為と同じです。「私たちへの神の偉大なる恩恵とは、戦いでの勝利を私たちに授けることではなく、戦場を超えた境地へと私たちを高めてくれることなのです*」。その高みから、神は今の私たちに見えないものを見せてくれます。そしてその新しいビジョンによって、本当の平和への道が切り拓《ひら》かれるでしょう。

# 第8章 分離から結びつきへ

私たち一人ひとりが宇宙の中心です。そしてすべての体験が私たちの外側ではなく内側で起こっています。「最も深いレベルでは私たちの外側の世界は存在しません」*。私たちが知っているこの社会は、私たちの意識の投影によって過不足なく創造された世界です。それは私たち一人ひとりの思考の集大成なのです。

私たちはこの肉体であり、コントロール不可能な広大な宇宙にとり巻かれたちっぽけな存在にすぎない、というエゴ意識に誰もが洗脳されています。そしてそう思うからこそ、それが私たちの体験になるのです。けれども、この世界を眺めるもうひとつの見方があります。その見方を通して私たちは生命力が無限だということを認識します。なぜなら私たちは無限の神と一体だからです。たとえ何があり過去にどんなことをしたとしても、私たちは今この瞬間、神の栄光を体現する聖なるうつわなのです。こうした認識の光を通して眺めるとき、すべての状況は奇跡的な変容を遂げます。

目を閉じて、この世界の真ん中にあなたが立っている光景を思い浮かべてください。あなたのハートチャクラの心臓部から金色の光が放射されて世界中へと広がっていきます。では次にあなたの隣に、友人でも敵でもいいので、誰か一人を思い浮かべてください。その人からも同じような光が出ている様子を想い描きましょう。それがその人の身体を覆い尽くし、さらに身体を超えて放射される光景をイメージしてください。さらにあなたの隣の人の光があなたの光と重なり合ってひとつになる光景を思い浮かべましょう。スピリットのレベルでは、他の人とあなたの存在を分ける境界線はありません。

あなたがこのビジュアライゼーションを行うなら、その人とあなたの関係は確実に変化します。私たちがよく口ずさむクリスマスキャロルの「私が見るものをあなたは見ていますか？」という歌詞の中には肉眼を超えたより深い問いが込められています。その言葉は「あなたにはスピリチュアルな現実が見えますか？あなたはその現実をとらえて想い描くことができますか？」という意識レベルの問いかけなのです。それが可能なとき、あなたはその現実を自分のものにすることができるでしょう。可能性はつねに存在するのですから。

私たちが自分で考えてきたような存在ではなく、この世界によって途方もない邪悪な嘘を教えられてきたことに気がついたとき、私たちは他の人びともまた彼らの外見とは違う存在だということを認識します。私たちの人間関係についても同様のことが言えます。つまりスピリットとしての私たちには孤立することなどなく、誰もが一体なのです。

「意識はその源から離れることはできません」*。あなたはまさに神の意識の中に偏在するひとつの意識であり、それゆえに神から離れることはできないのです。あなたが体験する世界は、あなたの心がつくりだしたひとつの意識であり、それゆえにその体験はあなたから離れることができません。

「私たちは太陽から分離したと思い込んでいる光線とか、大海原から分離したと思い込んでいる波のようなものです*」。「しかし太陽光線も波も、その源から離れることはできないのです*」。「私たちの分離に関する思い込みは大いなる錯覚にすぎません*」。そこにいる「他者」とここにいる「自分」を別な存在と考える幻想世界こそ私たちが住んでいる場所なのです。私たちは別々だ、というその幻想が私たちのすべての痛みの源になっています。

人との関係を見直そうとはせずに、エゴはこう指摘します。その空間はたった一人の「特別な」人によって占められるのだと。しかしそれは嘘です。よく考えてみてください。たとえばあなたがみんなとひとつの存在であるにもかかわらず、自分は特別だと考えているとします。あなたは潜在意識下で、いったい何人の人びとと一緒にいる機会を棒にふっているでしょうか！　自分の中にぽっかりとあいた穴を感じたり、存在のむなしさを感じたりするのも当たり前です。私たちが見失ったのは、すべての人びとと公正なる意識で結ばれた人間関係なのですから。

愛からの分離を感じると、私たちは我れを忘れるほどの深いパニックに陥ります。それはちょうど地球の自転と公転の速度に慣れっこになった私たちが何のスピード感も体感できない状態や、重度のヒステリー発作のために自分の叫び声も耳に入らない状態と似ています。その空虚感は私たちの存在の中にまで浸透し、痛みを和らげるために何らかの行為を起こすことを要求してきます。私たちは健全または不健全なあらゆる方法でそれを埋めようとやっきになっていますが、実はそれは人生を愛にゆだねることでしか満たすことのできない穴なのです。そして、そのことを神は知っています。私たちの中にはつねに分離感によって引き起こされた怒りが存在しています。私たちは意識的には気づいていませんが、それは孤独感に対する怒りなのです。

神の中に「救い」があります。私たちの思考を軌道修正し、私たちの心を再統合するために神は聖霊を遣わしました。聖霊は私たちの怖れに基づいた思考回路を愛に基づいた思考回路にとり替えることができます。そのとき私たちは新しい意識を授けられるのです。

その新しい意識とは、私たちの進化の旅のさらなるステージで私たちを待ちかまえています。人類という種の存続のために、次の意識へ進化して変容するよう歴史の力から挑戦状を突きつけられた存在、それが私たちです。ブッダやその他の人びとのように、イエスもキリスト意識と呼ばれる新しい意識を獲得しました。それは神により守られた状態の意識であり、神とひとつになり天上の光に触れて恒久的に正されたときの私たちの意識です。「悟り」とはより高次へと存在が高められることを意味します。意識が高い次元へと持ちあげられることで、私たちは最終的に人間本来の姿、すなわち神の子どもとして肉体をもった存在になります。

そのとき、つまり私たちが単なる個の存在ではなく、実際に相互に影響を及ぼし合う存在だということを認識するとき、愛以外の世界はもはや受け入れられなくなるでしょう。やがてそうした世界を思い浮かべることさえ不可能になります。そして想いが消えるとき、それは存在しなくなるのです。

## 壁を溶かす

人間関係のパターンの中で、あなたが変えることができずに無力感を感じたことが何度あったでしょうか？　自己破壊的行為から完全に自由になることに対して絶望感にとらわれたことはないでしょうか？　「私は絶対にそれを直すことができない」という思いに深く傷ついてパニックに陥ったことはないでしょうか？

私たちの絶望感やパニック症状は、私たちが人生において生み出す人間関係のドラマへの自然な反応にすぎません。ところで私たちの涙は、私たちが思うものとは違っています。なぜなら苦境それ自体が私たちの思うものとは違うものだからです。私たちを他の人と隔てるものは共依存や貧困、あるいはその他の心理的障害だけではありません。人間の魂の暗い闇の中に狡猾に潜んでいる愛への障壁が宇宙の力の象徴となり、私たちの内なる神の子どもに対して不当にも一時的な支配権を握っているのです。その障壁がどのような形かを気にかけるのはまったくの見当はずれです。怖れの形態に注意が向けられるのは、その問題に私たちを固執させようとするエゴの策略だからです。まるで家の中に泥棒がいるのを見て、あなたが「警察を呼ぶ前に、彼の名前をつきとめなくっちゃ」と言うようなものです。いったい誰が泥棒の名前など気にかけるでしょうか？　ただちに助けを呼ぶべきなのです。

エゴはあなたの親しい友人を装った最大の敵です。しかしながら怖れる必要はありません。エゴが幻想にすぎないことを認識し、自分に対する誤った思い込みに気づいた瞬間、それは跡形もなく消えてしまうからです。しかし私たち自身がエゴに立ち去るよう命じることはできません。それは私たちの意思とともに行方をくらまし、私たちの防御本能を混乱させてきました。エゴは自分自身の細胞を襲う免疫システムの病のように、命を与えるふりをしながら私たちの心に襲いかかるのです。そして神だけが私たちを救うことができます。

神は必ず私たちを救ってくれます。神は、私たちが自分自身の中に見ることのできる純真無垢さを他の人びとの中に見せてくれるでしょう。「神は聖霊を通して、私たちの自己嫌悪感の罠をすり抜けて心を愛に還してくれます*」

私たちの大部分、すなわち実際に悟りを開いたマスター以外の私たち全員が、程度の差こそあれ、「愛を出し惜しみ」している状態にあります。相手が私たちの善意、寛容さ、愛を受けとるに値する人かどうかを確認したくて私たちはうずうずしています。人びとはデートをする機会がほとんどなくなり、代わりにオーディションを開いています。「私たちはその人が私たちの愛にふさわしい人かどうかを知るために相手を理解する必要を感じますが、実は私たちがその人を愛さない限り、私たちは相手を理解することなどできないのです*」

あなたにふさわしい相手かどうかを決めるために、その人の宗教や容貌、金銭状態、職業的地位をはじめとする多くの事柄がエゴによって利用されています。ところが神は「信仰」という観点から、私たちが人びとに対して心を開くことを求めています。誰か他の人に心を閉ざしてしまう信仰など、神への真の信仰とは言えないからです。

神は私たちの外側にいるのではなく、私たちと他の人びととの人間関係の外側にいるわけでもありません。人間関係とは、エゴとスピリットの競演の舞台であり、私たちが生まれると同時に作動しはじめます。私たちは皆「誰が愛するに値するか」などという差別意識をもたずに、完全に開かれた心をもって誕生しました。しかし残念ながら、本当に注意すべき危険が存在することを子どもたちに早くから教えなければならない恐怖に満ちたこの世界における体験によって、私たちは宇宙の愛が溢れだす導管を閉ざすよう訓練づけられてきました。「私たちの本質である愛が居心地の悪さを感じるとき、怖れはのさばりはじめます」*。ある程度人生を送ると、開かれた心よりも閉ざされた心のほうが人生に対する本能的な反応になるのです。

やがて、そうすべきでないときでさえそうした反応が頻繁に現われてきます。ある晩、私は年老いた母とステキなレストランへ出かけました。夕食後に私たちがトイレに行ったときのことです。母が手を洗っていると、四、五歳の女の子が隣にやってきました。多くの面でより文化的に洗練された時代に生まれ育ったと思われる母は、蛇口になんとか手を伸ばそうと一生懸命の女の子に近づいて「お譲ちゃん、手伝ってあげるわ」と話しかけました。

そのときです。少女の母親がトイレから出てきて、私の母を押しのけて想像もできないくらいの意地悪な一瞥を投げかけたのです。母の顔に浮かんだ傷ついた表情は、見ていられないほど痛々しいものでした。私は自分自身に問いかけました。「会う人すべてを信用してはいけない、と言いながら娘を育てることは、悪い人びとから身を守ろうとすること以上にはるかに危険ではないかしら？」と。私にも娘がいて、「知らない人とどこかへ行っては絶対にダメ」という類のことを言い聞かせる必要がありました。でも人と会話を交わすことや人に親切にすることや、ほんの少し心を開くことさえも危険と隣合わせなのでしょうか？　それは私たちが創造したいと願う世界なのでしょうか？

エゴは、「見返り」がなければ誰も笑顔を受けとることができない世界の創造を企てています。それが私たちの暮らしたい世界でしょうか？　食糧品店や銀行の列の中や通りを歩いているときなど、日々の暮らしの中で示し合う愛や善なる行いは、いわゆる最愛の人びとに見せる愛情やしぐさと同じくらいに重要な行為になることだってあるのです。神にとっては私たちすべてが最愛の人です。神が私たちみんなを愛するように私たちが愛し合うことを学ぶとき、私たちがいちばん望んでいる愛に満ちた食卓の用意が整うのです。

## 困難に出合っても

ある日、私は自分と政治的に意見の合わない人びとを愛する必要性について考えていました。多くの人びとにとってもそうであるように、そのことは過去数年間の私にとって特にやっかいな問題になっていたのです。私にはまったく見つけることができないのですが、そうした人びとの無垢なる部分を見せてくれるよう私は神に祈りました。

瞑想の中で私はあるビジョンを見ました。ひどい自動車事故を目撃し、私がその現場に到着した最初の人物でした。車の中には一人の男性が閉じ込められ、今にも車に炎が燃え広がろうとしていました。誰かの命が危険にさらされている深刻な事態に直面し、私はただちに彼を救うためにできることをすべて実行に移しました。私はエネルギッシュに動き回り、手探りで格闘し、大変な努力の末に、その男性を車から引きずりだすことに成功したのです。それから男性の顔を見ると、ドナルド・ラムズフェルドだったのです！

神のメッセージはあまりにも明白でした。すべての人がそれぞれ違う面をもつ一人の人間です。私が彼らに対してもそのような見方ができたならば、そのときこそ私は自由になれるのです。それでも意見が合わない人びとはいるでしょうし、彼らの政治的失脚を求める活動だってするかもしれません。しかし、そうした見解の違いによって生み出される感情的な混乱から私は解放されるでしょう。誰であろうとも、みんなが神の子どもです。そのことを理解できない限り、このダメージを受けて傷ついた世界を変える助けとなるために自分がいるべき場所に私はいないのです。実際のところ、私は世界のダメージに私自身のダメージまでつけ足している状態なのです。

誰かを非難したくなっても、それを従う必要のないエゴのしわざとして受け流すことができるなら、そのとき私は地上の平和へのとり組みに貢献していることになります。さらに自分の判断や批難を心から手放すことができない限り、私は自分のことを「平和の創造者《ピースメーカー》」と呼ぶ資格はありません。これは平和を呼びかける伝統的な活動よりもはるかに困難です。なぜなら、それは私たちが自分自身の中に最も深い変化を求めようとしているという意味だからです。

それでは判断しようとする意識のどこが問題なのでしょうか？　それは「この人は愛せるけどあの人はダメ」という声です。私たちの仕事は、神が愛するように人を愛すること、つまり、つねにすべての人を愛することを学ぶことです。それはみんなを好きになるとか、みんなとデートしたり結婚したりするとか、みんなとランチを共にするという意味ではありません。まして、みんなを個人的に信用すべきだという意味でもありません。私たちを救ってくれる愛とは個人を超えたもので、個人的な恋愛とは別ものです。それは人びとの行為ではなく人びとの本質に基づいているがゆえに「無条件の愛」と呼べるのです。

## 信頼

それではまったく信用できないと思われる人びとには、どのように向き合うべきでしょうか？　私たちを不当に利用する相手さえも、ただ愛するべきなのでしょうか？　危険な人びとから身を守るために防衛体制や境界線をどこに引いたらよいのでしょうか？

以前、その当時は親友とまで思っていた私の親しい仕事関係者の一人が多額のお金を着服したことが発覚しました。最終的に法的解決策にゆだねることになった一週間後に、数名の友人や関係者が私の仕事を害するような悪意のある偽りのキャンペーンを始めました。私はまさに打ちのめされたのです。それらのよこしまな人びとを引き寄せた私はいったい何をしたというのでしょうか？　そして私は彼らの裏切りにどのような形で尽力したのでしょうか？

これらの状況のスピリチュアルな意味を考えたとき、私の主な問題は「信頼」に関するものだということが分かりました。私はそれらの人びとを信頼していました。私は彼らが礼儀正しくふるまうことを期待していたのです。私が学ぶべきレッスンとは、彼らを信頼すべきではなかったというものでしょうか？

そのとき、私は自分自身をもっと信頼すべきだったことに思いいたりました。私がもっと自分で金銭管理を行っていたならば、誰もそんなに多額のお金を搾取することはできなかったはずですし、倫理的基準をもち合わせていないことをそれまでに何度も示していた人びとと私はつき合うべきではなかったのです。そのどちらの状況においても、私はもっと早くに気づくことができたのでした。私はそれが真実であってほしいという自分の希望的見方のせいで、自分が知っていた真実に対して盲目になっていたのです。私は自分の深いところからの内なる声に耳を傾けていませんでしたし、その声が聞こえたとしても自分が欲していないときには気にもとめなかったのです。それゆえに私は苦難を体験しましたが、また一方では学ぶこともできたのでした。

ある意味において、人を信じることをやめずに自分をもっと信じることによって私はそうした状況から抜け出すことができました。それは私にとって関係者をもっと賢明に選び、自分自身に対してもっと責任をとるための、また魂の完全性とすべての人格がもつ邪悪の可能性とを識別するための重要なレッスンだったと思います。私たちの多くがすでに体験しているように、私もそこで他の人びとの悪意を体験しました。ところで私自身の中から悪意の断片をすべてとり除いてしまわない限り、私は被害者ではありません。私はとても大きな鏡の前に立ち、自分の行為やふるまいを通して成長していく自分を眺めているだけなのです。愛でないものはすべて愛を求めるための呼びかけです。そして、すべての出来事が成長へのチャンスなのです。

# 人間関係という実験室

人間関係は聖なるスピリットの実験室であり、また一方ではエゴの遊び場でもあります。そこは天国になることも地獄になることもありえます。そこは愛で満たされることもあれば、怖れでいっぱいになることもあります。

ほとんどの場合、そこは愛と怖れの両方に少しずつ占められています。

「最初に声高に話しかけるのがエゴであり、それはつねに分離の事例をもたらします。つまり、他の人びとはこれやあれをしたので、私たちの愛には値しないと主張するのです」*。そして私たちがエゴの声を選択するすべての場合において、他者への愛を否定したその分だけ、私たちも他の人びとに否定されることになります。ところで心がそのように作用することを知ることで、私たちは援助を求めることができます。神経症的思考の嵐をしずめたいとき、私たちは自分自身よりも偉大なるパワーに祈ることができるのです。

エゴにとって人間関係の目的とは、自分の欲求を明確にすることで、その実現に奉仕することです。たとえば、私はこの仕事がほしいとか、彼や彼女と結婚したいとか、この人に私と同じような見方をしてほしい、などなどです。聖なるスピリットにとって人間関係の目的とは神に仕えることです。

すべての人間関係が聖なるスピリットによって意図された聖なるカリキュラムの一部です。ゆえにすべてに理由がありますが、その理由は私たちが思うものとは違っているかもしれません。エゴと神とはまったく正反対の意図をもっているからです。

とりわけエゴが猛威をふるう人間関係において、病的かつ破壊的な心理ゲームに巻き込まれないための唯一の方法とは、その人間関係の中に入って浸透してくれるよう聖なるスピリットを呼び招くことです。まず、それを始めようとする前に、あなたの心の中で神の祭壇に問題となる人間関係を捧げましょう。

新愛なる神さまへ
私は――――さんとの人間関係を
あなたの手にゆだねます。
私の存在が彼／彼女の人生における祝福となり
私から彼／彼女への思いが無垢なる愛に溢れ
彼／彼女から私への思いが無垢なる愛に溢れますように。
愛以外のすべては消え去り
私たちの関係が高められて
聖なる秩序へ至り
あなたの使命を成し遂げるための
最善の形をとることができますように。
あなたの聖なる意志のもとで

彼／彼女との関係やその他すべてが
明らかにされますように。
かくあらせたまえ。

## 傷を癒す

私たちは「自分のほうが神よりもすぐれた絵を描くことができる」という誤った想定のもとで、神の手から絵筆をとりあげようとするときがあります。人間関係においてもその本質が明らかになるまで基本的にゆだねようとする代わりに、それがどういう関係であるべきかというエゴの考えを無理強いしようとするのです。人に押しつけようとするイメージや理想をもっていて、「それはこうあるべきだ」とか「彼らはそう行動すべきだ」と考えるからです。しかし最も深いレベルでは、私たちは他の魂との出会いを体験するただの魂です。その関係はお互いを束縛するものではなく、お互いを自由にするものでなければなりません。私たちの意識が、神の一人の子どもとして他者を敬うとき、私たちは平和と受容的なエネルギーを発しながら人びとの最高善の本質に呼びかけることができます。私たちが穏やかなとき、まわりの人びともより穏やかになり、親切なときはより親切に、平和なときはより平和になるでしょう。自分自身の内側に愛を見つけたとき、それを呼び入れることで人間関係はずっとたやすいものになるのです。

けれども人間関係が良いときでも、エゴは両者の魂を引き離そうとたえず目を光らせています。エゴは私たちを愛へと向かわせますが、目的を叶えたあとでそれを台無しにします。恋愛関係にあるとき満ち足りた愛を感じるのもあなたですが、そのあとで愛に飢えた人のようにふるまい愛に反発するのもあなたなのです。やすらぎを感じていても、愛がもっと近づいてきたとたんにあなたは神経症的な反応をとってしまいます。誰かに好印象を与えたいとき、あなたは大バカ者のようにふるまってしまうのです。

エゴは私たちの人間関係を害する方法をいつも探している監視人です。というのも本当の人間関係とは、エゴにとっての死を意味するからです。私たちが神とつながるところに神は存在し、そして神がいるところにはエゴは存在できません。だからこそエゴにとって私たちの人間関係を害することは、自己保身の行為なのです。エゴの破壊的攻撃を打破する唯一の方法とは、「愛する」という固い決意をもち続けることです。それも愛に値しないかもしれないとあなたのエゴが考える他人に対してはもちろん、神やあなた自身への決意として「愛すること」を誓うことが大切なのです。

「愛する」という意識は思考の習慣にすることが可能です。ときに私たちが誰かに我慢できなくなったとき、私たちが向き合っている相手を無邪気な子どものような存在と考えることが手助けになります。神の目の中では私たちすべてが子どもです。幼い子どもたちが成長していることを誰もが知っているように、私たちはそのことを考慮しながら相手とつき合うことができます。一二歳の子どもに対して、その子が一八歳のころに身につけるような成熟さを要求することはできないからです。

お互いに自覚できるかどうかはさておき、大人の私たちもまた成長過程にあります。ある年齢に達したらおしまいではなく、私たちは生ある限り成長して進化し続けます。子どもたちが学んでいるように、私たちも学んでいるのです。たとえ私たちが何歳になっても神は私たちすべてをそのように見ています。神が私たちを限りない慈愛の目で見るように、私たちもまた慈愛を育むことができるのです。

完全に癒された人間関係や、完璧な人間関係の中にとどまることは誰ひとりとしてできません。「聖なる関係の中では、私たちはみな傷を負いながらも共にそれを癒すためにそこにいると理解されるからです」*。人間関係を聖なる癒しの神殿として眺め、日常生活においてお互いに恩恵をもたらし合うとき、エゴが私たちの喜びを奪う力は著しく弱まるでしょう。

## 愛の種類

「神の愛以外のものはこの世に存在しません」*

一方、エゴにとって愛にはさまざまな種類があります。親と子の愛、友人との愛、恋人との愛などです。しかし、それらの区別は私たち人間によってつくられたもので、神の中ではたったひとつの愛しかありません。すべての人間関係にあてはめられるからこそ根源的で大切なのです。

娘が幼かったころ、私は彼女の認識の細やかさに驚かされたものでした。彼女が読んでいる本について少しからかう調子で私が何か言ったときのことです。私の言葉には彼女に対する敬意が感じられないことを私にはっきりと悟らせるような返事が娘から返ってきました。そして彼女は正しかったのです。というのも彼女が九歳だからという理由で、自分の好みや意見や感情をもつ権利がないわけなど絶対にありえないからです（そして今、一〇代になった娘に対して、私もまたかつての彼女と同じように言い返しています！）。

少しの尊敬と少しの称賛の気持ちがあれば、人間関係はうまくいきます。ときには「宇宙の純真無垢さ」対「この世的な罪悪感」という哲学的概念ではなく、私たちが交わす単純な会話やコミュニケーションこそが愛と怖れのどちらが人間関係を支配するかを決定することだってあるのです。

私が前日に講演を行ったホテルで、私のもとで働いていた女性が支配人に電話をかけようとしていました。

「何のために？」と私はたずねました。

「日曜日の失態のすべてをホテル側に知らせなくちゃ」

「まあ、そんなことはしないで！」。私は言いました。

「どうして？」と彼女は言い、「駐車場やピアノや講演会の案内の表示をホテルが手配し忘れたことを覚えているでしょう？」とたずねてきました。

「もちろん、覚えているわ」。私は言いました。「でもね、私が学んだことを聞いて。もしもあなたが、ホテルが犯した間違いを指摘するためだけに電話をかけるなら、それは最終的に前向きな解決策とは言えないわ。彼らは私たちの苦情に同意するかもしれないけれど、傷ついて防衛的になり、その傷口はいつか別な形をとって私たちに返ってくるわ。じかにけんか腰になれないとき、人びとはひかえめな形で攻撃的になるの。もしも人びとがあなたに反発を感じたならば、彼らはそれを示す何らかの方法を見つけだすでしょうから。だから違う方法を試みてみましょうよ。ホテル側はたくさんの仕事もしてくれたでしょ？」

「ええ」と彼女は同意しました。

私は続けました。「部屋は清潔だったし、音響もすばらしかった。おいしい軽食も用意してくれたし、くつろげる雰囲気もつくってくれた。彼らは私たちみんなを歓迎するために本当によく頑張ってくれた。そうでしょう？」

「分かったわ。私はアレックスに電話をかけさせるわ。彼女はそういう内容の電話にはぴったりだから」

「いいえ、マギー」と私は言いました。「これはそうした儀礼的な問題ではないのよ。私はそつのない対応の仕方について話しているわけではないの。誰かの罪に意識を向けたくなる欲求を手放すことを話しているのよ。私たちのチームの誰か一人でもそんなふうに考えていると、チーム全体が影響を受けるのよ。

私たちはみな自分の行動はもちろん自分の姿勢にも責任を負っているわ。なぜなら私たちの姿勢もまた行動と同じくらい物事に影響を及ぼすものだから。私たちがすることはすべて、特に仕事はまさしく変容の旅そのものになることがあるのよ」

その日の午後、私はマギーがホテルの支配人と電話で話しているのを耳にしました。「日曜日にホテルの皆さんがしてくださったことにお礼を言いたいと思いまして」。彼女は始めました。続く何分間かなごやかな会話が交され、その後、彼女はとりわけ穏やかな声で次のように続けました。「ええと、いくつかの件についてお話させていただきたいと思うのですけれど」。彼女は敬意を込めた思いやりのある方法で、ホテル側の指摘されるべき問題についてきちんと話をすることができました。

そして、それらの問題はきちんと伝えられたのでした。

かつて私が言ったことで相手を傷つけてしまったことがありました。そのとき私は相手に向かって「でも私は正しかったわ。私は正しいことを言ったのよ」と主張しました。すると、おなじみの返事が返ってきました。「あなたが言った内容じゃなくて、あなたの言い方が問題なのよ」。声のもつ言葉にならないメッセージは、人を癒すこともできますが、人を傷つけることもできるのです。

エゴが私たちに気づいてほしくないこと、それは愛が実際にもつ効力です。私たちは自分が放った愛の分だけ愛の体験を受けとります。そして私たちのすべての体験にできる限りの愛をもって向き合うことが大切なのです。

実業家マーサ・スチュワートは、彼女自身が招いた問題によって危機に立たされていました。彼女が仲介者の助手を怒らせたという事実によって、人生すべてに影響を及ぼしかねないような窮地に陥ったのです。平均的な人間の一生の業績がちっぽけに見えるほどの並外れた才能を備えているにもかかわらず、自身の人格的欠点によって窮地に立たされた女性がここにいました。莫大なお金も、職業的地位も、どんな外的権力でさえも人望の欠如を補うことはできません。深い目で見ると、私たちの人間関係と人格こそが人生を決定づけるのです。

すべての問題の裏には壊れた人間関係が隠されています。そしてすべての奇跡の裏には癒された人間関係が存在するのです。

# 問題を奇跡に変える

すべての人間関係が、私たちに割りあてられた教えと学びのための課題です。私たちは会うべくして人に出会います。私たちそれぞれに魂の旅の中で次なるレッスンを学ぶチャンスが提供されたとき、お互いに教え、学び合うために引き寄せられるのです。「私たちが人との出会いを愛の表現に用いるならば、すべての出会いは聖なる出会いとなります*」。また私たちが愛を表現する出会いの機会にオープンでいなければ、すべての出会いは痛みを引き起こす要因にもなります。私たちは会うべくして人と出会いますが、その関係においで何をするかは完全に私たちの手にゆだねられているのです。

私たちが学びそこねたレッスンをもう一度学習するために、人生にもたらされる出会いもあります。コントロールしないで受け入れることや、批判的でなく肯定的になること、または以前はそれ以外の選択肢が見えなかった有害な行為から引き返すことを学ぶことかもしれません。その問題が癒されるまで、私たちが一定のパターンに苦しめられるのは決して偶然ではありません。あなたが問題から逃れるためにモンゴルの果てまで行こうとしても何の役にも立ちません。それらの問題はあなたの頭の中に住んでいるので、あなたがどこへ行こうとついてくるからです。あなたに必要な人びとがあなたのもとにやってくるのは、あなたが潜在レベルで彼らを引き寄せているからです。聖なるスピリットのカリキュラムには決して逃げ道はありません。

人間関係において特定の問題を抱えているとき、その問題が解決されるまで私たちはそれに出合い続けます。その問題は私たちが無意識に反応してしまう部分や、自分自身の全存在を生きることができない部分を象徴しています。その場所で私たちはもろくも崩れてしまい、偽りの自己が本当の顔を仮面でおおいます。自分自身がつくりあげたよそよそしい雰囲気を認識できずに私たちは迷子になってしまい、自分を阻んでいるのは自分だということに気づかないまま感情にしがみつこうとします。それこそが、本当の意味での地獄なのです。

そうした状況において、自分ひとりで変わろうとするのは非常に困難です。しかし奇跡を求めて祈るならば、私たちは奇跡を受けとるでしょう。「というのも聖なる瞬間に、神は私たちが求めた分だけはっきりと姿を現わすからです」*。「神の意識が私たちの意識とつながり、エゴを照らしだすのです」*。自分自身の幻想の中で迷子になったとき、神のスピリットはそばにいて私たちを引き戻してくれます。

けれども祈り、瞑想するだけで何の努力もせずに問題が解決すると期待してはいけません。自分の人間関係の問題を神の手にゆだねるよう意図して、意識的に祈りや瞑想の時間を用いなければならないのです。そのとき問題が変容する可能性が生まれます。私たちの暗闇は光にただ照らされるだけでは消えません。どっぷりと光の中に浸されなければならないのです。

そうした問題に対する伝統的な心理療法的アプローチと、よりスピリチュアルなアプローチとの違いに注目するのは興味深いことです。ほとんどの心理療法においては、私たちの人格的に弱い部分とその解決方法に焦点がおかれます。「なぜそうふるまうのか?」、「どんな子ども時代によってこの問題が引き起こされるのか？」などという見方がとても有効な場合もあります。ところで心理療法にスピリチュアルな見方をとり入れることで、問題に焦点をあてるだけでなく聖なる答えを求めて祈ることができます。

私たちの人格的に弱い部分こそが、真の自己の輝きを体現する能力が妨げられている部分です。私たちを拒絶する人や物を見出すことは、川の中で迷子になって行き先が見つけられないときに自分が来た後方ばかりふり返って見るようなものです。あなたはまず自分が向かおうとしている場所を見て（イエスやブッダのように）、その川を渡れるようにガイダンスを求めるべきなのです。私たちが完全性に意識をあてるとき、私たちはその方向へと向かいはじめます。私たちが成長して神により近づくことでエゴから脱け出すことができるのです。

人間関係において問題を抱えたとき、私たちがそこから学ぶべきことを学び終えるまで問題は繰り返されます。私たちが犯してしまった過ちを神に差しだし、神の助けと変化を求めて祈るという意味において、この学びは贖罪《しょくざい》のプロセスの一部でもあります。そしてまた、自分の人生や他の誰かの人生に与えてしまったかもしれない傷跡を癒してくれるよう援助を求めて祈るのです。

私たちが犯してしまった過ちを償うために何もできない場合もあります。電話もメールも効果がなく、他のどんなことも助けにはならない場合です。しかし私たちは自分の考え方を変えることはできます。そして、そうするとまわりの状況がついてくるのです。目の前の人間関係あるいは他の人との関係においては、ときに状況が一転するまで待って、次の機会に訪れるチャンスを逃さずに、今までとは違う行動をとる必要があるかもしれません。実際に実行することで、新しい行動パターンが私たちのサイキックレベルのレパートリーに加えられます。やがて新しい行動パターンが古い行動パターンにとって代わるのです。

宝石学者がサファイヤやエメラルドの原石を磨きたいとき、彼らはふたつの石をお互いに擦り合わせて磨き上げます。人間関係にも同じことが言えます。あなたという原石を私という原石と擦り合わせることで、私たちは研磨されて最後に輝くのです。

## 恋愛に関する妄想

愛の意味ついて考えるとき、恋愛ほど思い違いや幻想のはなはだしいものはありません。私たちはこの世界の文化的イメージの中で、この世のどこかに私たちを完全な存在にしてくれる半身である特別な誰かが存在していると信じるよう教えられてきました。

けれども私たちを完全な存在にしてくれるのは、すべての他者へのより深い愛なのです。特定の誰かへの愛は、世間でもてはやされるほどすばらしいものではなく、ロマンチックな恋愛は、より広い包括的な愛という土壌においてこそすばらしく機能します。恋愛とは愛のひとつの形態です。それはとても大切ですが、愛の意味を決定づけるのはその中身であって形ではないのです。もしも私たちが特別な誰かへの愛に執着するならば、地獄の劫火への坂道を滑り落ちていくようなものです。それらの劫火とは？　それは相手からの電話がなかったり、相手が愛のない行動や愛がさめたと私たちが解釈するような行為をしたときに私たちが感じる「不安」という劫火です。

人間関係において私たちが犯しがちな最も大きな間違いは、「愛とはこうあるべきだ」という固定観念を抱いたときに起こります。その思い込みとは、「彼が私を愛しているならこうするべきだ」とか、「彼女が私の友達になりたいのならきっとこうするはずだ」といった類のものです。けれども、私たちが相手に抱いてほしいと望む感情を、相手が単に私たちがそうすべきと思う方法で表現しないだけだとしたらどうでしょう？　それが望むような形で包装されてこないからという理由で、私たちはその愛を手放してしまうのでしょうか？　人間関係は黒か白かをはっきり決められるものではなく、人びともまた善悪で割り切れるものではありません。私たち人間は複雑な存在です。私たちは自分のベストを尽くそうとしています。長く生きれば生きるほど、私たちは次のことに気づきます。つまり私たちが望む通りに私たちを愛することができなかった相手の失敗は、私たち自身が誰かに対して犯した過ちと同じくらい無自覚になされたものだという気づきです。私たちの中の誰もが、自分自身が得た認識に基づいて自分にできる限りのベストを尽くしているのです。

「正しく親密な恋愛関係がすべての分離の苦しみをとり除いてくれる」とエゴは反論するかもしれません。しかし、それは錯覚です。恋愛の親密性とは、より深い存在の世界とは比べようもないのです。私たちが赤ん坊を初めて腕に抱くときが親密な瞬間です。人が死ぬとき、その人のそばにいて体験するのが親密な瞬間です。自分の中心から湧き上がる本当の感情を深く人と分かち合うとき、それが親密な瞬間です。親密さを表わす根本的な入れ物として異性間の恋愛に執着することは、しばしば親密さを見つける妨げになります。聖なるつながりを創造するのはふたつの心であって、ふたつの肉体ではありません。そこに肉体がたまたま付随してきたなら、それはそれでステキでしょう。けれども、誰もが知っているようにセックスそれ自体は深いつながりを保障してはくれません。それどころか、セックスが障壁になることもあるのです。

『奇跡のコース』では「特別な愛」と「聖なる愛」の違いを説明しています。特別な愛とは、もう一人の存在に何らかの意味で惹かれるということです。私たちは相手から自分が受けとる必要のあるものを知っていて、それが実際に得られるよう努力しようと考えます。しかしながら、神だけが満たすことができる空間を埋めようとして他者との関係を求めているという自覚がなければ、私たちはエゴが完璧と考えるイメージに相手や自分自身を押し込めようとして並外れた努力をすることになります。

どんなにわずかでもコントロールや操作が働いたら、それは愛ではありません。愛は何かに強く固執しようとする行為とは相反するものだからです。エゴがつくりあげた「特別な関係」に対する神の返事は、「聖なる関係」の創造です。聖なる関係において私たちは関係性を自然のままにゆだね、その関係の意味を最初に決めようとするのではなく、その意味が自然に示されるのを受け入れます。

「聖なる愛」は、相手がただありのままのその人であることを許します。それは誰かのふるまいをコントロールしたいという欲求から私たちを切り離してくれます。しかし、それらすべては、実際の行為で示すよりも語られることの方がはるかに簡単です。聖なる愛とは、この不完全な世界で肉体に固執する私たちにとっては極めて困難なゴールなのです。自分をふり返ってみましょう。私たちは相手との関係に何らかの期待をもってはいないでしょうか？　私たちを物理次元にとどめるのが肉体であり、その物理次元こそが私たちが住んでいる世界です。私たちは正当な必要性があってここにいるのです。

男性のルームメイトとともに暮らすために引っ越したとき、私は執着のない愛について興味深いレッスンを受けとりました。彼は刺激を愛し、オートバイを乗り回してあちこちを旅する愉快な人物でした。家にいるときだけは彼をつかまえられますが、それ以外の場所では携帯電話さえも彼をつかまえることはできませんでした。「ケーシー、あなたが電話のメッセージをほとんど聞かないのは分かるけど、たとえば、この家が火事になったとしたらいったいどうするつもり？」と私は彼にたずねたことがあります。

彼は「僕は灰だらけの家に帰り着くだろうね！」と答えました。

私はケーシーに感謝しているだけでなく、彼のおどけた態度やドラマチックな登場や退場をじゅうぶん楽しむことができました。というのも、ひとつの大きな理由として私たちは肉体関係をもっていなかったのです。エゴは肉体を利用して、欲求と支配欲へと駆り立てて私たちを盲目にします。肉体を伴う地上での生活をスピリットの生活と対極にあるものとしてとらえるとき、エゴはエネルギーを受けとります。

私はかつて彼にたずねました。「ところで私たちが恋愛関係にあったとしたらどうかしら？　あなたのふるまいに私はきっとカンカンに怒り狂うわね」。それに対して彼は「もしも僕たちが恋愛関係にあったなら、僕はこんな行動はとらないはずだよ」と言い返しました。彼の人生に登場する女性のためにも、その分別のある答えが本当であることを祈りたいと思います。けれども私には確信が持てません。セックスと分離感とは混乱をきたしやすいもので、恋愛関係における最も大きな試練でもあるからです。

数カ月ほど前に、私はかつての恋人でもう何年も会っていなかった男性と夕食を共にしました。政治に関する話題になったとき、私たちの両者とも一〇年前とちっとも立場が変わっていないことに気がつきました。

つまり私たちは過去に政治的立場の両端にいて、今も正反対の場所にいたのです。ところが変わったのは、私たちがもうお互いを変えようとしなくなったということでした。

「これが十年前だったら、私たち二人ともサラダが来るころまでに傷だらけになっていたでしょうね」と私が言ったとき、すでに私たちは十分に食事を堪能していました。私たちは相変わらず確信をもって以前と同じことを言いましたが、私たちのどちらももう前のようには反応しませんでした。違う見解をもっている人とでも、夕食を十分に楽しむことができることが私たちにもとうとう理解できたのです！

子どものころ、父のベッドサイドに山積みされた本と、母のベッドサイドに積まれた本とではあまりにも違いがありすぎたことを覚えています。父はゲーテやアリストテレスを、母はジュディス・クランツやベルヴァ・プレインを愛読しました。父と母にとってお互いがあまりにも違うものを読むことが決して不自然ではなかったようですが、「なぜ、あなたはそんなものを読んでいるの？」とたずねることを躊躇しない大人に私自身は成長していました。私の問いかけに対して、かつてある男性が感じのいい笑顔とステキなキッスで「君の知ったことじゃないよ！」とユーモアたっぷりに答えてくれました。

男性をほんのちょっとでもコントロールしようとする女性を見かけると、私は心の中で思います。「ハニー、あなたはどうか分からないけど、そのやり方は私にとってはたったの一度も成功しなかったことは確かよ」

私が学んだこと、それは判断や批難をしない限り、相手の同意を求めたり自分の感情を表現しても大丈夫だということです。そこから、つまり誰かの行為をコントロールしたいという誘惑を回避するところから、奇跡への歩みが始まります。自分の考えや感情が尊敬されていると感じるとき、人びとは驚くほどポジティブに反応します。相手にそのような尊敬を感じ、実際にそれを表現するよう学ぶことがミラクルワーカーのパワーの鍵なのです。

## 教えの段階

「人間関係に関する〈教義課題〉には三つの段階があります[*]」。「最初のものは私たちが日常の何気ない出会いと見なすもので、そこでは大切なことは何も起こっていないかのように思われます[*]」。一人の子どもが私たちの前でたまたまボールを落としたり、誰かとエレベーターに一緒に乗り合わせたとします。私たちはその子どもに親しみやすいしぐさでボールを返すでしょうか？ あるいはエレベーターの中の人に笑顔を見せるでしょうか？ 「これらの偶然と思われがちな出会いは、実は少しも偶然ではありません[*]」

「二段階目の教えは、数週間や数カ月、数年などに及ぶ誰かとの凝縮された学びの体験によってもたらされます[*]」。「その人と物理的に近くにいることで、両者にとって最も高次の学びの機会が提供される限り、私たちは一緒にいることになるでしょう[*]」

「三段階目は〈一生涯にわたる課題〉を伴った教えの段階です[*]」。友人や血縁関係、恋人など私たちとの関係が一生涯続くような人との関係が考えられます。それはたとえば輝かしい生涯にわたる大恋愛のように喜びに満ちた課題のときもあります。また一生涯を通してお互いに悲しみを与え合うような親族との苦痛に満ちた課題のときもあります。とはいえ、その教えが何であっても、すべては聖なるスピリットによって組まれたカリキュラムの一部なのです。

私たちが偽りのない純粋な関係で結ばれたとき、その人との関係は決して終わることはありません。神が出会わせた人との関係を、何人も何ものも分かつことはできないのです。別れや死を通して相手とのつながりの形は変わるかもしれませんが、関係性そのものは決して終わることはありません。なぜなら人間関係は魂の関係であり、魂は永遠だからです。「私たちは最も高次の学びの機会が両者に提供される期間だけ物理的に近くにいて、それがすむと離れるように見えるだけなのです*」。愛は死ぬことができないという理由から愛は生き続けるからです。

オノ・ヨーコがジョン・レノンとともに彼らの時間の九〇パーセントを共に過ごしたあとで、彼を失った生活にどうやって耐えられたのかと質問されたとき、彼女の返事は「今、私たちは自分たちの時間の一〇〇パーセントを共有しています」というものでした。肉体の死は愛の終りではないのです。

それは口先だけのきれいごとではありませんし、恋人の死に嘆き悲しんだり、傷ついたりすべきではないという意味でもありません。しかし、私たちにはその喪失を乗り越えられるだけの支援があるということを言いたいのです。心が真理の流れに開かれているとき、その魂は物理的な喪失感を補うことができます。離婚を体験した人びとが、愛の意図をもってすべての関係者の心の癒しを求めて祈るとき、それが起こります。離婚とは、深い感情レベルでの影響力を伴うスピリチュアルな出来事です。苦い離婚を体験した親によって何人の子どもたちが傷つけられてきたでしょうか？　彼らが永遠に失ったと考える愛が実は不滅だということに気がつくことがないまま、いったい何人の大人たちが何年間も、あるいは一生涯もの間、苦しみ続けてきたでしょうか？　神の手の中に離婚という問題を捧げることで、相手との関係が物理的に消滅したとしても魂の関係は祝福されたまま残るよう神に祈ることができます。

「その関係が聖なるものにならない限り、私たちは出会う人すべてといつかまた出会うでしょう」*。今の人生で再び会っても会わないとしても、出会い、愛し合う人びとは永遠に共に結ばれているのです。そして神の祝福を通して私たちはいつしか和解することができるでしょう。誰かをかつて愛したことがある人は、その愛した人びとを天国で最初に見つけます。そして天国こそが私たちが帰るところなのです。

## 「形」対「本質」

以前、ある人からニューファンドランド島に住む漁師によって撮られた一枚の写真が送られてきました。それは水面上に突き出した部分だけでなく、水面下まで映しだした氷山の写真でした。もちろん私たちは水面上に見える部分は氷山のおおよそ一〇パーセントにすぎないことを知っています。それでもその写真は私の意識を殴打しました。氷山と同じように、私たちの目には自分の人生のほんの一部分しか見えていないという気づきはとてもショッキングなものだったのです。

すべての状況も氷山と同様、私たちの肉眼には見えないエネルギーに満ち溢れています。人びとの行為や言葉など、私たちの目が本物だと見なすものを現実と認識することによって、私たちの現実認識は基本的に全体性のごく一部しか見てはいないのです。つまり私たちは本当の現実にほとんど触れていないと言えるのです。

「肉眼に映るのは形のある世界ですが、ある状況のより偉大なる本質というのはその形ではなく中身なのです」*。結婚は形であり、愛が中身です。年齢は形で、魂が中身です。永遠不変の本質というものは中身の世界に存在し、その中身は決して変わることはありません。私たちの霊的なパワーとは、「変わらないもの」という視点から世界を変える案内者になることで開花されます。水面下のことについて知れば知るほど、水面上におけるパワーを私たちは身につけることができるのです。

私たちはこの形ある世界でこんなことやあんなことが起こったらどんなにすばらしいだろうと考えます。ところで習慣的に私たちは、私たちを完成させるものとしてこの世界を見ています。しかし私たちの究極の完成とは、物質世界それ自体は私たちのより偉大な人生のひとつの側面にすぎないと知ることにかかっているのです。

魂という自己認識ではなく肉体という自己認識の世界で生きる限り、私たちはたえず喪失の危機にさらされます。自分の望み通りにならないことが起こるたびに私たちは喪失感を体験します。私がある男性と恋に落ちたとします。そして私たちはしばらく一緒にいましたが、やがてどちらか一方が別れを決意したとします。エゴにとってそれは二人の関係の終りを意味しますが、魂にとっては二人の関係が単に形を変えたにすぎません。そして魂の方が真実なのです。本当に起こったことをより高い次元から見ることで私たちは傷を受けた分だけ癒されます。愛こそが永遠不変の中身すなわち本質です。神の手の中で愛は健やかに守られているのです。

## 悲しみのとき

「悲しみ」とはひとつの重要な癒しのメカニズムであり、霊魂がある状態から別の状態へと移行する道のりでもあります。深い喪失感を体験した直後に、人の助けを借りずに自力でできるだけ早く仕事に戻ってがむしゃらに動き回るという現代の偏執的傾向が、苦痛に対する完璧な鎮痛剤だとは必ずしも言えません。現代において「良い気分」の方が強く好まれる偏見の中で、私たちは「嫌《いや》な気分」に対して間違った見方をしています。悲しみとは好ましくはない感情ですが、それがなければ私たちは決して良い気分に戻ることはできないのです。

かつて私は人生で痛ましい出来事を体験し、深い悲しみに沈んでいました。その出来事から六週間後に、一人の友人にそのことを話していると、もう一人の友人が「私は出ていくわ。あなたたちはそのことに執着するのを続ければいいでしょう」と言って部屋から出て行こうとしました。私は「スーザン、一年後なら執着と呼んでもかまわないけれど、まだたった六週間後なのよ。それはいまだに進行中のプロセスなの」と言いました。私たちは人びとが自分の感情を十分に深く感じようとしない事実をよく残念に思いますが、反対に人びとが感情を深く感じようとすると今度は非難する傾向があるのです。

さらに私たちは嘆き悲しむことを自分に許さずに、悲しみを堕落や否定的な感情と勘違いして、それを抑圧する方向へと駆り立てられます。しかし苦痛を締めだしたり、抑圧したりするのは危険です。というのも、私たちが受けとらない出来事は繰り返され、機能不全の形で再び現われるからです。私たちが泣くときというのは、泣くための必要な時間なのです。そうすることで私たちはやっと同じことでもう泣く必要がなくなるでしょうから。

ある関係が離別や死を通して終わると、感情の重心がシフトします。いつも側にいた人がいなくなったとき、私たちは山の上の別の場所から人生を眺めるのです。肉体が存在しなくなった人のために三〇日間の祈りの行をするのはすばらしいアイデアです。たとえ、その人に対する私たちの感情が愛であっても、愛以外のものだとしてもです。祈りはさまざまな感情を中和し、澄んだ穏やかな感情へと高めてくれます。ショッピングに出かけても祈りと同じ効果は期待できませんし、できるだけ早く別の人とデートしたり再婚したりしても同じ効果は得られません。あなたが自分自身や愛する人びとともにいることで、神がそれを可能にしてくれるのです。変化を自己の一部として受け入れることで、あなたの傷痕が癒され、あなたは以前よりも進化した存在になるのです。

## 空間のはざま

私たちがより深い理解や人生の軌道修正を求め、必要に応じて船の行き先を変更することのできるチャンスに出合ったとき、人との関係性の間に神秘的な空間が生まれます。ある関係が終わったとき、私たちはそれを正直にふり返って自分の役割を査定し、必要ならば自分自身や他の人びとを許すことができるのです。「私はその関係において真正の高潔なる自己としてふるまっただろうか?」。「それともふるまえなかっただろうか?」。「私は正しい理由からそこにいただろうか?」。「あまりにも長くその関係にとどまりすぎなかったろうか?」。「または、あまりにも早く立ち去らなかっただろうか?」。「私は神が私の歩むべき道を導いてくれるのを自分に許しただろうか?」

現在、体験中の事柄に関するすべての人名と状況のリストを作っておくのはきっと便利なはずです。それらすべてを心静かに祝福しましょう。許しを求め、許しを受け入れましょう。神の存在を信じ、その問題を神の手の中にゆだねましょう。

## 愛はあまねく存在する

神の愛は、休むことなく自らを表現する方法を見つけだします。私たちが「善なるもの」にしがみつこうとする理由のひとつは、そうしなければ私たちは人生の楽しみの外にとり残されるだろうと考えるからです。しかし、そのような信念からくる支配的で貪欲な行為は、かえって私たちを「善なるもの」から遠ざけるのは確かです。本当の自己という深みにしっかりと腰を据えて十分に自己を知り尽したとき、そして他の人びとに対して彼ら自身が求めるあり方や行きたいところへ行く自由を許容するとき、宇宙は私たちが受けとれるような方法で最高の幸運を運んでくれます。

愛はいたるところにありますが、私たちの目がそれに対して開かれていなければ、見逃してしまいます。ある特定の包装が施された愛を探し求めて、別な包装紙で現われた愛に気づかなかったためにそれをつかみ損ねてしまうという経験を私たちの誰もがしています。「愛の欠乏というよりも、むしろ愛の存在を感じとることへの私たちの意識的なブロックが問題なのです*」

一〇代の少女と学校での友人関係について話をしたことがあります。彼女は一年前にはとても親密だった友だちのグループと以前ほど親しくなくなったことを悲しんでいて、新しい友達のグループにものけ者にされているように感じていました。ヘイリーはもう自分には親友はいないと思い、拒絶感や喪失感を感じていたのです。

「まあ、ヘイリー！」。私は言いました。「あなたはもっと多様な見方をとり入れるべきよ」

「どんなふうに？」。彼女は涙をためた愛らしい瞳で私を見つめました。

「愛はね、いたるところにあるの。あなたはそれ以外のもっと別の人間関係を体験すべきだってことよ。あなたは自分の人生における愛の源なの。それなのに必要以上にそれらの特定の少女たちに縛られているわ。みんな自由なのよ。あなたと親密になろうとしない人をあなたは解放したいと思うでしょう。でも、そのことがあなたの手に入る愛の量を減らすわけではないの。彼女たちを手放して、彼女たちのために祈り、あなた自身の喪失感を感じて神さまにそれを解放してあげなさい。約束するわ、もうすぐあなたに奇跡が起こるって」

私たちは祈りを行い、その中でそれらの少女との彼女の関係を神にゆだね、神が本来用意した愛を彼女が心を開いて受けとれるようお願いしました。何カ月かあとに彼女を訪ねると、ヘイリーが家に飛び込んできました。彼女がおしゃべりをする表情は明らかに幸福でいっぱいでした。お母さんに何人かの友だちと映画を見に行くことについて話している彼女に向かって、私は何か変化が起きたかどうかをたずねました。

「そうなの！」。彼女は言いました。「新しい友人ができたという意味でだけど。とっても幸せな気分よ！」。

明らかな喪失感を伴った最初の出来事がどのようにして次の良い出来事を導いたのかを私は彼女に説明しました。もう自分のものではなくなった人間関係を手放すことを学んだからこそ、新しくてすばらしい人間関係が彼女の人生に現われたのです。

彼女はうなずいて「本当に奇跡だわ」と言いました。

たしかに彼女は奇跡を体験したのです。

## 心を癒す人間関係

「苦痛」という幻想から私たちを救い、私たちのために道を切り拓《ひら》くさまざまな方法を聖霊は用意しています。そしてその役割はしばしば別の人間の手によってなされるときもあります。

いちばん見る必要があっても、そのときの私には見ることができないものをまわりから教えられ、その援助に対して心から感謝したくなることがよくあります。たまたま電話をかけてきた友人に近況報告をしているうちに、彼らと考えを分かち合うことで私が求めていた意識の明晰性や魂の平和がもたらされることがあるのです。

「私たちが成長して神の近くへ行けば行くほど、私たちは自分の本来の資質へと近づいていき同胞を助けることができます*」。神の愛としっかりつながればつながるほど、私たちは真の友人を得やすくなります。愛する人びとのためにそこにいて、適切なことを言い、何気ない助言を与えるやり方をちゃんと知っているのです。

私には深夜によく電話でおしゃべりをする三人の友人がいます。一枚の紙に私の最も重要な活動について書くよう誰かに求められたとしたら、たぶん「リチャードやビクトリアやスザンヌと話をして、何もかもぶちまけること」とは書かないだろうと思います。ところが、すべてのことに関して私の頭をクリアにしてくれるという意味で、それこそが最も大切な行為のひとつと言えるでしょう。そうした電話でのおしゃべりが想像以上に重要だということは事実なのです。

人びとがストレスに対してどのように反応するかについての伝統的な理論について、社会学者たちによる修正がなされました。それによると過去数十年間にわたって絶対的真理として提唱されてきた「攻撃か逃避」反応というものが、男性中心の調査からもたらされたものだということが証明されたのです。そして女性が調査に加えられた結果、研究者たちによって新たな反応が発見されました。それが人間関係を「育てるか癒す」反応です。言い換えると、女性はストレスに対する本能的反応として人間関係を構築する傾向があるのです。

私たちはみな霊魂レベルでは男性と女性の側面をもっています。つまり私たちはみんな攻撃することも逃げることもありますし、ときに育てたり癒したりすることもあるのです。ところで私たちが自分の考えや感情を表現するために相手に電話をかけるとき、それが魂により深い静寂がもたらされる深夜近くだということは偶然ではありません。歴史に記された当初の時代から人びとは夜、キャンプの火を囲んで物語の糸を紡いだのです。私たちは自らの霊魂を守り、自分たちの文化を守るための方法として物語を共有してきたのです。他の人びとから愛を受けとることができないとき、神の愛を感じることは困難です。私たちが神のやすらぎをお互いにもたらすことができる時間は、一日の最も重要な時間なのです。

## 私たちがいる場所

私たちは他の人の助けなしには前進することができにくい場所にいます。というのも、私たちが完全ではないという理由からではなく、結論を言うと、つまり私たちが完全だからなのです。私たちはもう自己を完全にしてくれる他者を探し求める自己の断片ではありません。私たちは今のままで完全なのです。すると次に必要なのは何でしょうか?

今、私たちは自分の内側の深いところから新しい人生を想い描かなければなりません。そして、それを実現するためには、人との関係の中にいなければなりません。人生を創造するために私たちには他者が必要であり、神の助けが必要なのです。

神の奇跡によって私たちはお互いに引き寄せられます。そしてその絆の中に、神は自らの愛を注ぎ込むのです。私たちはお互いの両腕の中で、そしてまた神の両腕の中で、新しい人間に生まれ変わるのです。そして私たちは新しい世界を心に描きます。私たちが聖なる慈しみと知性のひらめきという両翼を大きくはばたかせるとき、この世界全体が大きく変化します。そのとき神も自ら歓喜するでしょう。

そして人生は続いてゆくのです。

# 第９章 霊的な死から再生へ

中学生のとき私は化学が大好きでしたが、成績の方ではできの悪い生徒でした。ところで私の先生の頭の中には、成績は悪いけれども化学が好きな生徒というカテゴリーはありませんでした。彼女の頭の中では、「できる生徒」か「できない生徒」しか存在しなかったのです。そして彼女は私がどちらの生徒に属するかを思い知らせてくれました。

悲しいことに、化学を学ぶ生徒としての前向きな信念は、そのとき死んでしまったのです。

親から「愛嬌《あいきょう》もなければ美しくもない」と容貌《ようぼう》のことを指摘されたなら、あなたの中の美に関する信念はなくなってしまうかもしれません。また誰かに「何も一人前にできないうすのろ」と罵《ののし》られたなら、自分への自信はこなごなに砕け散ってしまう可能性もあります。また「君には才能がないから、オーケストラで演奏なんてできっこないよ」と言われたなら、音楽的才能に関するあなたの信念が崩れ去ってしまうことだってあるはずです。

大部分の私たちは、それを納める大きな棺が見つけられないくらい、今までに死んでしまった自分自身の一部を無数にもっています。「価値がない」という烙印を押され、非難され、抑圧され、傷つけられ、危機に瀕し、叩きのめされ、卑しめられ、嘲《あざけ》られ、残忍にとり扱われ、見捨てられ、嘘をつかれ、奪われてきたあなた――それらエゴを歓喜させるリストにはきりがありませんが――は、すべてあなたの中の十字架にかけられた自己なのです。

十字架の磔《はりつけ》というのは、キリスト教徒固有の概念ではありません。形而上学的に見るとそれはある種のエネルギーパターンであり、物理的にはイエスの生涯において示されましたが、霊的にはみんなの人生においても体験されています。エネルギー的にはそれはある思考パターンを象徴しています。それは神に対抗して働く意識であり、それゆえにその味方は「死」で、敵が「生」なのです。

こうして人類のドラマとして「愛」がこの世に生まれると、そのあとで「怖れ」によって踏みにじられるのです。けれども物語はまだ終わりません。「復活」もまた磔と同様に形而上学的な真理なのです。それはエゴに対する神の返事であり、愛の究極の勝利でもあります。あらゆる状況において愛が生まれ、踏みにじられ、そして最後には愛が勝つのです。

ある晩、私は娘とともに『ダンス・ウィズ・ウルブズ』（*Dances with Wolves*）の映画をテレビで見ていました。私たちは二人ともスー族のインディアンの生活、すなわち自然やスピリットと調和し、人生に秩序を与え世界を祝福するために自然の存在として生きる彼らの真のあり方に深く心を動かされました。彼らは人生そのものを聖なる宝としてとり扱ったのです。けれども西洋世界の集合無意識的エゴは当時の彼らの文明を破壊しようとして、ついに成功したのでした。

それは人類の歴史における悲劇です。私たちの外側ではなく内側に、神が創造する愛を壊そうとつねに働きかける闇の勢力がいます。その力またはエゴは、私たちが神とも他の人びととも分離しているという思い込みによって守られ、絶え間ない判断や非難を通して自らを表現していきます。それは思いやりのない言葉や攻撃や思考、暴力的行為となり、その囁きは悪意に満ちたまなざしとなり、その叫び声は人種的大量殺戮《さつりく》となって現われることもあります。闇の勢力はその燃料となる怖れの感情がある限り、つねに活動し続けます。そしてとんでもないことに、今日それは世界的規模での破壊をもくろんでいます。

私たちを十字架にかけるのが他の人びとの場合もあれば、それらすべてを自分自身で行う場合もあります。また往々にして、それは両方を組み合わせた形で行われます。エゴは相手を選ばず、誰でも手あたり次第に痛めつけようとします。しかし十字架にかけられた私たちの一部は、私たちの真の実在の一部ではありません。エゴは肉体を傷つけることはできますが、スピリットを傷つけることはできないのです。

十字架とは、物質レベル、思考レベル、感情レベル、霊的レベルでさまざまな形をとります。思考レベルにおいて、それは私たちみんなの意識の中で作動する進行性の病です。それは二次勢力、反キリスト、悪魔などと呼ばれることもあります。それは人間の体験の中でも破壊的で、生に敵対する勢力です。

エゴの究極のゴールは「破壊」という形をとって現われます。アルコール中毒や薬物依存によってエゴはあなたを単に困らせようとしているわけではありません。あなたを殺そうとしているのです。不治の病はあなたを悩ませようとしているのではなく、あなたを殺すことを欲しています。ますますエスカレートする暴力もまた、あなたに迷惑をかけるためではなく、あなたを殺すためのものです。神はそれを知っていて答えをもっています。つまり神は、私たちが自らを救えるようになるために聖なる意識を送っているのです。そして私たちが自らの聖なる本質を受け入れ、内面の変化を受け止めるとき、神は次なる計画を用意しているのです。

「復活」が十字架に対する神の答えです。それは怖れの威力が帳消しになるほどの意識の高みにまで神が私たちの意識を引きあげることです。私たちの内側に宿る神の愛、すなわち聖なる意識こそが人類がかつて暗闇を超越した唯一のものであり、これからもずっとそうなのです。

エゴの偽りや投影によるさまざまな試練に対して、私たちと同様にイエスも嘆き悲しみました。イエスの磔、すなわち無実の人間に対する拷問と処刑とは恐怖の力を見せつけ、のちに恐怖を克服する愛の力を示すための根源的な教えの一例です。イエスは死んで棺の中に三日間横たわりました。もちろん、それはイエスを愛する人びとにとってすべての希望が失われた三日間でした。けれども希望は神に属するものであり、神に属するものは決して失われることはありません。

イエスは磔の刑をあるがままに受け入れることによって、それを超越しました。他者からの血なまぐさい投影に直面しても、イエスは心を開いて愛することをやめませんでした。そして心を宇宙と同じくらい大きく開くことによって、イエスは螺旋《らせん》を描く奇跡の渦の中心になったのです。モーゼの存在によって時間と空間の法則が一時的に停止して紅海が二つに分かれたように、イエスの存在によって死の法則が中断されたのです。

私たちがもっていないものでイエスがもっていたものは何だったのでしょうか？　何もありません。「要は私たちがもっていないものを彼がもっていたわけではなく、彼は何ももたなかったということなのです*」。

イエスに象徴される神の愛は、永遠不変の真理だけを残してすべてをあまねく消滅させるのです。

## 集合意識の暗闇

今日、膨大な宇宙の暗闇に散らばる個々のかけらの影響を受けて、私たち一人ひとりへの十字架の影響が特に強まっています。それは暗闇が光を破壊しようとする普遍的なパターンであり、誰ひとりとしてその影響を逃れることはできません。光による浸食を感じるとき、暗闇は最も強力になるのです。あなたが良い行いをして愛のエネルギーを振りまいているなら、闇の二次勢力はあなたにも向かいつつあります。けれども、それはあなたの個人的なものではないと覚えておいてください。

普遍的な愛や聖なる本質のために立ち上がろうとしても、今日の世界では今までのところほとんどの場合、現状維持に終わっています。ですから、あなたはまわりとうまくやっていくために自分の気持ちにどの程度、折り合いをつけるかを決断しなければなりません。あなたも知っているように世界は恐怖によって支配され、主要な機関のいくつかはその本部として号令を発しています。「そう考えるのではなく、このように考えなさい」。「そっちの方向ではなくこちらの方へ行きなさい」というふうに。けれどもスピリットはみんなと同じことをすることを好みません。抑えがたく湧き上がるような感情が生まれないところには、本当の愛も生まれないからです。

あなたが人生の中の怖れを乗り越え、内側の愛を生きることができるならば、そして私が怖れを克服して自分の中の愛を生きることができるならば――その個々のドラマが世界の十分な数の人びとによって十分な数だけ繰り返されたならば――そのとき私たちは宇宙の暗闇を切り裂いて世界を光のほうへと方向転換させることができます。「私たち一人ひとりに価値があります。そしてどこにも中間の思考というものは存在しません」*。すべての認識が私たちや私たちをとり巻く世界に対する「怖れ」か「愛」を増幅させる方向へと導いています。すべての祈りや親切な行為、「許そう」とする意志とともに私たちが愛の波動を生み出すとき、怖れは駆逐されるでしょう。

ところで最初に私たちが自分自身の中の怖れに立ち向かわなければ、この世界の怖れに立ち向かうことはできません。そしてそれを私たちは自分一人ですることもできません。また、単に頭で変わろうと決めるだけでは、自分の奥深くの不安を癒してあげることはできません。これまで大勢の人びとが試みてきましたが、失敗に終わったのです。

しかし私たちが自分一人ではできないことを神は叶えることができます。神のスピリットが私たちに宿ると、怖れはしずめられて力を失い、やがて消滅します。自らのスピリットの完全性を受け入れたとき、過去の絶望や失意の影響は消えてなくなります。私たちが一度でも自分自身の聖なる可能性に目覚めたならば、肉体の不調をはじめ苦痛を伴う人間関係まで、世界の飢えから対立まで、すべての暗闇を追い払う勇気と知性を備えた人びとに私たちはなることができます。神とともにいることで、私たちは自分自身を縛るさまざまな意識を超越するでしょう。こうして世界は変化します。私たちが自分自身の中の光と闇のレッスンから学ぶことができるならば、私たちは集合意識レベルの光と闇の対立、すなわちハルマゲドンをなくすことができるのです。

## 墓の中の時間

十字架の処刑から復活までの三日間には形而上学的な意味があります。それは暗闇に覆い尽くされたあとに光が再び台頭するまでに要する時間を表わし、物理世界が意識の変化に追いつくために必要な時間を象徴しています。私たちが見かけに惑わされずに愛を受け止めて「奇跡」を招き入れるときに「復活」が起こります。私たちが深く傷ついたときには、魂から血が流れるのを許し、痛みを受け入れて、そのサイクルが自然に通り過ぎるのを待つための時間が必要な場合もあります。サイクルを急がせたり、傷心の想いが去るようにせかすことはできません。「これもまたいつか過ぎ去る」ことをただ知っていればいいのです。

私の友人の一人は、その三日間を「墓の中の時間」と呼んでいます。その期間、実際には奇跡がすぐそばに来ているにもかかわらず、すべての希望が失われたように思われるからです。夜のあとには必ず新しい朝が来ます。エゴは残酷で歪んだやり方で私たちに迫ってきますが、神は私たちを一日ごとに新しい朝へ、すなわち内なる平和という「約束された地」へと必ず運んでくれるのです。

私たちはみな十字架を背負い、人生に光が二度と帰ってこないかのように見えるときには墓の中の時間を経て生きてきました。しかし宇宙の流れはつねに究極の愛という方向へと向かっています。キング牧師の言葉を借りると、「倫理世界の道のりは長いけれども、それはたしかに公正さへと向かっている」のです。エゴは大声でわめき散らしますが、最後に切り札を使うのはいつも神なのです。

十字架は私たちに物理次元での一撃を加えますが、神の手の中でその一撃はスピリチュアルな贈り物に変わります。私たちの人生で何が起ころうとも、私たちはその出来事ゆえにより良い人間になることができるのです。もしも私たちが人生で躓《つまず》かなかったならば、私たちは再び立ち上がることはできなかったでしょう。そして立ち上がったからこそ、私たちを支える背骨はより強固となり、より高い位置を見据えるようになるのです。生還者の外套《マント》ほど美しいものはありません。古い人格が眠りにつき新しい人格が立ち現われる際の肉体の復活ほど、光り輝くものはないのです。

二〇世紀半ばのラジオ番組の聖書解説者として知られる牧師のチャールズ・スウィンドールは言っています。「神の僕《しもべ》として大いに用いられた強靭な意志をもった人間に対してさえも、神は彼らが深く傷つくことを許しはしませんでした」

ホワイトハウスを去って数年後に、テレビでインタビューを受けているニクソン元大統領を見た記憶があります。彼の言葉には現役時代には決して見せることのなかった英知や慈しみが感じられました。以前、私が軽蔑していた大統領とはまったく別人に変わってしまったのです。いったい何が彼を変えたのでしょうか？　自分に背負わされた十字架を耐え忍びながら、死を選ぶか、あるいは他の場所へブレークスルーするしかない窮地をいったいどのように彼は切り抜けたのでしょうか？　明らかに彼は後者を成し遂げました。この世の常識ではその本当の意味をはかることができない「挫折」こそが、スピリチュアルな次元での成功を導いたのです。

十字架は私たちを魂の暗闇へと連れ去ります。そして、そこで私たちは恥辱や怒り、憎悪の化身と格闘するのです。私たちは自分のさまざまな部分を葬り去るよう求められ、剣と楯を捨てて降伏し、避難や強情、憎しみを手放すよう求められます。私たちが裸のままで許しの心をもってそこに立つとき、光が心に還ってくるように感じられます。そして私たちがその場所を別の世界に変えたことに気がつきます。十字架は決して終わりではなく、ある意味でははじまりにすぎないのです。

さまざまな傷を抱えた私たちは、全人類の痛みの伝道者にも全人類の癒しの伝道者にもなることができます。私たちが苦しみを超越したとき、私たちの細胞に組み込まれた聖なる叡智が発動します。そのとき、私たちの人生の中の暗闇の一部が克服されます。そして同じような克服体験をした人びとや、まだ克服してはいないけれども私たちの存在によって触発されるだろう人びとのもとへと導かれるでしょう。私たちは「復活の実現」という統一されたフィールドを形成します。それによって私たちの人生だけでなく世界中の人びととの人生に恵みを受けとるきっかけが生まれてくるのです。それが今日この星で起こっていることです。人びとは誰もが世界の痛みを感じています。そして、みんなのためにより高次のフィールドを創造できるように私たちは急いで立ち上がろうとしているのです。

キリストが十字架にかけられたとき、イエスをとり巻いていた女性たちは彼の足もとに跪《ひざまず》き祈りました。それらの女性たちは、現代では私たちの十字架を見守りながらその苦しみを気遣う友人たちを象徴しています。彼女たちがイエスの肉体をとり返そうとして墓へ行ったとき、すなわち私たちが十字架の苦しみを友と分かち合い、全体性への霊的な旅へと同行するとき、以前の自分はもはや存在しないことを私たちは発見するでしょう。

神のスピリットが私たちの中で目覚めると、私たちは打ち負かされたという感覚ではなく、むしろよりすぐれた自己になった自分に気がつきます。もとの私たちは息絶えますが、生まれ変わったばかりの真新しいスピリットになりつつあるのです。熱がさめて涙が乾いたとき、私たちは本当の自己の光のもとで再び起き上がることができます。それこそが復活であり、私たちの魂へ注がれる神の光なのです。

## 生まれ変わること

十字架への熱い思いがあり、一方では復活を求める激しい思いがあります。ところで生まれ変わった自己の出現というものは物理的な出来事ではないので、肉眼では見ることはできません。あなたは同じ目をもっていますが、そこには新しい光が宿っています。あなたは同じ頭脳をもっていますが、それは今までとは別に作用します。あなたは同じ心臓をもっていますが、それは神とともに規則的な鼓動を保っています。復活とはある瞬間ではなく、あるパターンをさします。光へ二歩近づくたびに暗闇に一歩逆戻りするかもしれません。しかし一度でも前進したならば、またほんの一瞬でも私たちを復活の地へ案内することを約束してくれる神を感知したならば、本当の意味での逆戻りはないのです。

あなたを止めようとして他の人が何を言おうとも、何をしようとも関係はありません。あなたはあなた自身のために、そして他の人びとのために真新しい人生へと向かっているのです。あなたは殉教者ではなく愛の教師なのです。あなたは光を見たことがあり、その方向へと歩いているのです。

本当のあなたを知り、あなたの中に神が住まうことを知ることが大切です。そして神の目覚めとともにあなたもまた目覚めるのです。

## 信じることのパワー

聖書の中にも『奇跡のコース』にも、「見えないものを信じる人びとこそ幸いである」という意味のことが記されています。あなたがやさしさにとり巻かれているとき、愛を信じることは簡単です。でも、あなたがこの世界の非難や攻撃にさらされているとき、愛を信じることは容易ではありません。

「信頼」とは意識のひとつの側面です。私たちは永遠に変わらない愛に信をおくか、エゴという幻想世界に信をおいています。その意味では、信じる心のない人など存在しません。あなたが「災難」という認識を信じるならば、その災難があなたにとっての現実となるでしょう。災難を超えたところにある「愛」という認識を信じるならば、あなたがその変容への入り口になるのです。ミラクルワーカーは暗闇から目を逸らすのではなく、暗闇を通してその先にある光へと目を注ぎます。信頼とは一種の前向きな否定とも言えます。もちろん私たちは物理世界で起こっていることを否定はしません。この現実が神の愛の前では幻想にすぎないことを信じ、この世界自体という現実を否定するのです。

あなたは十字架の受難という現実と、復活という現実のどちらを信じるでしょうか？

私たちは無限なる神よりも、限界のあるこの世界の方により信をおく傾向があります。イエスの弟子たちが溺れかけたとき、彼らの信じる心は嵐の力の前にもろくも崩れ落ちました。イエスが現われて水の上を歩いたとき、彼は弟子たちに「君たちはパンフレットを読まなかったのかい。ちっとも水上歩きが上達していないじゃないか」と言ったわけではありません。彼は「信じる心の薄い者たちよ」と言ったのです。

信仰とは奇跡の可能性につねに開かれた心をもつことであり、聖なる空間という愛の地表に立ったとき、すべての物理的な力が私たちのために働くよう自動的にプログラムされると知っていることです。根本的に人生を変えるためには、何か新しいことをする必要もなければ、新しい人になる必要もありません。さらに私たちは復活を信じる必要もありません。復活をただ分かち合えばいいのです。私たちが謙虚になりエゴとともに退いて神の導きに身をゆだねるとき、奇跡はごく自然に起こります。力を入れてふんばることも努力することもまったくいらないのです。

## 心の変化

数カ月前にアムステルダムを訪れたとき、私は自分自身の何かが変わったことに気がつきました。子どものころから私は広範囲に旅をし、世界中のたくさんの美術館を訪問してきました。自画像や風景画、彫像、東洋の屏風、装飾芸術、宝飾品、その他そのような場所に提供されたすべての目を楽しませてくれるものが私は大好きだったのです。けれどもある特定の範疇に属する絵画には決して心を動かされることがなく、いつも決まってちらっと一瞥するだけでその前を通り過ぎていました。それがつまり、湾内の船や海洋上の船などいたるところの船を扱った船舶芸術でした。それは単に私の趣味ではないのです。

ところでオランダの美術館を訪問すると小型船の絵が目にとまるはずです。そして今回は、なぜかそれらの絵が違った意味で私の心の琴線に触れました。そのとき私は、遭難の危機に直面し、荒れた海を漂う船の絵を目にしたのです。私は船の上の船員たちへと想いを馳せました。彼らがそこにいる理由や彼らの感じている恐怖について、そして彼らが生き残ったのかどうか。私は彼らの帰りを待つ恋人のことを考え、彼女たちが海で嵐が起こったことを聞いたとき、どんなふうに感じるかについて想いをめぐらせました。私はまたその絵を描いた画家のことも考えました。その人は今までに荒れ狂う海を見たことがあるのでしょうか？もし見たことがないとしたら、どうやってこんなに迫力のある光景を描くことができたのでしょうか？　何年もの間、それらの絵を見てきたはずなのに本当はちっとも見ていなかったことに私は気づかされました。というのも、その体験に対して私の心に触発されるものがそれまでは何もなかったからでした。

同じ旅で私はアンネ・フランクの家を訪れました。『アンネの日記』を読んでから何年もたっていましたが、私が彼女の物語とその意味を自分の一部のように内面化していたことを思い出しました。今回の旅でアンネ記念館を娘とともに訪れ、彼女の家族が住んだ家の間取りを見学した私は、涙を抑えることができませんでした。彼女が眠った場所を見て、外出を禁じられ、遊ぶことはおろか窓から射す太陽を見ることさえできなかったことを思うと胸が締めつけられました。その部屋の壁には、殺風景に見えないようにとお父さんが雑誌から切り抜いた写真が貼り付けられていました。それらの部屋に隠れていた人びとと同様に、彼らをかくまうその家の友人たちが味わった言葉に言い表わすことができないほどの緊張と恐怖の日々を私は思いました。彼らが隠れ住み続け、戦争が終わるほんの一年前に誰かに密告されてしまったことや、ベルゼンの強制収容所でのアンネの恐怖に満ちた日々やアンネの死後、その収容所が解放されるまでほんの一カ月しかなかったことを思いました。自然や人間に対するアンネの深く愛に満ちたまなざしを思うと、悲しみで胸が押しつぶされそうになりました。彼女のお父さんだけが生き残ったことや、家族の死から彼が学んだこと、そして彼がアンネの日記を出版したことに私は想いをめぐらせました。そしてこれと同じような苦しみの物語が一度ではなく、何百万回も地上で繰り返されてきたことをいつも心にとどめておきたいと思いました。

部屋を歩きまわり展示品を見ながら、他の人びとの苦しみを目撃することに耐えることがどんなに大切なことかを私は娘に話しました。そのときのアンネの家族と同じくらい不幸な人びとによって、今も世界中で同じような苦しみが体験されています。神が私たちに望むように、そうしたすべての人びとのために悲しむことを自分に許すことによって初めて私たちは違う種類の世界を創造することに自己を捧げることができるのです。

ちなみに娘は私を見て「まあ、ママ、どうか泣かないで」とやさしく言いました。でも私は内心では「まあ、エマ、どうか泣いてちょうだい」と思っていました。

そうした場所を訪れない人びともいます。むしろ彼らは苦悩を感じることや世界中のあらゆる苦しみという恐怖に直面しないように自分自身を閉ざしています。そこから自分を遠ざけるためなら、できることを何だってするのです。ところでイエスがゲッセマネの園で苦悩して祈っているとき、眠りに落ちた弟子に言いました。「汝はいっときでさえ私とともに目覚めていられないのですか？」。他者が苦しんでいるときに目覚めていることの必要性をキリストは言いたかったのだと思います。そうすることで私たちは自分がどんなに並外れた幸運に恵まれているかということを思い起こすことができます。私が言う幸運とは、屋根のある場所に住み、胃袋を満たす食料があり、毎日太陽の光を浴びる権利があるということです。その幸運がみんなにとっての真実ではない限り、この地上で私たちがすべきことはまだまだたくさんあります。それに私たちが行動しなければ、いったい誰がするのでしょうか？

苦しんでいる人を助けるために何もすることができないときでさえ、彼らの苦境を見守るという行為そのものが倫理的パワーを生み出します。世界中に苦痛の檻につながれた人びとがいますが、彼らが生を選ぶか死を選ぶかは、自分を気にかけてくれる人の存在の有無を彼らが知ることにかかっているのです。

アンネ・フランクの隠れ家を訪問してから、私は運河の対岸にあるカフェでコーヒーを飲みました。私の目に映る同じ通りを走ったり、遊んだりすることをアンネは夢見ましたがそれは決して叶うことはありませんでした。私はというと自由に散策し、買い物をし、コーヒーをすすり、大声で笑うこともできます。どんな運命の贈り物によって、こんなにも恵まれているのでしょうか？

アムステルダムにはナチスによって強制収容所に送還されるためにユダヤ人が狩り集められた建物があります。彼らの多くは収容所に着くとすぐにガス室に送られました。その建物の外壁のプレートには、「私たちはここで立ち止まって彼らのことを思い出すべきだ」という内容の言葉が記されていました。そのとき私は、亡くなった魂たちが私たちの祈りを感じ、彼らにやすらぎがもたらされるよう心から願いました。

そして、その祈りがどうか私たちをもまた魂の深みへと案内してくれますように。私たちの心がその純然たる輝きを発することができますように。というのも、人類の本当の希望とはそこにあるのですから。

## 復活

恐怖の波のうねりを最終的にはじき返すことができるのは戦争という行為ではありません。それは私たちの平和を願う意識です。そして、その意識を育むことは私たち一人ひとりの責務なのです。私が言いたいのは、物事をより良い方向へ向かわせるということだけにとどまりません。すべての人間界の法則を超越して時間と空間というルールを修正し、私たちが以前死んでしまった場所で改めて蘇生すべきだと言っているのです。これまでの自己という矮小さから解き放たれて復活し、奇跡を体験するときが今なのです。神を通して、それは可能なのです。それらの奇跡は誰でも起こすことができるものであり、そうすることを今、私たちは求められているのです。

子どものころのあなたに誰が何と言ったとしても関係はありません。今のあなたは、自分が賢くて魅力的だということを十分に知っているのですから。過去に何が起こったかも問題ではありません。あなたは立ちなおり、やりなおすことができるのですから。人びとがあなたにしたことなど問題ではありません。許す心によって、あなたはきれいに洗い流されるのですから。

男になった少年たちは今、もっと偉大なる男性になるでしょう。女になった少女たちは今、よりすばらしい女性に変わるでしょう。私たちはより良い自己を誕生させることができます。自らの可能性という高みを目指す人びとも例外ではありません。彼らが規範となるからです。彼らを通して、つまり私たちによって世界の救済のための計画が明らかにされるのです。

意識が愛によって癒されるとき、新しい世界は私たちみんなを待っています。

# 第10章 あなたの計画から神の計画へ

世界の人びとの心と意識にひそかな革命の嵐が吹き荒れようとしています。それは私たちに立ちはだかる戦争や恐怖とは別に進行しています。その革命は世界観の根源的な変化であり、人間社会の文明構造を再構築する可能性をはらんでいます。それは世界を支配する意識の根本的なシフトをもたらします。平和の意識を呼びさまして、すべての戦争を終わらせるのです。それは人類の細胞構造を変革する地球規模での現象なのです。その呼びかけを感じ、その一部を担っている人びとにとっては、たとえ明らかな真実でなくともその認識は高まっています。その他の人びとにとって、それは崇高な、しかし突拍子もない考えであり、いまだに荒唐無稽でばかげたアイデアに思われるでしょう。

けれども、ある日、みんなが「よし、分かった！」と言って目覚めたことで実現した社会革命などひとつもありません。人類学者のマーガレット・ミードが述べたように、それらの革命は「意識をもった少数派」によってもたらされました。彼女によると、そうした少数派には世界を変える力があるだけではなく、「それができるのは彼らしかいない」というのが事実なのです。そして今、同じことが起こっています。

既成社会の価値観を覆す霊的に調和された文化は、すでに私たちの中にあります。それは六〇年代の反社会的な若者文化のように衣裳や音楽、ドラッグやセックスによって特徴づけられるものではなく、それを認識する人びとの内面的な存在のあり方によって表わされます。それらの人びとは少しだけ聡明な提案や意見を述べるでしょう。そして彼らは以前、現状維持派によって閉ざされた分野に新しい洞察をもたらします。彼らに見える空の星は、誰にでも見えるわけではありません。そして彼らの存在によって、私たちもその星を見はじめるのです。

## 自分の本分を果たす

「この世界を癒すという使命のために、自分自身よりも偉大な存在によって用いられたい」という純粋な欲求に駆られ、私たちはこの革命に参加して自分の本分を果たすでしょう。私たちが「大いなるもの」を神という名のもとに呼ばなくとも、何ら問題はありません。「偽りの神と共謀している人びともいるのですから*」。「最後に大切なのは、私たちの信念ではなく経験なのです*」。名前を正しく呼ばれなかったとしても、それによって辱めを受けるようなエゴを神はもっていないのです。

ところで神を何と呼ぼうとも、私たちは自分が兵士であり、指揮官が別にいるということを認識するにいたります。しかも最初に私たちがその指揮官すなわち神によって変えられなければ、世界を深く変えるための僕《しもべ》として私たちが用いられることは不可能です。この世界を神にゆだねるためには、最初に私たちが自分自身を神にゆだねなければならないからです。

変化は、世界をとらえる私たちのまなざしのシフトを通して始まります。その変化は私たちの中で大きくなり、自分自身の人生だけでなく私たちをとり巻く人びとの人生にも影響を及ぼします。古い認識から新しい認識へと、同じようにエゴ意識の変容を体験中の他の人びとと出会えるよう私たちは導かれます。そして個々の、また集合的な努力を通して、私たちは将来まわりの世界を変えるでしょう。すべての希望が失われたと思ったときにこそ、希望が再び姿を現わすのです。

皮肉屋の人びとや今は疲れきっている人びと、日常生活にうんざりしている人びと、以前は気遣っていたけれども今は日々の暮らしに忙しすぎる人びとにも変化は起こっています。それはまず心の中から始まり、やがて表面に浮上し、そしてすべての状況を変えるでしょう。

あなたの手と足を使って、神が行かせたいところへあなたを行かせ、してほしいことをあなたにさせてもいいかと、神にたずねられたと想像してみましょう。

また、あなたに神が言ってほしいことを言わせるために、あなたの口を借りたいと神に頼まれたと想像してみてください。

神の求めとして、それらのことを想像してみましょう。

「〈呼ばれる人びとは大勢いても、選ばれる人びとは少ししかしない〉という言葉は、誰もが求められているが聞こうとする人びとはほんの少ししかいないという意味です」*。その神の呼びかけの声は、私たちみんなにいつも投げかけられています。世界の救済に貢献するための資格をもっていない人など誰ひとりとしていないのです。

神に仕えることを選択することで、私たちは自分の内なる神の偉大さへと向かう道のりを歩んでいます。自分の才能やパワーや情熱を発見することで、自らを通して神のスピリットを明らかに発動させている人びとがいますが、何か特別なパワーが動きだして他者に力をふるうよう彼らを選んだわけではありません。そのパワーが彼らを選んだのではなく、彼らの方がそのパワーを選んだのです。

「すばらしいことを成し遂げた人びとは、私たちみんながてきることのほんの一部分を成し遂げたにすぎません」*。「聖霊の贈り物」は、私たちみんなを待っています。私たちの人生が神の計画に捧げられるよう私たちみんなを待っています。毎朝、私たちには選択肢があります。神の計画を追求しようとして一日を過ごすこともできれば、エゴの思惑の奴隷として一日を過ごすこともできます。神の計画を選ぶことは、あなたの人生を奇跡的な力の媒介へと変えるチャンスを選ぶことでもあります。神に自分の計画の手助けを求めるよりも、私たちがいかにして神の計画の手伝いができるかをたずねることで、すべてのことがみんなにとってより良い方向に向かうでしょう。

私たちは神の言葉を伝える指導者になるために地上にいます。つまり愛を表現する人びとになるためにここにいるのです。「〈神の言葉を伝える人びとのための計画〉と呼ばれる世界救済計画を神は所有しています」*。「それらの指導者たちはあらゆる宗教から、そして無宗教の人びとからも現われます」*。そこには特定の契約はなく、それに属する世界的な機関も施設もありません。それは心の中のわくわく感と関係をもち、私たちの中にすでに存在する内なるガイダンスシステムを活性化させます。どうやって神の手伝いをしたらいいかをたずねるならば、神はそのやり方を示してくれるでしょう。

地上に暴力と破壊の種を蒔こうと計画する憎悪に満たされた人びとがいる一方で、神は地上に平和をもたらすための青焼図を用意しています。それは実在する青焼図というよりも、神の意識の中に存在する計画です。そしてその断片は、自分の役割を受け入れることを求める人びとの意識の中にダウンロードされる準備が整っています。私たちの一人ひとりが、世界を癒すために神によって最大限に用いられる可能性をもっています。

神には計画があります。そしてそれは必ず実現します。

## 私たちの父なる神の仕事

「父なる神の仕事」の僕として働くことには、私たちがすることだけでなく私たちがしないことも含まれる場合もあります。何らかの不当な影響を打破するための消極的な抵抗が、直接的な抗議以上に効果的なときもあるのです。

不正に仕事を辞めさせられた一人の牧師を私は知っていますが、教会の理事会は、信徒団からの抗議を避けるために、その牧師の評判を傷つけることを選びました。当然、彼は動揺しましたが、彼を支えた多くの友人たちの行動が彼の心に届いたのです。

ひとつの例が牧師の髪を毎月切っていた女性です。彼の解雇後に、牧師に反対するキャンペーンで大きな役割を担ってきた理事会のメンバーの一人が、髪を切ってもらうために彼女の美容室を訪れました。その男性は毎月やってきては美容室の椅子に座り、利己的な虚偽と否認にどっぷりと浸された、事実を不正に歪曲した話を繰り返したのでした。

何カ月かたったころ、その女性はもう理事会の男性の髪を切るのがいやになっていました。彼女はもはや彼に対して気持よく仕事をすることができなかったのです。彼女の友人である牧師に対する忠誠心と彼女が理解する正義の行動規範に固く則ることの方が、彼女の仕事よりも大事だったのです。彼女には人びとを虐待するような場所自体を教会と呼ぶことが理解できませんでした。彼女はその理事会のメンバーに電話をかけて、もう髪を切らないことを伝えました。

その女性は、社会を変える倫理的なパワーは正義の行為から生まれるというマハトマ・ガンジーの「非暴力の抵抗」を実際に行動で示してくれました。そうした行為が顕著な影響力をもつようには見えないかもしれませんが、目に見えない次元ではたしかな影響力を有しています。自らの言葉だけでなく行動においても真実に則ることで私たちは世界を癒すための力の波を創造する手助けをしているのです。

一九九五年にローザ・パークは、彼女が白人のための椅子に座ることを拒否したバスの運転手に対して「ノー」とただ言うことによって市民権への動きを刺激しました。キング牧師はバス会社のモントゴメリーバスカンパニーへのボイコットを呼びかけ、何百万人もの人びとに多大な犠牲を払うことを求めました。白人と黒人の席が分けられたバスのシステムに参加することを続ける代わりに、多くの人びとが三八一日もの間、職場へと何マイルも歩いていき、ときには暴力行為やいやがらせにも耐え忍びました。不公平だと信じることに対して「ノー」と言うことで、パーク夫人は彼女の行為を引き金として途方もなく偉大な力を見せてくれたのです。

「真実の上に立つ」という単純な行為がどんなに多大な影響力をもっているかということを私たちはまったく理解していません。私たちは「たった一人の自分に何も変えられるはずがない」と思い込んでいます。しかし私たちは誰ひとりとして「たった一人の人間」ではありません。すべての意識がつながっていて、私たち一人ひとりが世界をより良い方向へと向かわせるものに対して「イエス」と言い、その反対のものに「ノー」というチャンスを日々与えられているのです。ときに私たちは世界を救う壮大な計画を探し求めるあまりに、その中での自分の役割を認識することを忘れがちです。私たちを救う計画の中では、私たちの一人ひとりが、毎日より正しい方向へと向かうことが大切です。そして一人ひとりのその小さな滴の集まりが、やがて大海を創造するのです。

友人に不当な扱いをした人に対して髪を切ることを断った女性は、彼女の友人の牧師を助けただけではありません。彼女は自分自身をも救ったのです。忠実さと高潔さというエネルギーを燃え立たせることで彼女は倫理的なパワーを生み出し、それが彼女自身の霊的な成長を促したのです。

どんな行動もすべて宇宙に記録されます。政治哲学者であるエドモンド・バークはこう書いています。「悪が勝つために必要なことは、唯一、十分な数の善人たちが何もしないことである」。ですから悪に打ち勝つためには十分な数の良い人びとが実際に良い行いをするだけでいいのです。

良いことについて、ただ話をするだけでは十分ではありません。私が「あなたを愛しているわ」と言ったとしても、行為が伴わなければ意味がないからです。また、あなたが私を誠実な友として認識しない限り、「愛する」という言葉は何の意味ももちません。私が愛していると口では言いながら相反する行動をとることは、物事を良い方向へ向かわせてはくれません。それは私たちの世界観の問題とも関わってきます。つまり「愛」という言葉を用いることが、道徳的で高潔かつ誠実であり、正直であることの確かな証であるかのように思い込んでいる人びとがいるのです。けれども私たちの言葉よりも行為の方が、神の胸にはより鮮明に刻まれます。

『ジョー・ブラックをよろしく』（*Meet Joe Black*）という映画の中で、死神が恋人の父親に向かって、彼女を愛してしまいもう離れたくないので、地上を去るときに彼女を一緒に連れていくつもりだと伝えるシーンがあります。そのとき彼女の父親は、本当の愛とは単なる食欲や欲望以上のものだと反論します。それは自分以外の誰かの本当の幸せを思いやる気持ちなのです。

愛することは必ずしもたやすいことではありません。もしもその愛によってあなたが個人的に成長しなければ、おそらくそれは愛ではないでしょう。

## 神の意志というゴール

私たちの多くにとって、問題は私たちが神を信じないことや、神の愛の伝道者になりたくないということではありません。「私たちが他にもいくつかのゴールをもっているという点が問題なのです*」。私たち個人のそれぞれのゴールが実際は神のゴールの障害になることに私たちは気づいていません。

ミラクルワーカーはふたつのことをするよう求められます。ひとつは私たちの任務として許しを実践すること、そしてもうひとつは私たちが自分のために設けたすべてのゴールを放棄することです。

私は人びとに『奇跡のコース』の講演を始めた初期のころの話や、仕事で体験した興味深いエピソードを聞かれることがあります。講演を始めてから二〇年が過ぎましたが、今、過去をふり返ると、なぜ私が苦もなく初期の業績を達成できたかがはっきりと見えてきます。私はほとんど何ももっていませんでしたし、それ以上何も欲しがらなかったのです。私は自分の住まいや仕事、友人や自分の人生に満足していました。ベストセラーの立場や印税明細書、講演契約、家の支払い、世間体など物理世界のその他すべてのことに未経験だったので、自分がしなければと感じた仕事に全エネルギーを注ぐことができたのでした。つまり私の初心者としての経験がプラスの方向に働いたのでした。

ステキな店の前を通り過ぎることは、一度も私にストレスをもたらしませんでした。私は何も買う余裕などなく、それを知っていたので美術館の前を通り過ぎるのと同じ感覚だったからです。オシャレなドレスを一着は買えるけれどそれ以上は買えないとき、そんな場合にストレスは襲ってくるのですから！

ところで今の私はというと、ミラクルワーカーとして自分がつくったすべてのゴールを放棄すべきなのに、それを実行できないでいます。講演予定や娘のエマのための十分な貯え、出版契約などリストには切りがなく、世界は褒美をくれると同時に私を檻に閉じ込めたのでした。大勢の人びとと同じように、私は自分の周囲に自分で壁を張りめぐらせて、恥ずかしげもなく愚痴をこぼしているのです。

そのとき私たちは堂々めぐりに陥ります。つまり、私たちはこの世の苦痛から逃れようともがき苦しむことで、さらなる痛みを生じさせているのです。私たちが何も知らないがゆえに心が澄みきった「イノセンス」と呼ばれる完全無垢なる状態は、神に近い清らかなものに違いありません。けれども、また違った種類のイノセンスがあります。一度は失われたけれども再び獲得したイノセンスがそれで、何も知らないのではなく他のことも知っている人によって意識的に選ばれた完全無垢なる状態のことです。自分が本当は何が欲しいのかさえ分からないときは、むやみに欲しがらないことが大切です。また私たちが何かを叶えたとしても結局はうまく機能しなかったという経験からも、個人的欲望を求めないことも大切です。私たち一人ひとりのさまざまなゴールが神のゴールに置き換えられたとき、私たちがどれほど神にとって役立つ存在になるかを想像してみましょう。

よく私たちは手本にしたいと思う人びとを見習って五年や一〇年計画の人生のトレジャーマップを作り、ゴールを明確にしようとします。しかし私たちは自分自身のスピリチュアルなゴールについても考えなければなりません。自分への問いかけは、たとえば「私は五年から一〇年以内にどこへ行きたいだろうか？」ではなく、「五年から一〇年以内に私はどんな人物になりたいだろうか？」でなくてはいけません。また自分が判断や非難を超越するまでに要する期間や、犠牲者になるのをやめるまでの期間、自分自身を許して最善の人生を生きられるようになるまでにかかる年月などでもいいでしょう。

「どんな状況においても、私たちのゴールを神の意志のままにゆだねるべきなのです*」

「心が開かれた瞬間、私たちは知るべきことを正確に教えられるでしょう*」。神は静かに囁くような声で私たちに語りかけます。許しや祈り、瞑想を通して心をしずめることで、私たちはその声を聞きとることができるようになります。

『奇跡のコース』の中の私の大好きな祈りを紹介しましょう。

神さま、あなたはどこへ私を行かせようとしているのでしょうか?
何を私にさせたいのでしょうか?
私にどんな言葉を、誰に向かって言わせたいのでしょうか?

その祈りとともに、自分を神の僕として用い、自分の手や足や思考や感情を使ってくれるよう神にお願いしましょう。より高次の使命に用いられるよう自分自身を明け渡すことを一度でも経験したとき、西洋文明を圧倒的に支配する「計画を立てること《プランニング》」への執着を私たちは手放すでしょう。人生の次の曲がり角の先にはいったい何があるのかを伺い知ることはできません。ですから私たちは目的地というものは、そこに向かう私たちの姿勢ほど重要ではないということを胸に刻んで、自分の意識の中の「聖霊の橋」を渡ることを選ぶだけでいいのです。

内なる平和は私たちの人生により肯定的な体験をもたらします。なぜなら、それは私たち自身の人格のよりすぐれた側面とつながっているからです。「私たちはうわべだけの高尚さから深遠さへとシフトし、矮小さから偉大さへとシフトします」*。人の好意や信頼をはねつけるのではなく引き寄せるようになります。そして同じくらい大切なことですが、それらを保ち続けるためのパワーを発達させるでしょう。一度手に入れても、それに執着し有頂天になって自分の中心にいることができなければ、たとえ善なるものを引きつけたとしてもほとんど意味がないからです。

## 私たちの霊的な偉大さ

私たちが成長して自らの霊的な偉大さに目覚めるとき、いったい何が起こるのでしょうか？　私たち一人ひとりの人生において、それはさまざまな形に見えるはずです。すべての瞬間が無限の可能性を秘め、どれくらいすばらしいことが起こるかを自分に許すのは、それを切望し、受けとろうとする私たちの意志によって決定づけられるからです。自らの聖なる資質に目覚めることで障害がとり除かれたその分だけ、私たちは自らの深遠さと結びついた出来事や状況を引き寄せ、または、そうした出来事や状況が私たちのもとへと引き寄せられてくるでしょう。低い波動を放出しているときは、低い波動の出来事が引き寄せられます（怒っているときに、つま先や指先をぶつけたり、けがをした経験が何度くらいあったでしょうか？）。そして私たちが高い波動を出すとき、奇跡が引き寄せられてくるのです。

そのとき人びとがどこからともなく呼び集められ、状況がひとりでに好転し、あらゆる種類の豊かさが形をとって現われます。そして奇跡が起きたときは、それに気づくことができるとよいでしょう。私たちはよく自分の問題や災難を祭るための祭壇をつくり、多くの時間と注意とエネルギーを注いでいます。ところで私たちは同じことを自分が恵まれている点についても行っているでしょうか？　私たちの意識は本当に善なるものを求め、受け入れるように訓練されているのでしょうか？

「すべてが加速度をもって移り変わる時代に私たちは生きており、私たち自身もまためまぐるしく変化しています」*。私たちの問題は、もはや穏やかなそよ風とともに運ばれるものではありません。それは荒れ狂う巨大な嵐とともにやってきます。その理由は私たちが失敗したからではありません。私たちの準備が整っているからです。神はそれを知っていて、今が本番だと告げているのです。ある晩、テレビでノルマンディ上陸作戦に関する番組を見ていたときのことです。連合軍は何カ月間もリハーサルを繰り返しましたが、ある朝、すべてが変わっていました。その日こそが本番だったのです。

地上が危機に瀕しているこの時代に、私たちみんなの人生も重大な局面にさしかかっています。私たち一人ひとりが、今、神の計画の中でしかるべき重要な位置につくために自らの聖なる可能性を完全に花開かせるチャンスを手にしています。神の意志の中に私たちが役割を担う計画が存在し、その成功は私たちがどれくらい自らの思考を神にゆだねることができるかにかかっています。私たちが第一に果たすべきことは「本来の自分」という光の中に立つことで、自分がなりうる最高最善の人間存在になることです。そこからすべての善なるものがやってきます。

私たちが選んだ瞬間に、その光の中へと私たちは足を踏み入れます。一方、私たちの心が愛に対して閉じているとき、つまり批判的になり感情を抑圧して人を許すことができないとき、私たちはまさに「本来の自分ではない」状態になっています。そうした瞬間、私たちは神の支援者ではなくエゴの人質になることを選んでいるのです。

私たちの役割や幸福、使命というものはすべて同じパワーの源、すなわちいついかなる瞬間でも愛を体現できるという私たちに与えられた能力から放たれて輝きます。また愛とは、ただ「善良であること」ではなく、それ以上のものです。それは自己という分離感を手放すことであり、大いなる生命意識の一部になることです。「私たちは全体の一部だ」ということを知ることで、個々の自分から宇宙とつながっている自己へと認識のシフトが起こります。あなた自身の中にすべての人びとがいることを知ったとき、自分自身のためだけに行動することがもはや不可能になるのです。

世界の反対側で誰かが苦しんでいるなら、その人はまさしく私たちの一部です。

変化を起こすために必要なある一定の数の人類がこのことを認識したとき、世界の平和をはばむものは跡形もなくすべて消えうせます。スピリットの次元においては私たちの目標が完全に達成され、世界が愛というイメージの中で再生されるのを見ることでしょう。肉体の次元においては、この世界をより良い場所にするために自分にできることをすることで、少しずつ変化が起こっていきます。ビジョンを想い描くことで、私たちは進路から足を踏みはずさないよう導かれるでしょう。一人ひとりの尽力を通して、私たちはより大きな目的へと貢献しているのです。私たちのゴールは、愛のないものが追放される世界をつくることではなく、愛のないものなど考えもつかなくなるような世界を創造することです。それがすなわち世界を支配する「恐怖」という偽りの権威を失墜させるほどの有り余る愛をもって思考することが、ミラクルワーカーの役割なのです。愛しかない世界、愛に満ち溢れた世界を想い描き、そのイメージを毎日、数分間ほどもち続け

いつか必ずやってくるはずです。

私たちの思考が私たちの信じる世界へと通じ、それを実現するための行動へとつながる日がいつか必ずやってくるはずです。

## 私たちは本当に努力していますか?

私が知っているすべての人びとは世界が変わることを望んでいます。また私たちは皆その役割の一端を担いたいと思っています。「人類の価値観の完全なる進化」という考え方に興味をもち、とても魅力的な思いつきだと感じています。誰もがみな用意が整い、あとは行動あるのみなのです!

でも、ちょっと待ってください。あなたには不安の声も聞こえてきます。『西ウイング』というテレビの人気番組が放映中でないときに、それをすることができるかしら?」、「子どもたちがサッカーをしている土曜日の二時から四時の間にそれを入れることができるかしら?」、「もう少しステキなところで会えないかしら?」などと。白ワインとブリーチーズを味わいながら新しい社会を生み出したいと考えている私たちは、世界の歴史の中ではかつてなかった唯一の世代なのです。

自分に都合のいいように社会を変えたいと思っているのは私たちだけです。現実を見てみましょう。婦人参政権を得るために活動した女性たちは携帯電話をもっていませんでしたし、奴隷制度廃止論者もファックスなどもっていませんでした。

しかし彼らは心に愛をもっていました。そしてあなたも私も同じく愛をもっています。

友人の書店で行うことになっている講演会で何を話すべきかをたずねると、「現代においてスピリチュアルな人生を送ることとの試練について話してほしい。だって僕たちはみんな一生懸命に努力しているからね」と彼は言いました。

でも「いいえ、努力なんてしていないわ」と私は内心つぶやきました。

私たちはさまざまな理由を見つけては自分自身に「私は努力している」と言い聞かせています。現代社会では誰もが改正論者であり、人びとは自分の過去を修正するだけでは満足できずに現在までも変えようとしています。たとえば「私は努力している」と口に出して自分を表現しさえすれば、それが真実に違いないという魔法にかけられたような思い込みにとらわれているようなのです。

私たちはスピリチュアルな人生を送ることがいかに困難であるかについてよく話をしますが、実際は瞑想もたまにしか行わないし、自分を傷つけた人びとを許そうとする最善の努力だってしていないのです。おそらく私たちは教室の中であまりにも長い年月を過ごしたために、「学生モード」から抜け出せなくなってしまったのでしょう。

しかし卒業の時期はもうすぐです。今、十分な数の私たちがスピリチュアルな原理を知っていますし、同じ本を読み、同じテープに耳を傾けたりしています。私たち自らがその原理そのものになり、原理を行動にとり入れて日常生活の中で示すときが今なのです。そうしない限り、私たちは深いレベルで本当に学ぶことはできません。また私たちの魂が啓発され、世界が変容することもありえないのです。

その場合、私たちは必要なことを知りながらもそれを行動に起こさなかった堕落の世代として歴史の中に刻まれることでしょう。そうした惨めな思いとともに死を迎えるときの気持ちなど私は想像したくもありません。

「霊性の教育」という抽象的で危険のない、象牙の塔のような頭でっかちの概念に私たちは賛同して署名をしました。しかし歴史の中でのすばらしい達成は、自分からすすんで手を汚す人びとのところへもたらされるのです。

最近、ある婦人が政治に関する不満をこぼしているのを耳にしました。「私たちは一生懸命頑張っているのに、何ひとつ変わっていないわ！」。それは彼女のジョークに違いないと私は思いました。

「まあ、違うわ。私たちは努力なんてしていない。選挙で投票したのは私たちのうちのいったい何人？」。私は彼女にたずねました。「それに努力しているというのは、どういう意味で言っているのかしら？　投票箱の前に二年か四年ごとに通っているってこと？　一生懸命に努力しただなんてまったくずうずうしい限りだわ」。私たちは世界を変えるために最大限の立派な努力をしたけれども、うまくいかなかったとでも考えているのでしょうか？　テレビの三〇分間の連続ホームコメディに慣れすぎてしまった私たちは、三〇分以内に望むものが手に入らないと努力したけれども失敗だったと感じてしまうのでしょう。「ハイ、残念だけれどもうおしまい、次の機会にね」というふうに。

マザー・テレサは彼女にできうる限りの崇高な努力をしました。キング牧師も可能な限りの尽力を惜しみませんでした。スーザン・B・アンソニーも同様です。しかし私たちはできる限りの崇高な努力などしてはいません。事実、私たちの大部分は世界を変えるための努力をほとんどしたことがありません。それなのに私たちは「変わらない！」と言って不平をこぼすのです。

ふだん人びとが「僕たちは一生懸命頑張った」と言うとき、彼らは本当は自分自身のことについて話していないのです。それは「まあ、僕の知り合いに頑張った人たちもいるさ」という意味なのです。そのことを考えると私は苦笑を禁じえません。おそらく私たちは自分の中の大きな秘密に気づいていないのです。その秘密とは、何かを変えるためのパワーを私たちはほとんどもっていないということではありません。むしろ私たちにはいまだに使っていないパワーが無尽蔵にあるということなのです。私たちは翼をもっていることを知らされていない、または忘れてしまった鳥のような存在なのです。

それでも偉大なる覚醒の鐘が私たちの間で鳴り響いています。これまで何をして何をしなかったとしても、また成功したとしても失敗したとしても、上手に活用した時間や無駄に過ごした時間があったとしても、私たちは今ここにいます。私たちは準備が整い、大いなる試練に立ち向かうために、この瞬間に存在しているのです。

「私たちが覚えておくべきこと、それはすなわち、神が私たちに仕事をくれるとしたなら、神は私たちのために目覚めを達成できるような道具を用意してくれるだろうということです*」。私たちがなすべきことは、神に私たちに何をしてほしいかをたずね、それを心からすすんで実行することなのです。

# ゴール

スピリチュアルな目覚めを体験する以前、私たちは人生の大半を自分の思うがままに過ごします。自分の予定や個人的目標、欲求などを中心に、自分の思考パターンとともに私たちは行動しています。しかしミラクルワーカーの道を歩みはじめると、私たちは人生のゴールを神にゆだねることをしはじめます。

私は自分が何をすべきかについて、かなり上手に神にゆだねている自分を発見するときがありますが、その行動をどんな態度で行うべきかについては自分で支配権を握りたくなってしまうことがあります。でも神があなたのとる行動を決めるよう許すだけでは、実は十分ではありません。神というスピリットがその行為を通して私たちの中に深く入ってくることを許す必要があるからです。

あなたはある会合に出席するよう導かれているように感じるかもしれません。しかし、もしもあなたの思考がその会合のあいだ中傲慢で批判的だとしたら、またあなたの態度が支配的だったり未熟だったりしたら、たとえあなたが「いるべき」場所にいたとしても、せっかくの機会を台無しにしてしまいます！　私たち個々のエネルギーは、私たちの善なるものを引き寄せたり撥ねつけたりしています。人びとはテレパシー的感覚で相手の意識を感じとりますから、ネガティブな人びとと一緒にいて喜ぶ人はまずいないはずです。

また、私が部屋に入って静かにその中のみんなに祝福を送るならば、穏やかな空気が増した理由をはっきりとは分からないまでも、誰もが何かを感じるはずです。意識が神とつながるとき、私たちはエゴに基づいた思考によって用意される世界よりも、よりすばらしい可能性に満ちた次元へと高められます。ですから「親愛なる神さま、私はこの会合に出席するべきですか?」と祈るだけでは十分ではないのです。集まりの部屋に入る前に「親愛なる神さま、私は今ここにいて、この会合をあなたにゆだねます。私があなたの平和を運ぶ僕となれますように」と祈ることも助けになるでしょう。

私たちは祈りの驚異的なパワーを知ろうとしない傾向がありますが、さらに同じくらい驚異的な理由から、祈りの行為がごく自然なことだと信じようとはしません。バラのつぼみが開き花を咲かせるのは難しいことでしょうか? 星々が輝きだすのは大変なことでしょうか? 神の才能のひとつとして、神はそれらをいともたやすくやってのけます。「鷲の翼がすでに与えられているのに、雀の翼を探し求めているのが私たちなのです*」。途方もないほどの真の強さを秘めているにもかかわらず、私たちは自分の弱さにしがみついているのです。

## 欲望を直感に変える

大切なのは何かをするとか、しないという点ではありません。つまり、私たちの直感がそうするよう告げたことを行い、直感が告げないことをしないことが重要なのです。ときにはすごいアイデアが浮かんだと思っても失敗してしまうことがあります。その計画が聖なる直感によるものではなく利己的なものだとしたら、その結果は特定の分野におけるあなたの才能を最大限に反映させるものではないかもしれません。

「ミラクルワーカーは〈利己的な計画を避ける〉よう注意を促されます」*。つまり、より深いガイド的感覚やインスピレーションから来るものではなく、野望やコントロールの欲求から来るアイデアはエゴ的自己からの声なので、天国によってサポートされることはありません。それらは綿密に計画されたすばらしいアイデアかもしれませんが、その人が聖霊からの光を放射しない限り、その計画は「個人の意志」であって「大いなる自己の意志」ではないのです。「ですから、すぐれた思いつきだけでは十分ではありません。湧き上がる情熱がすべてなのです*」

人びとが失敗した計画について愚痴をこぼすのをよく耳にします。「それはすばらしいアイデアだったのに！　なぜ失敗してしまったのだろうか」と。人間の意識は「すばらしいアイデア」について限られた視野しかもっていません。未来に何が起こり、誰からどんなレッスンを学ぶべきか、また私たちの行為が神の偉大なる計画にどのように組み込まれるかを知ることのできない私たち人間に、いったいどんな尺度をもってすばらしいアイデアを認識することができるでしょうか？　神の祝福を受けたアイデアは、今後明らかにされるより広がりのある善なるものの中で、私たちの才能や能力がどのように生かされるかを知らない人間の意識からは決して生まれてくることはありません。スピリチュアルな視点から見ると、今後開示されるより広い善への計画や、宇宙の働きとして組み込まれた癒しへ向かう意識はたしかに存在しています。私たちは知るべきことを知り、見る必要のあるものを示されるでしょう。神という聖なる意識は、私たちが祈り、瞑想を行い、霊的な原理に従うことを求めるときに、その姿を明らかにします。神のガイダンスを受けとろうとして自分を開くとき、自らの内側と外側のすべてのものが聖なる秩序の次元へと導かれる「流れ」の中へ私たちの意識や感情が入っていくのです。

## 聖職とは宗教的な仕事だけではない

若かったころ私は、自分の人生の中で何を知るべきがが分からないという思いに途方にくれたことを覚えています。そのころの私には、聖なる定めに従って練られた計画がすでに存在し、私が進むべき人生の軌跡が定められていて、あとは電車に乗るだけでいいとは思いもよらなかったのです。私は自分の人生の軌跡もその乗り物も自分で決めなければならないと思っていました。そしてそのどちらの計画も、何度ももろくも崩れ去ったことはいうまでもありません。

「神のやり方に従うことは、それが今までのやり方と大きく違うということ以外はさほど難しくはありません*」。その難しさとは、私たちが教わったことと違うやり方で考えることへの抵抗を克服し、思考を再訓練することへの難しさだからです。私たちの役割が実は愛することと許すことだけだとしたら、私たちの知るこの世界は間違いだらけということになります。そしてまさしくそうなのです。「この世界の考え方は、神の考え方とは一八〇度異なっています*」

自分自身をからっぽにして神とつながるためには謙虚になることも必要です。実際にそうすると、私たちは他には得られない情報でいっぱいに満たされます。自分の人生で何をすべきかなど、それらは欠くべからざる極めて重要な情報なのです。

スピリチュアルな視点から見ていちばん大切なのは、私たちが「何をするか」よりも「何になるか」だというときに、私たちはいつも「これをすべきかあれをすべきか」とささいなことで迷っています。神が私たちにしてほしいと望むこともいくつかありますが、そのやり方や実現の仕方を知るためには、まず私たちが違う人間にならなければなりません。神が私たちの中を通っていけない限り、神は私たちのために働くことは不可能なのです。

以前、旅行代理店の社員のコニーに休暇の予約を依頼した私は、ぎりぎりになって仕事の関係で出発の日を遅らせなければならなくなりました。ところが調べてみると、彼女が私に売ったのが払い戻しも変更も不可能なチケットだったのです。

そのことを知っていたならチケットを買わなかったのに、と私はショックを隠せませんでした。しかし一方では、誰かの専門的仕事の成果について示すべき不快感を表現することと、間違いを犯してしまった人に愛をもって寛大に接することのバランスをとるための絶好のチャンスだと気づいたのです。電話を切ったあとに、一四歳になる娘が私に言いました。「すばらしかったわ。ママは彼女が間違いをしたことも伝えて、しかも彼女を非難しなかったのですもの」

純粋に個人的な視点から見ると、私が休暇をとるということが神の計画とも言えるかもしれませんが、より深いレベルで見ると、その体験からコニーと私が学んだことに神の計画が関与していたことが分かります。コニーは彼女がクライアントのためにする仕事に対してもっと注意深くあるべきだということを学び、私はというと、そうした状況においてまわりの人に厳しすぎず、安易すぎない態度で接することを学んだと言えるのです。

コニーの人生においてどんなにすばらしいことが待っていたとしても、彼女がベストを尽くさなければそれはブロックされてしまいます。そして私の人生においても、人とのつき合い方に問題があれば同様のことが言えるのです。それこそが、つまり私たちの内なる光を妨げるブロックをとり除き、神の光をまっすぐに輝かせることが神の計画なのです。

『奇跡のコース』のワークブックの「私は聖職につく人びとの中にいる」というエクササイズの中に次のような言葉があります。「自分自身の価値を決めるのは私たちの役割ではありません。より大きな計画の概要が見えないときに私たちにどんな役割が一番ふさわしく、何ができるかを知ることはできず……」。続きを紹介しましょう。


あなたに定められた役割がどんなものであっても、それはあなたの擁護者でもある神の声によって選ばれたものです。あなたの強さをありのままに見て、あなたがどこで、いつ、誰のために何をすることで最も生かされるかに気づいている状態で、神はあなたのためにあなたの役割を選び受け止めてくれます。神はあなた自身というコンセントがなければ活動することはできません。……そしてついにあなたは内側の声に気がつきます。その声はあなたの役割を指示し、それをあなたに伝えます。そしてあなたがその役割を理解し、それに伴うことを行い、それに関わるすべての行為を成功させるための強さを与えてくれるのです。

「私だって神さまの仕事を手伝いたいわ。でもね、うちには三人も子どもがいるからどこにも出かけられないのよ」と言う人もいるかもしれません。けれども、聖職とは形ではなく内容で決められるものです。それに子育て以上に大切な聖職などないはずです。高校合格に向けて一五歳の子どもと意識的に注意深く向き合うことは、アフリカでエイズの患者の世話をするのと同じくらいに大切なことです。現代社会を動かしているより多くの人びとがかつて一五歳だったときにスピリチュアルな意識にもっと目覚めていたならば、おそらく世界は今ほどの混乱を極めなかったでしょう。

「聖霊は私たち一人ひとりの才能や能力が最大限に生かされる場や、最も効果的なレッスンを割りあててくれます」[*]。その計画を疑わずに、ただそれに対してあなた自身を開いてください。

少し以前に私は母を訪ね、母やその看護人とおしゃべりをしました。何年か前の私だったなら、何か重要なことをするためには世界に出ていかなければと考えてきっといらいらしたかもしれませんが、今の私が知っているのは、この世界とは私がいる場所すべてだということです。私が学んだり教えたりすべきレッスンとはすぐ目の前にあり、この場合は母とその看護人とともにいるということでした。私から彼らに教えることのできるレッスンもあるかもしれませんが、それ以上に重要なことは、彼らが私に教えてくれたことがたしかにあるということでした。自分自身の感情を克服することや、より辛抱強くなること、私に命を与えてくれた女性に対して感謝を示すことなど、口にするとおかしなほどささいなことですがどれも大切なレッスンなのでした。

私のハウスメイト（前述の留守電をめったにチェックしない男友だち）が、かつて休暇中に電話をかけてきて、大好きな女性に出会ったと伝えてきました。そして家を見せるために彼女を一緒に連れて帰ると言ったのです。彼が恋人に出会ったのは喜ばしいことですが、私たちの住まいに関するとり決めを考えると私は不安も感じました。「彼女はこの家に私たちと一緒に住むつもりかしら？」。「私や娘に好感をもってくれるかしら？」。「彼女がいてもこの家で居心地良く感じることができるかしら？」。「もしも彼女が私たちを好きになれずに、この家を出て行ってほしいと感じたらどうなるかしら？」

私は浅はかな行動に出ようとしましたが、自分の唯一の使命とは「愛すること」だと思いなおしました。彼女に会う前の何時間かの間、私は私たちの出会いが祝福されたものになるようただ祈りました。私が彼女の人生の中で愛を奏でる道具になれるよう願い、私の心が彼女に対して開かれ、私たちの関係が可能な限りの高みにまで届くよう祈ったのです。私が心と意識を正しい場所にとどめるならば、未来は最も高い可能性を見せてくれることを、そして私たちは神の宇宙を設計する者としてここに存在するのではなく、神がすでに創造した宇宙の設計図を見せてもらうためにここにいるのだということを私はそのときに知りました。その宇宙は私やその他すべての命ある者への愛であますところなくつくられていました。そして私の使命はそれを信じることでした。

愛は無限であり、限りなく創造的です。その女性が家にやってきたとしたら、それはその日の私への恵みであり、私のスピリチュアルなカリキュラムの一部なのです。いま起こっていることだからこそ、それが重要であり、今の現実こそが最も大切な現実なのです。起こっていることすべてが私たちの傷ついた部分を癒すためのチャンスであり、心と意識を神の愛に対して開くべきときなのです。

新しい状況に対して心を開くというレッスンであれ、慈愛をもって人との境界線を引くというレッスンであれ、それがどんなものであれ学ぶべきレッスンです。ところでレッスンを学ぶための鍵は、私の心を開くことにかかっていました。宇宙と自分自身を聖なる秩序へと導くための役割を自分に課すことができるのは、その方法だけなのです。

そんなことに思いをめぐらせながら、私はより高い世界が開かれるための道筋を整えようとしました。そしてそれは成功したのです。その夜が終るころには、私たちは親しい友人になっていました。

## 神はあなたの雑用係ではない

私たちはときどき買い物リストを手渡すような軽い気持ちで神に向かって話しかけることがあります。「どうか私のためにこれとあれをしてください」と。

私たちは欲しいものを望むべきではないとは言いませんが、もっと大切なことがあります。それは神が私たちに何を望んでいるかをたずねることです。神に仕える立場に身を置くことが、周囲のすべての人びとや物事の間の正しい関係を見つけるためのいちばん重要な鍵なのです。

私たちは神を抜きにして世界を救うことは不可能ですが、神もまた私たちなしには世界を救うことはできません。私たちが神の計画に応じられるよう努力する中で、自分の役割が計画全体のどこに組み込まれるのかを必ずしも知ることはできません。私たちは知る必要もないのです。私たちに最も必要なのは、私たちを思いやる神に感謝して神を信頼する気持です。神は小さなスピリットも創造しませんし、小さな計画ももっていません。神は偉大さの中で私たちを創造し、私たちのために偉大なる計画をもっています。神の創造物の中に「平凡」という言葉が入り込む余地などないのです。

人生において私は「そんなことできっこないわ」と考えて、すばらしいチャンスから身を引いたことが何度かありました。でも現実には、それが神によって私の目の前に差しだされたものだとしたら、それをしようとしない私とはいったいどんな人間だというのでしょう？　他のすべてと同様に、私たちは「謙虚」と「傲慢」という言葉の意味をまったく正反対にとり違えています。「神があなたに求めたことをできないと考えるのは決して謙虚ではありません。むしろあなたを創造した神よりもあなたの方が自分のことを知っていると考えることは傲慢そのものなのです[*]」

「神にガイドを受けたことについては、あなた自身の準備が整ったかどうかなど思い悩まずに神の言葉につねに耳を傾けてください[*]」。神が采配をふるうことのできる媒体になるようあなたが求められたら、ただリラックスして聖なる瞬間にやすらぎ、聖霊があなたの思考や行為を導いてくれるに任せましょう。私たちは蛇口にすぎず、神がそこを通る水なのですから。

「怖れを感じるということは、私たちが自分自身の強さを望んでいるという確かなサインでもあります[*]」。怖れの中に飛び込むことは私たちを大きく成長させてくれるからです。そして成長することで、あなたはあなた自身の中の神に近づくのです。

それを知ったあなたは、すでにゲームのはるか先頭に立っています。

## 決断する

この世界は、私たちに頭での知的な判断を求めてあらゆることを告げてきます。しかし「聖なる知識」に並ぶ知性など、どこにも存在しません。それは過去、現在、未来のすべてのことが明らかにされて祝福を受けた場所から発せられる知性だからです。そのとき、すべての生命あるものにとっての最善に基づいた決定が下されます。すべての判断を神の手にゆだねるということは、個人の責任を放棄することではありません。それは責任を負うための最高次元の形態なのです。

自分で何かを決めるとき、私たちは盲目的になっていて次の曲がり角が見えない状態であるばかりか、過去において自分に欠けていると思った何かを補おうとしています。ところが過去は貧相な案内役にすぎません。バックミラーをじっと覗き込みながら、車を前進させるようなことはできないからです。「何かが欠けている」という認識が私たちの核となる信念を形成し、必然的に私たちは潜在意識下で同じことを繰り返します。エゴの意識から下された決定は、さらなるエゴを呼び寄せる結果を招きます。私たちの意識や人生は、エゴによってますます強く支配されるのです。ところで聖霊の手に問題をゆだねたとき、神は私たちの認識を引きあげて再調整してくれます。問題を祭壇に捧げるとき、神は私たちの思考に変化をもたらしてくれるのです。

夜、寝る前に祈りとともに何かをたずねると、分かりやすいガイダンスを受けとることがよくあります。「私はこうすべきでしょうか?」あるいは「あれをすべきでしょうか?」と祈ると、眠っている間にしばし関連のある夢が現われたり、夜中にガイダンスによって目覚めたり、「答えが分かった」という感覚とともに翌朝目覚めたりします。

そうした瞬間はとても大切です。なぜならエゴによる思考のフィルターがかけられたり、神の声が覆い隠される機会がまだ訪れないときだからです。子どもたちに夜、祈りの言葉を言うように教えるのは私たちなのに、大人には祈る必要がないと考えるのは実に奇妙なことです。一度大人になったなら、すべてを知りつくしていて何の助けも必要としないとでも言うのでしょうか?

娘が生まれたとき、彼女の誕生証明書にインディアという名前を書きました。それは私たちが何カ月か前に決めた名前だったのです。けれども彼女を病院から自宅へ連れてきたときにすっきりしない思いが残り、いくつかの他の名前が浮かんできました。そこで私はその夜、眠りにつく前に祈り、彼女の名前を何にすべきか神にたずねました。翌日、目覚めの瞬間に鮮やかなイメージが浮かんできました。自分が起きていてはっきりとした夢を見ているかのように、ブロンドの幼い女の子が白い看板を手に持っているのが見えたのです。そこには大きな黒い文字ではっきりと〝ＥＭＭＡ〟と書かれていました。驚いている私に向かって、その女の子が「マミー、私の名前はエマよ」とはっきりと言ったのです。

神の声はスピリチュアルな無線信号のようなものです。夜遅くと朝の目覚めのころはクリアな受信音が得られやすいので瞑想にいちばん適しています。それらの時間はまだ世界が私たちの方に寄り添っていないときで、俗世界の計画の混乱に私たちの意識が煩わされない時間なのです。

とはいえ一日のどんな時間であっても、私たちは人間の意識を超えたところから来るガイダンスに波長を合わせてそれを受けとることができます。

一九八四年の初めに臨時の秘書としてロサンゼルスのワールドセービングビルで働いていた私は、ちょうど「フィロソフィカル・リサーチ・ソサイエティ」と呼ばれる哲学を研究する組織の要請で『奇跡のコース』の講演を始めていました。私の講演に少数の人びとが集まるようになりましたが、私にはこれが生涯の職業になるという予感などまったくありませんでした。ところが、ある日、職場でエレベーターの前に立ちながら、私の頭の中でベルのようにはっきりした声が聞こえてきました。「これがあなたの最後の秘書業務になるわよ」。また別な機会にも、極めて個人的なガイダンスが私の進むべき道を照らしてくれたことがあります。私が知っている他の人びとも同じようなことを経験しています。エゴの世界観が考える以上に、さまざまな意識の次元がたしかに存在しているのです。

神の声は私たちが存在するこの世界の現実を無視することはありません。聖霊はこの世界を理解し、神の計画の中におけるこの世界の位置づけも理解しています。「聖霊は神からの使者であり、この世界の幻想へと分け入りながら、それを超えた場所へと私たちを導いてくれます*」。聖霊は天国の原理をもち続けながら、地上に住む方法を私たちに示してくれます。「この世界やこの世界での責任を無視せよ」とは決して言いません。私たちが人生をもっと深い意味で送ることができる方法や、この世界を救う最善のやり方を示してくれるのです。そのようにして私たちは、この世界に愛を復活させようとする集合意識に加わることができるのです。

何度も神のガイダンスを聞きながらも、私たちは自分の意識が信じるものと神の声との折り合いをつけることができないでいます。「その仕事がシアトルにあるというのに、なぜ心の声は私にシカゴへ行けと命じるのかしら?」。一年後にあなたはその理由を理解し、シカゴですばらしい何かを失ったことに苦い失望を味わいながら「あのときシカゴに行くべきだと感じたのに……」と後悔する自分を発見します。内なるガイダンスに従わなかったために何度も失敗を体験することで、あなたはより心の声に従順になるでしょう。神の意識には私たちの幸福と、すべての命あるものへの幸福だけが存在しています。それを理解したとき、私たちは神の道によりたやすく従うことができるようになるでしょう。

## 愛につき従う

神への従順とは、愛の命じるままに、つまり私たちの幸福と善だけを願う存在によって示された考え方や行為に従おうとする意志を表わしています。それは自己への興味を装いながらも実は自己を破壊しようとするエゴの思考や行為とは対極に位置しています。

つまり私たちは「厳格でいかめしく批判的で偏狭な神」という伝統的な神の概念からの根本的な決別を求められています。人生の目的とは幸せになることであり、神は私たちが自分の幸福を望むよりももっと強い意志で私たちの幸福を願っています。神に自己をゆだねるとは、私たちの意識の中の至高の善とともにある存在に対して自分を明け渡すことです。しかし、そう信じることは、伝統的な宗教の大半の教えとは相容れないものです。エゴにとっては苦しみのほうが幸福よりも重要で現実的に思われます。エゴは苦しみが物事を変化させるととらえていますが、聖霊は喜びもまた物事を変化させることを知っています。無心に遊んでいる赤ちゃんを見て微笑まない人がいるでしょうか？　パートナーに愛されることで自然に笑顔がこぼれてはこないでしょうか？　創造的な仕事を成し遂げたときに、嬉しさで笑顔が溢れてこないでしょうか？　喜びよりも自然な感情など何も存在しないのです。

「エゴの魔法にかけられた私たちは〈私は神の意志を行動で示したいと思っているのだろうか、あるいはただ幸せになりたいのだろうか？〉と自問自答する傾向があります」*。「幸福イコール神の意志」であることを疑う限り、私たちは往々にして自分を裏切るような決断を下してしまうのです。「神が私たちを幸せにしたいと心から願っている」という確信がもてなければ、神に自分をゆだねることなどできるはずもありません。

日常生活で決断を下すときは、あなたが心で感じることと世間的な側面との比重のバランスをとることが大切です。法的、医学的、会計学的見地、その他の専門的な視点が出揃い、すべての選択肢が調査されて分析されたならば、あとの決断はすべて神の手にゆだねられるべきなのです。「何かを決断する際に最も有効な方法とは、〈私のために決めてください〉と神に祈ることです」*

親愛なる神さまへ

どうか私のためにこのことを決めてください。
私には未来が見えません
でもあなたには未来が見えます。
私にはみんなにとって何が最善なのか分かりません
でもあなたはそれを知っています。
私にはこのことの意味が理解できません
でもあなたは理解しています。
親愛なる神さま
どうか私のためにこの決断をしてください。
かくあらせたまえ。

こうした祈りによって、スピリチュアルな力があなたのためにすばらしいことを成し遂げてくれるでしょう。それは必ず約束されています。

神に何度質問しても答えが来ないように感じられるときもあります。そうした場合の本当の答えとは、「断酒会」でもよく言われる「時がたてばひとりでに明らかになる」ことと私は知っています。その答えが「これをしなさい」とか「あれをしなさい」というほど単純ではない場合もあります。また自分の内側へ深い理解とともに入り成長し続けるにつれて、やがて何をすべきかが自然に分かったり、質問自体が答えになっていて、より辛抱強くなることが求められる場合もあります。「限りない忍耐力だけが確実な結果をもたらします*」。私たちの信念が十分に強いものならば、神が私たちの声を聞いてくれないとか、神が答えを返してくれないかもしれないなどと言って思い悩んだりはしないはずなのですから。

みんなにとって最善のことを自分が知っていると嘘ぶきながら、神だけが下すべき決断を代わりに私たちにさせようと誘惑する「偽りの信念」という問題もあります。たとえば、「彼は私を必要としているから離れられないわ」とか「僕はこの仕事を続けなければならない。だって、ここのみんなは僕がいなければ、その仕事をすることができないのだから」といった考えがあげられます。

「事実は〈勝ち負け〉ではなく〈誰もが勝者〉という宇宙であり、聖霊がある状況の中に入っていくと、自動的にそれに関わるすべての人びとが勝者になるのです*」。私たちは誰かを傷つけるかもしれない決定を下すことを怖れ、それを避けようとしてまわり道をします。しかし、ただ祈り求めるだけでいいのです。すべての人びとにとって究極の最善が何かを知っている神によって、より視野が開けた高みから、私たち人間の意識が思いつく以上にはるかに賢明な決断が下されるでしょう。

あなたへの神のガイダンスがどんな内容であったとしても、それは長い目で見ると周囲のみんなにとってもベストとなるはずです。

神に決断をゆだねることは、深く自己を明け渡すためのもうひとつの形です。私たちの内に神が招かれたとき、より深い洞察力がもたらされます。それは「より深く知る」というさらなる次元が開かれるからです。自分を空っぽにしたとき、私たちは溢れるほどに満たされます。自分の無知を自覚したとき、私たちはすばらしく賢明になることができます。そして自分の無力を知ったとき、私たちは非常にパワフルになれるのです。

人間の知性の代わりに聖なる知識とつながることで、私たちは表面的な形を超えた世界をとらえはじめます。そこでは何ひとつとして同じものはないのです。

# 第11章 今までの自分からこれからの自分へ

「変わるのが怖い」とよく人びとは口にしますが、私は物事が変わらないときに不安でたまらなくなります。変化とともに自分が成長していると思うからです。

私の家を訪れる人びとは決まって「待って、その絵は他の部屋に飾られていたんじゃなくって？」といった質問をします。家具（特に枕の位置）を動かすことに異常なまでにとりつかれている私は、友人が座っている椅子をその場で持ちあげたことがあるほどなのです！

けれども私は自分が望んだ変化によって圧倒され、ぶちのめされたこともあります。変化のエネルギーをやすやすと解放できるつもりでいたのですが、それが大変な苦痛に変わってしまい、「明るい春」のようにとらえていた変化が、ハリケーンに変わってしまったのです。私は変化のエネルギーを過小評価していたのでした。外側がめまぐるしく動いているときほど内側にゆっくり入っていくことが大切だと学んだ私は、「変化」という話題に対して謙虚さを身につけました。私は自分が変わることも変化それ自体も怖れてはいません。けれども、何かが起こっている最中に自分がゆったりしたペースで意識的に祈りを行おうとしないとき、自分自身に不安を感じるようになったのです。

一九九二年に私の最初の本『愛への帰還』が出版されました。オプラ・ウィンフリーと、その本に対する彼女の有り余るほどの熱意のおかげで私の世界は大きく変化しました。マスコミの注目を浴びてちょっとした著名人になると同時に、以前に所有したことのないほどのお金が入ってきたのです。私はそれをただ信じられない思いで受けとったわけではありません。あまりにもしなければならないことがたくさんあったのです！　私は頭を切断されても動きまわる鶏のように、聞くことや反省や瞑想や考えることに時間をさく余裕がなくなってしまいました。神を招き入れて状況を説明してくれるようたずねるためにも、自分の内なる部屋で休息する時間が最優先されるべきことを私は忘れてしまったのです。あまりにもめまぐるしく動いていた私は、物事の優先順位をとり違えてしまい、あとで後悔するはめになりました。

最初の印税としてそれまで見たこともないような大金を受けとったときのことを覚えています。その当時、ロサンゼルスに住んでいたということもあり、大金をもつ幸運に恵まれたならまず家を買わなければならない、という考えを私は信じ込んでいました。ところが、それについて祈りながらガイダンスを求めたとき「あなたのアパートの内装を変えなさい」という奇妙に思われる答えが返ってきたのです。

その言葉が私の頭から離れませんでしたが、私の周囲の人びとはそれを一笑に付しました。「家を買うことができるときに、なぜアパートの内装を変えなければならないの?」と。『奇跡のコース』の中には、聖霊がときどきびっくりするようなガイダンスを授けると述べられていますが、私はそのことをすっかり忘れていました。私は自分の内なる声の代わりに世間の声に従ったのです。

大いなる計画という視野から見れば、あなたが家を買おうがどうしようが大した問題ではありません。けれども、あなたの心の声が意識に届きにくくなることのほうが実に重大なのです。なぜ聖霊はアパートの内装を変えるよう私に告げたのでしょうか？　その理由は、私には自分の人生がさしかかった新たな転換期に慣れるための時間が必要だったのです。私が物理的に住んでいる新しい世界に情緒面での折り合いをつけて、新しい状況の中で成長していくためにも、最も成熟したやり方で物事の意味を考え、新しい状況への対応の仕方を考えるためにも時間が必要だったのです。ときに変化は竜巻のようにあなたを持ちあげて、まったく知らないどこか新しい場所に連れ去ろうとします。竜巻は破壊的で、しかも猛スピードで動きまわります。スピードとは、建設的な変化の敵になることもあるのです。

アパートにとどまるように告げられたもうひとつの理由は、「さよなら」を言うためだと私は考えています。新しい何かに変容するよう求められた自分の一部に別れを告げて、新しく生まれた自分の一部に挨拶をする必要があったのです。私が人生の中で犯した最も大きな過ちは、すべてもっと時間をかけたならば犯さなかったような過ちです。考える時間や瞑想する時間、そして祈りのための時間を。

あなたは今、ある状況から別の状況へ、たとえば高校生から大学生へ、独身生活から結婚生活へ、または結婚生活から独身生活への変化のただ中にいるかもしれません。あるいは子どものいなかった人が親になったり、子どもがいたけれども今はいないという人もいるかもしれません。あなたがどんな扉を通過しても、あなたの人生はもとの人生と決して同じではありません。あなたが以前いた部屋はもうあなたの後ろにあるのです。

あなたの足もとにある感情面での土壌が変わるとき、新しい環境に自分を順応させるための時間が必要になります。変化の中を自覚のないままに流されることは、間違いの原因になるのです。

## 変化の方向性を指示する

ひとつの人生の舞台が別の舞台へと変わるとき、あるひとつの時代が終わり新しい時代が始まります。そのような移行期をスピリチュアルな視点で、どのように方向づけるかによって次にやってくる喜びや絶望が決定づけられます。変化のただ中を進むとき、私たちは変化に抵抗するか、変化を意に介さないかの両極端な態度に引き込まれるかもしれません。それらの極端な態度とは、本当は表裏一体で、どちらも変化に対するエゴの反応です。私たちのより深いスピリチュアルな使命とは、それらの両極端な姿勢を避けて中庸の立場を保つことです。

中庸とは感情的な節度を保つことです。それによって、あらゆる状況に本来備わっているチャンスや落とし穴に対して深い意識的な気づきがもたらされます。内省の余地が生まれ、意識的に目覚めた状態でいる能力や何が起こっても責任をもって行動できる能力が与えられるのです。中庸を伴わない変化は、奇跡的などころか破壊的にさえなる可能性をはらんでいます。とはいえ、その変化が幸せなものであっても悲しいものであっても、私たちが霊的に目覚めているならば、すべては聖なる経験になりうるのです。

変化が喜ばしいものであるならば、神やあなたを助けてくれた人びとに感謝し、自惚《うぬぼ》れたり有頂天にならないよう心がけることで目覚めた状態でいられるでしょう。得意になって舞い上がると、せっかくの幸運を台無しにしてしまいがちです。これからも自分が幸運にふさわしい存在でいられるよう祈ることで、あなたは目覚めていられるのです。

人生に前向きな変化が起こりつつあるとき、静かに座って深呼吸する時間をとることは実に良いアイデアです。あなたの心の目の中で、新しい状況を思い浮かべて、そこであなたがベストを尽くしてとり組んでいる様子を想像してみましょう。目を閉じたまま、深く呼吸をしてあなたが自分の内側のその可能性に向かって、内へ内へと広がっていくように感じてください。そのようなエクササイズは根拠のない空想ではありません。あなたの思考のパワーを実際に高めてくれるのです。

あなたがそうした努力をしなければ、エゴはあらゆる手をつくしてあなたを潰そうとします。つまり、それこそがエゴの存在理由なのです。新しい状況の真ん中にあなたの感情の中心となる確固とした核を築かなければ、その状況の内側にいても、あなたは心理学的にはその外側に置き去りにされるのです。あなた自身の霊的な中心核を据えてそこに存在しなければ、新しい状況からの恩恵を最大限に受けとることもなければ、自分の中心にいながら最もパワフルなやり方で行動することもできません。サイキックな目に見えない空間はどの点から見ても本物であり、目に見える物理的な空間よりも、ある意味でよりリアルに実在しています。あなたの肉体がここにいて、心がずっと遠くの別な場所にいるとしたら、ふたつの距離の開きはあなたの人生の中に必ず反映されるでしょう。

## 儀式を用いる

私たちの現実の世界を内なる現実とつなぐためのパワフルな方法に「儀式」があります。簡単な儀式を用いることで、あらゆる変化のプロセスを光に満ちた意識で満たすことができるのです。

子どもが生まれたときには、たとえば「洗礼」や「割礼」や名前をつける儀式を行うことで、あなたの赤ちゃんの子ども時代の体験や親子関係を高めることができます。

また子どもたちが思春期へと成長するのを見守る時期には、大人になるためのセレモニーや「ミツバー」と呼ばれるユダヤ人の成人の儀式を行うこともできます。子どもたちの人生の新しい局面を高め、彼らが子ども時代に「さよなら」を告げて成人期を迎え入れる手助けをすることができるのです。

新しい仕事を始める場合も、儀式を使うことですばらしい成果が得られます。それが神の目的に奉仕する仕事であるよう願い、私たちの努力を支えてくれるようスピリチュアルな力を招き入れることができるのです。結婚においては、愛する二人の心を結び、結婚に介在し、それが世界への祝福になるよう祈ることで、単なる結婚以上のことを成し遂げられます。また離婚に際しても、二人の心が癒されるよう神に援助を求め、自分自身を許しで満たし、新しいはじまりへの道を切り拓《ひら》くことで、それ以上のことを成し遂げられます。仕事を失ったときも、神にその状況を祝福に変えてくれるよう祈り、豊かさと奉仕というより高次の形式を用意してくれるよう求めることで単なる失業以上の出来事を体験することができるでしょう。愛する人を失ったときも、彼らの魂と自分の魂が神の腕の中でやすらげるよう追悼の儀式を行うことで、死を超越することができるのです。

二〇〇四年の夏に、アメリカ合衆国は戦争の中で自由を求めて勇敢に戦った人びとに公式に敬意を表して「第二次世界大戦記念館」の式典を開催しました。また「ワシントン記念館」は単なるシンボル以上の重要な意味をもっています。国家のために多大な犠牲を払った人びとを恒久的に祭ることで、それは国家の精神的な金字塔の役割を果たしているのです。しかも、その偉大なるパワーを維持するためには、記念館そのものがそこを訪れる人びとのエネルギーによって情緒レベルや霊的レベルで満たされなければなりません。「リンカーン記念館」や「ジェファーソン記念館」、「ワシントン記念館」を観光気分で訪れる人びとがいることをあなたは知っているはずです。しかし一方では、都市の「巡礼の旅」のような気持ちで、敬虔な魂とともにそこを訪れる人びともいることを感じるでしょう。彼らの心と意識は、私たちの前に生きた偉大なる魂――決して会うことはできないけれども私たちの今の生活に深い影響を及ぼした人びと――との聖なるコンタクトに対して開かれています。あなたはジェファーソンやリンカーンの言葉の引用文を単なる歴史的興味で読むこともできれば、彼らの力強い人生の意味や慈愛の精神に魂をどっぷりと浸すこともできるのです。旅はすばらしい儀式的要素と可能性を秘めています。エジプトのスフィンクスやピラミッドやギリシャのパルテノン宮殿、バリの「マザーテンプル」と呼ばれるブサキ寺院や英国のグラストンベリーの僧院を訪れるとき、あなたがどんな人間でどんな時期にそこに行ったか――どんな意識をもってそこを訪れたか――によって、その訪問が人生に与える影響の深さが決まるでしょう。

儀式への欲求とは本能的に人間に備わったものなので、私たちはそれが必要とされるときに自発的に儀式的な行為を行います。ダイアナ元王妃の死後、ケンジントン宮殿に捧げられた無数の花束や、故ケネディ大統領の住まいのドアの前に置かれた花束やテディベア、写真など、またオクラホマシティのマーラフェデラルビルの爆発現場をとり巻くフェンスに貼り付けられた写真や祈りの言葉や詩はもちろんのこと、ニューヨークのワールドトレードセンタービルの犠牲者のために数千人の人びとが祈った「キャンドルライトの集い」など、人びとは自分自身の感情を捧げ、整理し、意味を与え、霊的に高めるための容れ物が必要なことを知っているのです。

大統領の就任式や君主の戴冠式のように集団で行われる儀式もあります。霊的な通過儀礼は法的な手続きと同じくらいに重要です。それは指導者の心はもちろん、指導者によって導かれる人びとの心にも触れるのです。

もし私が選挙で票を投じなかった誰かがリーダーになったとしたら、私の心はその人にすぐには従おうとしないかもしれません。しかしながら就任式を行うことで、私が抑制しがちな精神的、感情的、霊的レベルでの承認が可能になります。人びととリーダーとの間には人類の霊魂の中に刷り込まれた古代からの原型的な絆が存在し、儀式が行われることによって心の中の「善なる意志」が呼び出されるのです。

物事がうまく運んでいるときも、神を称えて感謝を捧げるための儀式を行いましょう。何か悲しいことがあったときも、あなたが耐え抜けるよう援助を求めて天使を呼びだす儀式を実行しましょう。どちらの場合も、儀式によってあなたは光に包まれ、物理的な勢力のあなたへの影響力が失われます。あなたの外側の出来事とは、あなたの内なる力を再調整し、本来その力が属する故郷の世界へと引きあげて還すために起こるのです。そして聖なる儀式は、天国と地上を結びつけるものなのです。

儀式を行うことで、分裂した世界は再びひとつになります。

## 変化に向けて心の準備をする

娘を身ごもったことを知る前の数日間、すべてが変わろうとしているという強い感覚を私は感じていました。それが私の知り得たすべてでした。何かが変わりつつあるという認識が私の意識にはっきりと形をとるまでには時間が必要でしたが、いざそれが認識できても、以前妊娠した体験のない私には、どんなに深く根源的な変容がひそかに始まっていたかを知る由もなかったのです。

娘が生まれたとき、私は彼女を心から歓迎しました。しかし私の霊魂は高められたのと同じくらいその体験によって変化を余儀なくされました。今の私は妊娠と出産が女性の肉体の中で起こっている変化と同じくらいに重要な精神面、感情面での変化に満ちた体験だということが分かります。もちろん物質性を重んじる文化においては、感情的な変化よりも物理的な変化により信頼をおく傾向がありますが、それが私たちに不利益をもたらす場合もあります。「彼女は妊娠中だから今はちょっとおかしいよ」とは、妊婦の精神状況を深く説明している言葉ではありえないのです。私は、母親になるための準備を目に見える生活面だけでなく、内面的にも整えるべきだったと悔やんでいます。私のアパートに彼女のために作られた部屋と同じくらいに細心の注意を払いながら、自分の内側にも部屋を作るべきだったと思うのです。彼女の部屋は可愛いピンクと白の雲が描かれ、天上の近くでは幸福の青い鳥たちが何本もの黄色いリボンをくわえていました。でもふり返ってみて、母性という内なる原動力が動きだしたばかりの自分の心の中の部屋にももっと注意を払えたならよかったのにと感じています。

私には他にどんなやり方ができたでしょうか？　私のために盛大なパーティが友人のビクトリアの家で開かれたのを覚えています。エマが生まれる一週間ほど前に、一五キロも体重の増えた妊婦の私が女友達にとり囲まれて友人の家のソファに座っている（その行為を〝座る〟と呼べるならば、ですが）様子を撮影した一枚の写真があります。彼女たちが私にもちよってくれたプレゼントはどれもすばらしく、私はたくさんの愛を感じました。しかし、そのとき私が人生の重要な局面に向かいつつあることを知っていたなら、女性の輪の中で、娘と私という二人の女性の人生にその特別な瞬間を刻印するための儀式的セレモニーを行っただろうと思うのです。母になることは日常を超えた神秘です。それはトイザラスの台帳に出産祝いに欲しい品を記入して友人に知らせることで助けられたり啓示を受けたりする類の体験ではないのです。

出産では二人の女性が誕生します。つまり母親の子宮から赤ん坊が生まれ、もとの妊婦という存在から新しい女性が生まれるのです。肉体レベルの誕生は多かれ少なかれ自然に進行しますが、精神レベルの再生は私たちが意識的にとり組まなければならない体験です。

出産後の鬱《うつ》状態は、宗教色の濃い社会には見られない症例ではないかと思います。事実、産後の鬱状態と社会が見なすものは、完結していない何かによってもたらされる情緒面での葛藤であり、その女性は、以前の自分自身とへその緒がまだつながっている状態なのです。母親への変容のプロセスには、赤ん坊のためのスペースをつくることはもちろん、その女性の意識と人生体験の新しい世界へのスペースをつくることで、自分中心でなくなる人生を嘆くことも含まれます。人生の新たなるステージには、祝福すべきこともあれば悲しむべきこともあるのです。

私の娘が思春期に至るころには、私にはそのことがよりはっきりと理解できるようになりました。ユダヤ人のミツバーの儀式に際しては、それが私たち二人にとって最も高い光の可能性の中で行われるよう祈りました。それはユダヤ人の少女としての生活からユダヤ人の女性としての生活へと移行するための儀式であり、他のすべてのことと同様に私たちはそれに深く関わることもできれば浅く関わることもできます。私は娘のためにバラの花を敷き詰めたじゅうたんを用意し、彼女を子ども時代から娘時代へ、さらにいつの日か来るだろう大人の女性への道案内をしたいと思っていました。そんな贅沢を自分のためにしてくれる人がいたとしても、誰も傷つけられはしないでしょうから。

娘が真摯な態度で儀式に臨むことができたら、彼女のためにお洒落《しゃれ》な楽しいパーティを開いてあげると私は約束しました。数行のヘブライ語を暗記することもパーティを開くことも、どちらも最も重要なことではありませんが。

ある日、娘はミツバーの儀式のテーマについて私がどう考えているかをたずねてきました。「テーマというと?」と私は聞き返しました。「そうね、子どもはみんなテーマをつくるの」と彼女は言いました。「たとえばパーティなら、プロバスケットのデトロイト・ピストンズとかミュージシャンのブリトニー・スピアーズをテーマにすることもあるし……」。私は気絶するかと思いました。「あなたのミツバーの儀式のテーマは、あなたが神の目の中で一人の女性になるということ。それだけよ」と私はきっぱりと言いました。

あっぱれにも彼女は私の言葉を理解し、儀式を司る偉大なるユダヤ教の先唱者のもとで数カ月間、熱心に勉強しました。そして儀式が近づくころには、その儀式による変化が私たち両方にとってどんな意味があるかという会話まで交わせるようになっていました。彼女にとってそれは、もう子どもではいられなくなることを意味していました。彼女は一人前の女性というわけでもありません。でも娘と呼ばれる年代になることで、現代社会の文化によって過少評価されがちな女性の世界への仲間入りを果たすのです。この時期を意識的に称えることをせずに、若者たちは精神的に浮かれた状態になり、祈りのための数珠の代わりにベリーリングをつけて、聖なるものとの結びつきの代わりに気軽にセックスをするのです。この特別な時期を迎えるエマに、私は聖なる意味づけをもってほしいと思っていました。私は彼女が私との子ども時代の絆からきちんと分離できるよう願い、私たち親娘《おやこ》がそれぞれの人生の、そしてお互いの関係性の新しい世界へと徐々に移行できるよう願っていたのです。

ミツバーの儀式の間、私は娘を神とこの世界へ捧げるような気持ちでした。私は講壇の上で娘とともに祈りを捧げ、それから列席者に加わり、私の前に同じ体験をしたであろう何百万人ものユダヤ人の母親と同じ気持ちで、娘が残りの儀式に一人で臨む様子を見守っていました。彼女がヘブライ語によるユダヤ教の律法、トーラーを読み上げる間、光り輝く神の存在が部屋中をあまねく照らしだすように感じられました。彼女がトーラーを両肩に巻きつけて運び、聖なる箱に納めたあとで、先唱者が私のもとに彼女を連れてきて言いました。「あなたは彼女を子どもとしてここに連れてきました。そして私は今、女性としての彼女をあなたのもとへお返しします」

人生において、このときほどパワーと愛を感じたことはありません。

## 希望の光を手渡す

私たちは自分でも自覚しないままに儀式的な行為を行うことがあります。一八歳の大学生だったとき、私が非常に感銘を受けた本『ラヴズ・ボディ』（みすず書房刊）の著者である今は亡きノーマン・O・ブラウンの講演を聞きにいったことがあります。講演が終わったあとで、私は彼からのアドバイスをぜひ聞きたいと思い、人びとの列に並びました。彼は、「真っ暗な真夜中にこそ朝がすでに来たかのようにふるまうべきだ」というタルムードの教えを伝授し、私の額にキスをしてくれました。そして数時間もの間、私はこの上ない至福に包まれていたのです。

「第三の目」または「魂の座」である額へのキス、すなわち愛を与えることは、パワーに満ちた行為です。そのようなキス以上に、誰かの人生に祝福を与えるための深い儀式などないと私は思います。

同じ時期に、私はエネルギーがほとばしるような感覚を他にも体験しました。私の大学の教授の一人で、今はジャズの批評家として知られるスタンリー・クローチと私は、ジェーン・フォンダの講演を聞きにいくために歩いていました。それは一九七〇年か一九七一年の出来事で、彼女は反戦活動について講演をするために大学のキャンパスを訪れたのでした。ジーンズとワークシャツに身を包んだ細身の彼女はすばらしくきれいで、彼女を一躍有名にした『コールガール』（*Klute*）の映画と同じく髪をレイヤードカットにしていました。彼女は内側から輝いているように見えました。目の覚めるような肉体の美しさと内側からの精神的な輝きが、そのときも、そして当時を思い出す今でさえも私の心を強く揺さぶります。そして講演のために歩いていく途中で、彼女がしたことが私の人生を変えたのです。

アフリカ系アメリカ人であるスタンリーと私は、ジェーンが歩いてくる歩道と直角に交差する歩道を歩いていました。彼女が私たちの歩道との十字路を通過したとき、彼女は振り向いて私たちの方を見ました。何が彼女の表情を明るくさせたのかは知りませんが――一九七〇年当時に若い白人女性と黒人男性が一緒に歩いていたことでしょうか？――彼女は私に笑顔を投げかけました。そのとき私は、後年に私があるスピリチュアル・マスターから受けとったエネルギーに匹敵するほどのパワーを感じたのでした。彼女は単にスタンリーと私が一緒に歩いていることに微笑みを送ったのかもしれませんが、彼女の笑顔は温かいエネルギーの高波のように私の心を打ったのです。その出来事以来、私はジェーン・フォンダによって祝福を受けたかのように感じていました。

約三〇年後に彼女に再会したとき、そのことを彼女に伝えたいと思いましたが、結局はしませんでした。自分を愚かしく感じたからです。私が言おうとしたこと、それは「私はあなたを三〇年前に見たのだけれど、あなたの頭上から光が放たれているように見えたわ。そしてあなたが私に微笑んだとき、雷に胸を打ちつけられたような衝撃を感じたの。そして私は自分がこのままでだいじょうぶだと分かったわ」という意味のことでした。あの瞬間は明らかに過ぎ去りましたが、私は永遠に自分とともに残り続ける贈り物を与えられたように感じています。というのもスタンリーと歩くという私の選択が、つまり少なくとも他の多くのことをある面で象徴するかのような私の選択のひとつがパワーに満ちた一人の女性によって承認されたのですから。

今日、多くの若い女性たちが私の講演を聞きにやってきますが、私は彼女たちの中にかつての自分の姿を見出します。彼女たちは私と同じような仕事をしたいと言いますが、私はみんなきっと私以上にすばらしいことができるに違いないと思います。希望の光はつねに次の世代へと受け継がれていきます。他の女性たちが私の心に輝く星々をともしてくれたように、私の話が他の女性たちの心に光をともすかもしれません。私たちは皆、つねに移り変わる世の中にいますが、神はガイドや天使、霊感を授ける人や心の支えとなる人を遣わして私たちの道を照らしてくれるのです。神はいつもいかなるときでも新しい人生のための準備ができています。

## 時代と時代のはざま

自分は以前の自分ではないけれども、次のステージにもまだ到達していないとき、私たちは時代と時代のはざまで生活することがあります。

二〇〇四年の一月、ベット・ミドラーのステージを見に娘を連れていったことがあります。これは私にとっては三度目でした。私は七〇年代のニューヨークでのステージと九〇年代初めのロサンゼルスでのステージを今でも覚えています。年月を経てたくさんのことが変化しましたが、娘をショーに連れていくことで、私は自分にとって大きな意味をもつ美しい贈り物を彼女に授けるように感じていました。彼女の音楽が私の魂を揺り動かしたように、娘の魂を揺さぶるだろうと思ったのです。

ベット・ミドラーがどのように変わり、どのように変わらないかを見ることは興味深いことでした。また一〇年前や二五年前に飛ばしていた笑いを誘うジョークは、今では同じ類のものではなくなっていました。世界が大きく変わったように私たちも変わったのです。けれども私がいちばんに気づいたのは彼女自身の変化でした。彼女は明らかに人びとのことを深く気遣うとても真摯な人間に成長していました。彼女の世界の現状や、とりわけアメリカの政治に関する意見は鋭くて現実的でした（彼女の聴衆の一部の人びとが、彼女の意見に賛同しなかったときにも彼女は毅然としていて勇敢でさえありました）。ところで私は、彼女の中に私たちの世代のありようを痛烈に映しだす「不安」を感じとりました。私たちはよくジョークを言いますが、本当はもう何も以前ほど愉快には感じられなくなってしまったのです。

その夜、私がしみじみと感じたのは、もうあのころへは戻れないということでした。七〇年代、八〇年代、九〇年代の輝いていたミス・マリアン嬢はもうどこにも存在しないのです。それは本当にイカしたパーティのように、人生の中の楽しい一時期だったのです。けれどもパーティは終わり、世界はベットが指摘したように誰にとっても安全なものではなくなってしまいました。当時の私たちは子どものようにはしゃぎまわっていましたが、もう子どもではないのです。彼女が更年期障害に苦しんで二、三年間、仕事を休んだことがあったと言ったとき、私にはそれがただの笑い話にはとうてい受けとれませんでした。

彼女は昔のようなジョークを心から楽しんで言うことができなくなってしまったように思われました。彼女がプロダクションチームの誰かと言い合っている様子が目に浮かびます。「頑張って、ベット。あなたのジョークは今だって面白いわ！　まだまだいけるのよ！　あなたのジョークをまだ聞いていない新しい観客がごっそりいるの。そしてみんなあなたのジョークが大好きになるわ！」。私の想像の中での彼女の反応はというと、彼女はこの世界の現状にあまりにも嫌気がさしていて、そうしたジョークを繰り返すことなどできない気分なのです。この世界があまりにも悲惨な状態のときに、私たちは笑うことなどできるでしょうか？　その夜、彼女は政治や世界の現状についてとても真剣に話をしたときと、心を揺さぶるような歌を熱唱したとき、とても輝いて見えました。

私たちの多くと同じように、彼女が「この場所」にも「あの場所」にもいないことから、私には彼女の抱えている難問が分かったような気がしています。彼女はもはやかつての彼女ではなく（そのふりをして見事に演じることはできますが）、彼女がなろうとしている存在にもまだなりきれてはいなかったのです。それでも彼女は『デロリス・ザ・フィッシュ』や『クレメンタインとアーニー』のような笑いをとるお芝居をすることもできます。しかし、それらはもう彼女の魂の真実にはそぐわなくなってしまったように感じられました。もしかしたら、すべては私自身の意識の投影にすぎないかもしれません。でも私にはそう感じられたのです。多くの人びとと同様に、いま彼女は真の変化が起こる前の中間地帯にいるようでした。過去と同じようにふるまうには、私たちはあまりにも霊的に成長しすぎたのですが、クローゼットに掛けられた新しい行為という衣裳には、まだ袖を通してさえいないのです。

ひと揃いの衣服を脱ぎすてたあとに別の衣服を着るまでの間、あなたは裸になります。時代を純粋に物質的なものとしてとらえるとき、もうひと揃いのスーツはないだろうかとあなたは思うかもしれません。しかし年齢を目に見えないスピリチュアルなものととらえたとき、宇宙に神のいない場所はないのですから、神はあなたの人生のいたるところにも存在しています。人生のスピリットは時間によって消滅することはありません。数日後も何十年後も、私たちはつねに次のステージへと向かう道の途中にいるのです。今のこの瞬間、私たちの使命は愛をもって、あるいは哀しみとともに過去を手放し、神の意志によって次に起こることを受け止めることなのです。この世界を見て、この世界を理解し、魂がこの世界に嫌気がさすほど成長したとき、私たちは再び子どもに還るのです。古い人生が死に向かいはじめたときは、神に新しい人生を授けてくれるよう祈ればいいのです。

私は何度でも彼女のステージを見に行きたいと思っています。でも次に私が彼女を見るとき、『クレメンタインとアーニー』は何か新しいものに変わっているかもしれないという明確な印象を抱いています。彼女はすでに舞台でのすばらしさを見せてくれました。そして今、これまでの彼女の業績という輝かしい栄光が、その偉大さをもって世界を変容させるための道を切り拓《ひら》くことで、私たちの世代特有の運命へと向かっているように思われるのです。シェークスピアはこの世は舞台であり、私たちみんながその上の役者だと言いました。私たちが有名なエンターテイナーであってもただの人だとしても、今、何年も前からのリハーサルが終わったように感じられることでしょう。そして私たちの人生という偉大なるパフォーマンスが始まろうとしているのです。

## 自分の役を演じる

かつて世界を変えるというアイデアが、それほど難しくはないように思われた時代もありました。若かったころ、私たちはいとも簡単に「自分たちがいつの日か世界中のすべての問題を一掃するだろう」という考えを受け入れていました。かつて、あなたの肉体が若くて官能的で疲れを知らず、無限の可能性が開かれているように見えたとき、すべての問題が私たちの努力の前にひれふすのは単なる時間の問題であるかのように思われました（たしかに、それはとても感動的な話ですが）。しかし人生はあなたをすり減らす方法を心得ています。あなたはしばしば苦痛に満ちた体験を通して、あなたの並外れた知性やエネルギーをもってしても、悪がおとなしく退くわけではないことを学びます。物事が変わらないことを見るたびに、あなたは加齢による皮肉主義的な考え方に屈しやすくなります。特に最も反抗的な因子や動かしがたい山があなたの中に居すわっているように思われるときにはなおさらです。

たとえば、私が同じ人と何度も何度も結婚を繰り返しているときに、この世界全体が神経症的パターンから抜け出すことをどうして信じられるでしょうか？　自分が両親と会話さえないのに、相手の国民を殺し合ってきた二つの国家がもうすぐ平和を見つけるだろうなどと信じられるでしょうか？

私たちの肉体や筋肉だけでなく、生き方も年とともに融通がきかなくなります。疲労がどれほどの失望をもたらすかを知ることは驚嘆に値します。変わるためにはエネルギーが必要であり、ときどき私たちはエネルギー不足に陥るのです。中年期に達したあなたは、かつてのあなたが決して望まなかった、今、目の前にある現状を維持することにさえプレッシャーを感じています。そしてあなたは人生を呪いたくなるのです。

イエスはラザロのことを次のように言いました。「彼は死んではいない。ただ眠っているのだ」と。そして私たちもそうなのです。私たちは、この制限のある世界の上空を羽根を広げて飛ぼうとしました。そして大部分の私たちの中には、果たせなかった夢やぺしゃんこになった野望が山のように積み重なっています。これらの苦痛に満ちたエネルギーは、祈りや聖なる関係に身をゆだねることを通して以外には変容させることはできません。それらのエネルギーは私たちの希望や信頼を司る霊的な臓器にしっかりとはりつきながら、「おまえは年寄りすぎる」とか「お前が台無しにした」とか「希望をなくした」というセリフで私たちをなじるのです。そしてときにその言葉を裏付けるような出来事が起こるのです。

そうした声に向かって「悪魔よ、私の陰から出てこい」と命じることは迷信的な呪文でもなければ、ひとりよがりの言葉でもありません。霊的な視点から見たとき、それが私たちのパワーであり強さなのです。

## 天使と悪魔

朝のほんの短いひとときに天使と悪魔が姿を現わします。夜明けが訪れる前、人生の輝きとともに人生の恐怖もより鮮明になるのです。日の光という魔法を浴びると、何時間か前には明白だった物事のより深い意味がいともたやすく忘れ去られることがあります。私たちは、この世的な思考の呪縛を受けるのです。

大自然の日時計と私たちが暮らす現代の西洋社会との関係は、あまりにもぎくしゃくしています。エジソンは人類への贈り物の隠された荒廃に気づいていたのでしょうか？　白熱電灯の発見は世界を変えました。産業の発達や生産性の向上に貢献する一方で、私たちは機械化によるシステムの求めに応じて眠り、起きることを自らに訓練づけました。それ以来、私たちは日の出の光景やその恩恵を数え切れないほど逃してきたのです。日の出のもたらす恵みとは単に比喩的なものではありません。その光景はただ美しいだけでもありません。それは神を思い出すための合図であり、「この暗闇の夜から私がもたらすものをご覧なさい。これこそが私があなたの内側で行おうとしていることなのです」という神のメッセージなのです。

年をとることは「夜」のようなもので、天使にも悪魔にもとり巻かれた世界です。私たちは叡智に近づきますが、死へも近づいていきます。そこで明確な視野をもつためには、私たちが過去に踏みつけた大地に私たちを縛りつけようとする思考や感情を超越し、さらにずっと遠くまで登らなければなりません。昨日のドラマはもう終わってしまい、その大地は今は荒野なのです。「今」に完全にいることだけが新しい明日という未来を約束してくれます。

特に理由がないのに、来る夜も来る夜も目を見開いたままベッドで眠れない夜を過ごしたことがありました。私の身体は眠りに落ちることを拒み、私の睡眠を司るホルモンはもう自分のものではないかのように感じられました。しばらくの間、私は極めて常識的なことをつぶやいていました。「こんなの大嫌い、もう一度エストロゲンの状態を調べてもらわなくちゃ。それにメラトニンをもっと買うべきね。明日の朝はきっと最悪の気分だわ」。しかし、もっと違う何かが起こっていることに私は気づいたのです。「もう眠るのが難しい年代だ」という考えは、私自身の体験を説明するには、あまりにも軽薄で一面的な、受け売りの思いつきだったのです。スピリチュアルな見地から見ると、それらの時間は私を疲れさせるものではなく、むしろ私を深く目覚めさせる時間だったのです。「私たちが求める休息を、私たちは眠りの中ではなく目覚めの中で見つけるのです*」。はからずも眠りから覚めて横たわっていたそれらの時間に、私はやっと目覚めの本当の意味を知りはじめたのです。その他の時刻よりも私が頻繁に目覚める四時一五分という魔の時刻に、外の世界を独り占めするかのように存在し、星のきらめきや月の輝きに見入りながら、私は再び太古の自己へと還るのです。そうしたひとときの私は、ただの更年期障害を迎えた変わり者ではありません。直感で分かるのですが、そのときの私は魔力をもつ「魔女」なのです。

あなたの中の、以前はうまくいっていたある面が最盛期に達したときや、刺激的だったものの魔力が失われてあなたが興味をなくしたとき、あるいは「最盛期を過ぎた」という言葉が突然、何か特別な意味をもつように感じられたとき、そのときあなたは「再生」の準備が整っています。それはあきらめではなく信頼の気持ちをもって、人生の「すきま」に直面するときなのです。というのも、この隙間は新しく現われようとする自己のための子宮だからです。「まだやれるかもしれない」という執拗な希望を抱きながら、実際に起こったことや起こらなかったことへの後悔の苦々しさを味わう私たちの内側で、深い変容のための錬金術が働いているのです。神がベルを鳴らすまでは、私たちは終わりではありません。

誰もが知っているように、そのベルが鳴り響くのはずっと先かもしれません。以前、テレビでインタビュアーがクリント・イーストウッドに向かい、彼が何十歳も若い女性と結婚したことについて質問しましたが、そのときの彼のユーモアのある返事が印象に残っています。「彼女だって死ぬときには死ぬのですから」。たしかに私たちがいつこの世を去るかなど、誰にも知ることはできないのです。一九九四年に私の姉は四四歳で亡くなり、翌年には、私の父が八五歳でこの世を去りました。そういうわけなのです。

では残りの人生をどのように過ごしたらいいでしょうか？　まず私たちは、どんな人生を送るのかを意識的に選ばなければなりません。スピリチュアルな再生の道を選ぶべきでしょうか？　まず私たちは、どんな人生を送るのかを意識的に選ばなければなりません。隠ぺいされて秘められた信念は危険です。「私の人生の最盛期はもう過ぎた」という思い込みは、変化を嫌い、惰性を好むエゴの思考の強力な代弁者なのです。そうした思いを意識的に感じているかどうかはさておき、私たちの多くは実際にそうした思いを抱えています。そして、そのような思い込みは変えることができるのです。

エゴの思考体系に教えられた通りに私たちがうわべの現実だけを見ようとするなら、自分の親しい友人たちがこの世を去ってしまったあとに、より良い時代が来ることを心待ちにするのは困難です。しかしそれは、この世を超越した世界を見ることで新しいはじまりを呼び招こうとする私たちへの挑戦状なのです。子どもはあえて選択しなくとも、ひとりでに成長していきます。しかし人生のある時期においては、自分で選ばなければ成長しない時期もあります。そして、その選択の中にあなた自身はもちろん、人類みんなの未来がかかっているのです。

# 年齢とともにより深く

二〇〇三年の秋にロンドンを訪れた私は、ウェバーによるラファエル前期の絵画のコレクションを見るために英国王立美術院へ行きました。その中の「銀と金」と呼ばれる一枚の絵には、若く美しい女性が年配の女性と歩いている姿が描かれていました。それをしばらく眺めていた私は、かつて演じたことがあり、もう二度と幕が開かない芝居の中の娘役としての自分と重ね合わせながら、絵の中の女性のように若かったときの自分がどんな感じだったかを思い出していました。私はまだ年寄りではありませんが、その二人の女性の年代のはざまに位置しています。今の私は、もうなることができないその若い女性と心を通わせるのと同じくらい、いつかなりたいと思うその年配の女性とも心を通わせることができます。そして何より衝撃を受けたのは、絵の中の若い女性の話に耳を傾ける年配の女性の真摯な表情でした。若い女性は彼女の孫なのでしょうか？　年配の女性は保護者なのでしょうか？　誰も知りません。しかし彼女がその女性のことを気にかけていることは明らかでした。他の人のことを気にかける一人の若さを失った婦人がいて、その婦人の善なる思いを別の年若い女性が受け止めるというのは、その若い女性が神秘の世界へと足を踏み入れるために通過する儀式なのです。

私の母がかつて言いました。「あのねマリアン。何歳になったとしても、あなたはそれ以前のすべての年齢を体験しているのよ」。たぶん母は、私が母に「若者のことなんか理解できっこないわ」と見下すように言ったことへの返事として、そう答えたのだと思います。そして私の父は、八〇歳前後のころに言いました。「おかしなことだけど、年をとっても自分は老人だなんて感じないものさ」。私の結論では、年齢とは永遠の感覚の中ではとるに足りない小さなことで、この世的な感覚では大ごとなのです。そして私は、その両方の見方に敬意を払います。というのも、そのどちらもが私なのですから。

私より二〇歳も年若いアシスタントがいたとき、彼女がホールを歩いてくるのを見るたびに私は自分の若いころを見ているような気持ちにとらわれました。一本の映画の主役としてキャメロン・ディアスが二〇〇〇万ドル以上を稼ぐことへの彼女の驚きや、初めてパリへ行ったときの興奮など、私がほとんど気にかけなくなったことに彼女が喜びを見出すのを見ることが楽しみでした。彼女を見ることは、もう存在しない昔の自分に挨拶をするチャンスのように思われました。そして彼女もまたホールを見下ろしながら、いつか自分がなるかもしれない年上の婦人として私をじっと見ていたことを知っていました。

かつて癌《がん》で死に瀕している友人がいました。彼女の死後、私は彼女の恋人とデートをする親しい間柄になりました。その彼が教えてくれたのですが、彼女が死の数カ月前から、私と彼がいつか一緒になるだろうという彼女の直感をたびたびセラピーで話題にしたというのです。彼女の人生という弧を描く曲線が終わりに近づいているのに、私の人生の弧はある意味でまだ始まったばかりだという事実に彼女は向き合わなければならなかったのです。彼女が感じたに違いないことを思うと、私は胸が締めつけられました。そしていま自分の人生の後半にさしかかった私は、彼女が手放したものをますます理解できるようになったのです。

人生という、つねに変化するドラマの中で割りあてられた役柄を誰ひとりとしてコントロールすることはできません。若いトルコ人の役のときもあれば、年老いた老女の役のときもあり、恋愛にうぶな娘役のときもあれば、あばずれ女の役のときもあるでしょう。けれども演じる役柄はさまざまでも、私たちの内側にあるものはそれとはまったく無関係です。つまり本当の私たちは、神の意識の中で変化することはないのです。私たちはひとつの世界を体験してレッスンを学んだあとに次のコーナーに移動し、宇宙のさまざまなコーナーを体験しているだけなのです。私には死が人生の終わりとは思えません。というのも、この世界を去ったならきっと何か新しい冒険へと旅立つはずだと思うからです。神が授けてくれたチャンスを私たちがすべて受けとるのを見るまでは、カルマの車輪はきっとまわり続けるだろうと思います。

過去の出来事はそれが過ぎ去った時点で手放すことが大切です。私は親友に、講演において私が以前ほど頭の回転がすばやくなくなり、よどみなく話すこともできなくなったと愚痴をこぼしたことがあります。それに対する彼の意見はとても助けになりました。「聴衆だって若いころほど頭の回転が速くないはずだから、もし君だけ回転が速いと意地悪に見えると思うよ」。年齢は私たちをスローダウンさせますが、私たちがこれまでいた世界と同じくらい豊かでスピリチュアルで、しかももっと深い世界へと私たちを誘ってくれます。年を重ねるにつれて、私たちは若さに満ち溢れた外見の輝きを失いますが、代わりにそれまで体験したこともないような内なる輝きが立ち現われてきます。米国の詩人エマソンは、「年とともに、私の美しさは内へ内へと移動する」と書いています。

そして内側へと移動するのは、私たちの美しさだけではありません。人生の豊かさもまた年齢とともに深く奥へと隠れはじめ、その神秘性を保ったまま肉眼ではとらえにくくなるのです。事実、年とともに人生はますます神秘に包まれていきます。なぜなら、神秘とは目に見えない世界のものだからです。

パリへ初めて行くことになったときの年若いアシスタントの興奮した様子を思い浮かべた私は、かつて親しかった男性とその街へ行ったときのことを思い出しました。一人の女性を若さから成熟へと導いたその年月は、当時の彼女、つまり私自身の愛の歴史の中に深い感情とともに刻まれていました。人間関係においても学ぶべきことがあるように、パリにおいても学ぶべきことがあります。つまり、そのための準備をして、実際にそこにいて、そして後にそれがどんなものだったかを思い出すためにパリがあったのです。

若かったころ、私はパリという街と同じくらい私を魅了した男性とともにパリへ行きました。その旅行を可能にするために私たちがした努力とそこへ行ってから共に過ごした時間は、特別な記憶として私の中に永遠に生き続けるでしょう。ところで何十年かあとに、もう一人の男性が現われ、パリについての話が私たちの間に持ちあがると、一瞬目を合わせただけですべてが分かったのです。

私たちはどちらもそこへ行ったことがあり、どちらもそこで愛し合ったのだということが感じられました。私たちは二人ともかつてそこで夢を叶え、そしてまた夢を失ったのでした。私たちがパリにまつわるお互いの記憶のすべてを理解したことは、二度目に視線を交わしたときには話し合う余地もないほど明らかでした。そのとき私は、私たちが生きてきた年月にもかかわらず、というよりはむしろその年月ゆえに、その瞬間に私たちが行ったところは現実のパリよりもずっと魅力的な場所だったということに気づいたのです。

## 新しい未来のはじまり

「たしかに僕たちは世界を変えられるかもしれない、でも僕の生きている間には無理だね。それなのになぜ僕が努力しないといけないの？」と言う人びとについてはでどうでしょうか？

仏教では、私たちの生に意味を与えてくれるのは、人生で何を成し遂げたかではなく、少なくとも何を成し遂げようとして死んだかということだと言われます。スーザン・アンソニーは、一九二〇年に承認された婦人の参政権を保証する憲法修正第十九条の一文を見ようとして生きたわけではありません。しかし、今、何百万人もの女性たちが、彼女のおかげで計り知れないほどの権利を付与された人生を送っています。彼女は知らなかったでしょうが、さまざまな世代の女性のための彼女の根気強い働きかけが、アメリカ国民の半数である女性に――他の半数である男性に対しても同じだと思いますが――自分自身を完全に表現することのできる偉大なる可能性を授けたのです。きっと彼女の魂は、天国で彼女が与えたものに対する神の祝福を受けとっていることでしょう。

そして今、この時代に私たちもまた偉大なるビジョンを求められています。つまり完全なる愛に満たされた平和な世界というビジョンを描くことです。というのも、私たちが平和を想い描かない限り、平和は私たちのものにはならないからです。戦いを憎むから戦争をやめるのではなくて、平和をもっともっと愛することで戦争を終わらせるのです。平和を愛することで、私たちの人生においてそれを実現させるのです。自分の心の中にイメージを浮かべたり、政治の場などで実際に行動することで平和を先取りすることもできます。そしてある日、戦争が消えてなくなったことに気づくのです。

讃美し、感謝を送る対象として私たち自身が思い出されなくなるほど先の未来、人びとは平和な星に住むことでしょう。子どもたちは両親にたずねます。「昔は戦争をした時代があったって本当なの?」。すると親たちは答えます。「ええ、そんな時代があったわね。でもずっと昔のことよ。もう戦争は起こらないわ」

それが実現したとき、私たちの魂は何らかのレベルで私たちがしたことに対する祝福を受けとるでしょう。私たちは天国でグラスを持ちあげて、うれし涙や笑顔とともに「やった!」と歓声をあげるのです。

あなたが誰であっても、またあなたが何をしたとしても、あなたが神の半身として心から奉仕するならば神は気づいてくれます。自分の行為や誰かの悪意や、あるいはその両方によってあなたが躓《つま》いて立ちどまっても、今、新しい力に満ちて起き上がるでしょう。あなたはより深い自信をもって言葉を発し、苦しんでいる人びとのためにより深い愛を届けることができるのです。あなたは叡知とともに深い人間性を身につけ、エゴによって二度とたやすく欺かれることはありません。あなたは神への奉仕のための準備がさらに整ったのです。

今世において私たちは、自分自身の能力を一〇〇パーセント開花させることを妨げている、引出しの奥深くに押しやってきた問題に向き合うときがきたのです。私たちが自分自身の弱い自己と決別し、人生の破滅を招く、霊魂の中にとり残されたエゴのエネルギーを完全にとり除くことに日々を捧げるときです。これは

「祈り」なしには成し遂げられません。努力なくしても達成できません。自分に厳しいまでに正直になり、自分と他者を許せなければ叶えることはできません。また愛なくしては成し遂げられません。けれども、それがなされたときこそスピリチュアルな偉業が達成されるのです。私たちの墓の前の岩がとり除かれ、魂が復活し、光の世界への準備が整うのです。ある意味で私たちは今、光を自身に内包する準備ができています。そして、とうとう自分の内側にやすらぎを見つけて生きることができるようになったのです。

この時代の私たちは歴史の高らかな呼び声に気づいています。私たちは集合的な時代の精神に呼びかけられ、各自が自分の役割を演じる用意を整えつつあるのです。私たちの世界は霊的な巨人を求めています。そして、そのとり組みに参加するためには自分自身の中の傲慢なエゴではなく、謙虚さが必要なのです。私たちの問題の多くは、そこに安全を見つけようとして自分の役割をこじんまりと小さく演じようとすることから起こっています。ところが羽根をもって生まれた私たちは、その羽根を大きく羽ばたかせなければならないのです。少しでも羽ばたき方が小さいと、その分だけ私たちは傷を受け、自分自身や他の人びとへの愛を否定することになります。そして燦然《さんぜん》と輝くスピリチュアルな飛翔を体験することなく人生を終えるのです。

ですから、さあ一緒に飛び立ちましょう。

親愛なる神さまへ
自分の感覚がすべてならば
ものを見る私の目は歪んでしまうでしょう。

私は私が考え、感じることすべてをあなたにゆだねます。
どうか私の過去を引き受け、未来を計画してください。
あなたのスピリットを遣わし、私の心を洗い清めてください。
私が自由になり
私があなたのうつわとなり
世界に奉仕することができますように。
どうか私が、あなたが私に望むような人になれますように。
そしてあなたが私に望むような行いをすることができますように。
親愛なる神さま、私はそうなります。
かくあらせたまえ。

あなたがそうありたいと願う理想の人物として自分自身を想い描いてみましょう。目を閉じてその姿を想像してください。たとえば優雅で気品のある、穏やかな自分を。あるいは聡明で洞察力があり、つつましやかで親切な自分自身を想像してみましょう。あなたの短所をすべて長所に置き換えた自分をイメージしてください。そしてイマジネーションを広げてください。できるだけ長く目を閉じたまま、その世界に浸ってみてください。あなたは新しい人生を生み出そうとしています。神のスピリットに祈り、あなたのもとへ来てあなたの新しい自己に完全なる生を授けてくれるよう求めましょう。どの入り口を通ってあなたが神のもとへ来ようとも、神の住まいこそがあなたが真にやすらげる場だということを覚えておいてください。それはあなたが自分自身を見つけ、魂を回復させ、この世界から癒されて再出発するための場所なのです。やがて、あなたはこの世界の暗がりへと帰っていき、そこへあなたの光をもたらします。あなたが奇跡を体験すれば、あなたを通してまわりの人びともまた奇跡を体験するのです。

神はあなたをこのうえなく愛し、同様にこの世界を愛しています。そこで神はこの世界に神が創造した人物、すなわちあなたを遣わしたのです。

どんな状況においても、あなたが与えていないものだけしか欠乏することができないことを覚えていてください。神の愛をもたらすことで、あなたはすべてのものを祝福することができます。神はあなたの左側にも右側にもいます。また前にも後ろにもいます。どこへ行こうとも神はあなたとともにいます。

そしてあなたは、神とともにこの世界を変えるのです。

私のその他の書籍や講演、スタディクラスの情報については
私のウェブサイト
www.marianne.com.
をチェックしてください。
その中で私の生の声をiPodやMP3で聴くことができます。

# 訳者あとがき

根なし草のように自由気ままな生活をしてきた私が、結婚、高齢出産という自分なりのドラマを経て独身生活に別れを告げ、夫と私の故郷である福島へ引っ越してもうすぐ一〇年になります。その新たな人生のステージにおいて第二子の出産、夫の失業と再就職などを経験し、私自身も決して居心地の良くなかった専業主婦から家族の生活を担う立場になり、独身時代の延長線上にあるライターの仕事をベースに以前から興味のあった塾の講師にも初挑戦し、全力投球でキャリアを積んできたつもりでいました。二人の子どもの成長とともに分刻みの生活がますますスピードアップしていく中で、暮らしに追われるだけの毎日にときおり疲れ果てて「このままでいいの？」と疑問が頭をもたげますが、「今は、これしかできないから」と自分に言い聞かせて日々を過ごしてきました。

そんなある日のことです。子どもたちと散歩に出かけたときにふと笑い声をあげた私に「お母さんが笑った！」と上の男の子が嬉しそうにはしゃぐ様子を目にしました。そして驚きとともに生活を振り返った私は、自宅で仕事や家事をこなしながら眉間に皺をよせて険しい顔をしている自分にはたと思いあたりました。「なんで怒っているの？」。「別に怒ってなんかいないよ。あと何分かで出かけなくちゃいけないから忙しいだけだよ」とつっけんどんに子どもに答えたこともありました。「このままではいけない。何か変化を起こさなければ……」。その思いとともに自分の人生を振り返ったときに「心の平和がほしい。そして何か自分のライフワークとなるようなことをしたい」という切実な思いが湧き上がってきました。それが自然に祈りに変わったころ、実に数年ぶりに翻訳の仕事が舞い込んできました。

　ところが送られてきた原書を手にとり、マリアン・ウィリアムソンという女性のことを知るにつれて私の中に不安が押し寄せてきました。その不安とは「こんなにも著名な人物の作品は私には荷が重すぎるのではないかしら？」というものでした。私の中にある成功願望の裏返しである「失敗への恐怖」が刺激されて膨らんでいき、「何でも目の前に差しだされたものを、がつがつと受けとるべきではないのでは？」、「ときには自分の身の程を知り、断ることも大事なのでは？」という経緯をたどり、ついには「編集者の方にお断りの言葉とともに原書を返そう」という結論に達していました。「でも、せっかくだからぎりぎりまで手もとにおいて、この本の世界に触れさせてもらおう」と考えた私は車の助手席に本を置き、ときおり目を通すことにしました。そして返事を求められていた締切りの前日にもう一度その本を手にとったとき、たまたま目にした「否定的な感情とはあなたを支配しようとするエゴのメッセージであり、単なる幻想である」、「あなたに不可能なことなど何ひとつとしてない。私たちは自分で自分に制限を課しているだけなのだ」という意味のメッセージが私の中に飛び込んできました。その瞬間に、「私も怖れを超えてこの本にチャレンジしてみよう」と決心していました。

　マリアンさんの最初の本、“A Return to Love”（邦題『愛への帰還』太陽出版刊）がベストセラーとなってから一二年後に出版されたこの本は、原書では"The Gift of Change"（変化という贈り物）というタイトルです。最初の本と同じく、精神世界の古典的名著として知られる"A Course in Miracles"（奇跡のコース）の教えに基礎を置いた書物ですが、マリアンさんは哲学的で難解とされるそのコースの教えを、彼女の体験や言葉を通してさらに分かりやすく解説しています。本書の中で彼女は「あらゆる変化とは、私たちが本当の自分になるための試練であり贈り物なのだ」と繰り返して述べています。そして「愛こそが唯一の実在であり、それ以外はすべて幻である」ことや「世界に平和と愛をもたらすミラクルワーカー、すなわち愛の伝道者として生きることが私たちの使命である」こと、「私たちはエゴに操られて三次元世界の呪縛の中で眠っている状態にある」こと、そして「今が目覚めのときである」というメッセージを一貫して発信し続けています。また「私たちはみな深い部分でつながっていること」や「誰もがそれぞれに独自の才能をもったすばらしい存在であること」、「自分に不足しているものがあるとすれば、それは自分がまわりに与えていないものだ」などといった叡智の結晶がいたるところにちりばめられています。

読み進めていくうちに私が最初にマリアンさんに抱いた鋭利な刃物のような印象は薄らいでいき、代わりにユーモアのセンスと優しさと知性に満ちたエレガントな女性が浮かびあがってきました。特に興味深かったのは、彼女が一躍ベストセラー作家となったときの体験や出産、育児のことや、信頼していた仕事上のパートナーによる裏切りを体験したときのこと、彼女が五〇代を迎えるまでの心理的葛藤などのエピソードです。それらの出来事、すなわち変化を通して彼女はさらにコースの教えを自分のものとして成長していったことが手にとるように分かるからです。彼女が確固とした独自の信念をもち、それを言葉で表現するだけでなく行動でも示している偉大なる女性であることは言うまでもありません。

「この本の内容を理解し、それを実践することで私自身も変わりたい」という願いを抱いていた私もさまざまな出来事を体験しました。車の自損事故は「手放す」ことを学ぶための宇宙からの厳しい警告として起こったように思われますし、フリーライターとしての仕事量の減少は、私がこの本に関わる時間を捻出するためには必要不可欠なものだったと感じています。また、それを補うかのように突然もたらされた、雑誌の仕事の報酬のページ単価が上がったことは大いなる存在のサポートを身近に感じた出来事でした。親しい友人や身近な人びとの助けを借りて、さまざまな変化を前向きに受け止めようと努力してきたつもりですが、あとで気づかされたことや未消化のまま抱えている問題もあります。

ある日、小学生の娘が大小の椅子を逆さに倒して組み立てた自家製アームチェアのようなものに深々と腰かけて、テーブルに見立てた段ボール上のオシャレなグラスに注がれたオレンジジュースをストローで味わっていました。「何しているの?」とたずねると、「プールサイドでジュースを飲んでいるの。ママも一緒にどう?」とおすまし顔で足を組んだ娘が答えました。リッチな生活に憧れる娘は、その象徴としてプールサイドでジュースというイメージを抱いているようでした。たぶん歌手か女優にでもなったつもりで想像力を広げていたのだと思います。そのとき「忙しいから、またね」と笑って誘いに乗らなかった私ですが、マリアンさんの本の中で「子どもは遊びの中で自分の理想の人生を創造していく」と書かれているのを目にし、あのとき内心「おバカさん」と娘を笑った私の方が本当は「おバカさん」だったことを理解するにいたりました。私は、娘を通して聖霊が用意してくれた「ゆったりした時間の中で豊かな未来へのビジョンを創造する」ためのチャンスを見逃し、相も変わらぬあくせくした時間の流れにとりこまれてしまったのだと思います。一〇歳と七歳の子どもたちの自由な発想や想像力に驚かされることがよくあります。彼らは子ども部屋に段ボールや空き箱を積み重ねて独自のスペースを作り、その空想世界で遊ぶことを楽しんでいます。つい後片付けのことやゴミのことを考えて眉をしかめがちですが、想像力だけでなく「今を楽しむ」という点から見ても、泣いたり怒ったりした直後でもすぐに感情を手放して無邪気に遊ぶことのできる彼らこそが私にとって人生の教師だと改めて気づかされました。

アメリカの大統領選挙でのオバマ氏の勝利演説を映すテレビの前を通り過ぎようしたときのことです。私の目の中に"CHANGE"（変化）というプラカードが飛び込んできました。私は画面に吸い寄せられて立ちつくしていました。故国への熱い思いを語る彼の瞳の中に、そして演説を熱心に聞き入る人びとの瞳の中にも「変化」を求める叫びのようなものが感じられて鳥肌立ったことを記憶しています。今、私たちの集合意識が、そして時代がまさに変化を渇望し、奇跡を起こすことを求めているのだと感じた瞬間でした。数秘術や占星術、四柱推命などで解き明かされる個人の運命やカルマというものは確かに存在するでしょう。しかし私たちは今、それらのすべての呪縛や制限を超える時代に向き合っているのだと感じています。私たちはみな自分の人生を変容させて奇跡を体験するために、この世に生を受けることを選んだ同胞です。そして私自身も愛に満ちた本当の自分へと還る旅を生涯続けていくことを、そして神の代理人として平和な世界を創造することを改めてここに誓います。

この本を翻訳するにあたり、私のために忙しい時間をさいて質問に答えてくれた西海岸在住の兄と、いつも明快な答えを返してくれたアメリカ在住のサラさんへ、心からの感謝を捧げます。二人のサポートなしにはこの本は完成しなかったでしょう。

祈りの結びの言葉について悩んでいる私にアドバイスをくれた秋田幸子さんへ、その深い洞察力と感性に敬意と感謝を捧げます。また日々の体験や思いをシェアしてくれている女友達へ、あなたたち女神が自らの可能性を広げることに挑戦する姿に勇気と励ましをいただいています。ときに反発し合いながらも私を支えてくれている家族の一人ひとりへ、ふだんはなかなか言えない「ありがとう」をここで贈らせてください。そして私をこの地球に産み落としてくれた両親へ、その深い縁に改めて感謝を捧げます。

最後に太陽出版の籠宮良治社長と編集部の片田雅子さんへ、お二人が私に新しい人生の扉を与えてくださったことに深い感謝を捧げます。そしてマリアンさんと、私の祈りに応えてくれた宇宙の大いなる計らいに心からの感謝と愛を込めて。

二〇〇九年七月七日の満月を迎える頃に

鈴木純子

Miracle Distribution Center
3947 E. La Palma Ave.
Anaheim, CA 92807
Phone：800-359-2246
www.miraclecenter.org

4．ジェラルド・ジャンポルスキー博士によるワークはどれもすばらしいものです。彼と彼の妻であるダイアン・シリンシオーネは1975年に「アティチューディナル・ヒーリング・センター」を設立しました。彼らが提唱する「アティチューディナル・ヒーリング」とは『奇跡のコース』に基づくプロセスです。一瞬一瞬ごとに私たちは怖れではなく愛を、対立ではなく平和を選ぶことができること、そして「許し」がもたらす平和を体験することができると教えています。このセンターは世界的なネットワークグループであり、病気や死、喪失や悲しみなどの体験をとり扱っています。また人間関係を癒して人生を完全に生きることを望む人びとのためのサポートも行っています。

The Center for Attitudinal Healing
33 Buchanan Dr.
Sausalito, CA 94965
Phone : 415-331-6161
E-mail : home123@aol.com
www.attitudinalhealing.org

5．アイーシャとココマン・クロッティ夫妻も『奇跡のコース』の原理をとり入れたすばらしいワークを行っています。彼らは“Beyond Fear：Twelve Spiritual Keys to Racial Healing”（怖れを超えて：民族の癒しへの12のスピリチュアルな鍵）という本の共著者でもあります。彼らによるヒーリングの集会はカリフォルニアのオークランドにて毎月、最終水曜日に開催されています。

The Attitudinal Healing Connection
3278 West St.
Oakland, CA 94608
Phone：510-652-7901
www.ahc-oakland.org

# 付　録

『奇跡のコース』の学習をさらに続けたい人びとのために、参考となるものを次に紹介します。

1．私の最初の本『愛への帰還』は、『奇跡のコース』に入るための入門書のような内容です。

2．“The Circle of Atonement”というグループでは、変容という人生の道のりを歩む人びとを助けるための多岐にわたる実践テクニックを紹介しています。“Path of Light：Stepping into Peace with A Course in Miracles”（光の道：《奇跡のコース》とともに平和の世界へ）の著者、ロバート・ペリーが主催するこのサークルは、『奇跡のコース』を学ぶ人びとの中で世界的に最も有名で権威のある団体のひとつです。それは『奇跡のコース』に忠実で、しかも人びとが実践しやすい形で『奇跡のコース』の世界観を提供しています。詳しい情報に関しては下記にアクセスしてください。

The Circle of Atonement
P.O. Box 4238
W. Sedona, AZ 86340
Phone：928-282-0790
E-mail：info@circleofa.com
www.circleofa.com

3．1978年から“Miracle Distribution Center”は『奇跡のコース』を学ぶ人びとのための世界的な交流拠点として知られています。『奇跡のコース』の教えを理解し、日々の生活にとり入れるためのサポートを行っています。会長のベバリー・ハッチンソンはコースに関わる人びとの中でもとりわけ優雅な存在です。“The Holy Encounter”という月２回刊行の無料雑誌にはコースに関する興味深く有用な記事が掲載され、『奇跡のコース』のスタディグループのリストや奇跡のコースのクラスや、「祈り」を世界的に広める活動、世界的な『奇跡のコース』の会合やセミナーも紹介されています。またメールやウェブサービスによるカタログ販売、カウンセリングの紹介、またチャットや月１回のウェブキャストも行っています。そして何よりも重要なのは、センターでは世界中で行われている『奇跡のコース』に関わる活動の情報を教えてくれることです。

# 人生を変える「奇跡のコース」の教え

**訳者紹介**

**鈴木純子**（すずき・じゅんこ）

福島県生まれ。早稲田大学第二文学部英文学科卒業。海外旅行雑誌の取材記者などを経て、その後、「癒し」や「気づき」にひかれるようになり、現在はフリー・ライター、翻訳家。訳書に『あなたにもあるヒーリング能力』『ジョン・レノンにふたたび出会える本』（ともにたま出版）、『エンジェル・ブック』（ヴォイス）、『気づきの呼吸法』（春秋社）『プレアデス覚醒への道』『プレアデス人類と惑星の物語』（ともに太陽出版）ほかがある。

---

2009年8月8日　第1刷

［著者］
マリアン・ウィリアムソン

［訳者］
鈴木純子

［発行者］
籠宮良治

［発行所］
太陽出版

東京都文京区本郷4-1-14　〒113-0033
TEL 03(3814)0471　FAX 03(3814)2366
http://www.taiyoshuppan.net/
E-mail　info@taiyoshuppan.net

---

装幀＝日比野知代
［印刷］壮光舎印刷［製本］井上製本
ISBN978-4-88469-633-7